中國學術思想

研究輯刊

九 編

林 慶 彰 主編

第 4 冊

出土與今本《周易》六十四卦經文考釋（三）

鄭 玉 姍 著

花木蘭文化出版社

國家圖書館出版品預行編目資料

出土與今本《周易》六十四卦經文考釋（三）／鄭玉姍 著——

初版 — 台北縣永和市：花木蘭文化出版社，2010〔民 99〕

目 4+220 面；19×26 公分

（中國學術思想研究輯刊 九編；第 4 冊）

ISBN：978-986-254-268-2（精裝）

1. 易經　2. 研究考訂

121.17　　　　　　　　　　　　　　　99014261

ISBN - 978-986-254-268-2

9 789862 542682

中國學術思想研究輯刊

九　編　第四冊　　　　　　　　ISBN：978-986-254-268-2

出土與今本《周易》六十四卦經文考釋（三）

作　　　者　鄭玉姍
主　　　編　林慶彰
總 編 輯　杜潔祥
出　　　版　花木蘭文化出版社
發 行 所　花木蘭文化出版社
發 行 人　高小娟
聯 絡 地 址　台北縣永和市中正路五九五號七樓之三
　　　　　　電話：02-2923-1455／傳真：02-2923-1452
網　　　址　http://www.huamulan.tw 信箱 sut81518@ms59.hinet.net
印　　　刷　普羅文化出版廣告事業
封 面 設 計　劉開工作室
初　　　版　2010 年 9 月
定　　　價　九編 20 冊（精裝）新台幣 33,000 元

出土與今本《周易》六十四卦經文考釋（三）

鄭玉姍　著

目
次

第二十八節 大過卦

一、卦名釋義

《說文》:「過,度也。從辵、咼聲」(頁 71)「過」爲度過之義,引申而有超過、經過、過失等義。孔穎達《正義》:「『過』謂『過越』之『過』,非『經過』之『過』。此衰難之世,唯陽爻乃大,能過越常理,以拯患難也,故曰『大過』。」(頁 70)南、徐以爲「陽大陰小,本卦四陽二陰,四陽居中過盛,陽過於陰,故稱『大過』。」〔註738〕大過卦陽爻過盛,有衰世當能過越常理,以拯患難之義。

〈序卦〉曰:「不養則不可動,故受之以大過。」(頁 187)《周易集解》引崔覲:「養則可動,動則過厚,故受之以大過也。」(頁 289)凡物經頤養則能動,動之過盛則爲大過,故大過卦在頤卦之後。

大過卦今本卦畫作「䷛」,下巽,上兌。〈象〉曰:「澤滅木,大過,君子以獨立不懼,遯世无悶。」(頁 70)孔穎達《正義》:「『過』謂『過越』之『過』,非『經過』之『過』,此衰難之世唯陽爻乃大,能過越常理,以拯患難也,故曰『大過』。以人事言之,猶若聖人過越常理,以拯患難也。『相過』者,謂相過越之甚也。非謂『相過從』之『過』。故〈象〉云:『澤滅木』,是過越之甚也。四陽在中,二陰在外,以陽之過,越之甚也。」(頁 70)李道平以爲:「愚案:澤雖滅木,木得水亦榮,君子法此,則有大過乎人之學問焉。」〔註739〕玉姍案:大過下巽上兌,巽象木,故有木入澤中之象,君子觀此而領悟澤雖滅木,但木得澤水亦榮的道理,應當效法其過越常理,而能獨立不懼,遯世无悶。

二、卦爻辭考釋

(一)卦辭考釋

1. 上博《周易》:【缺簡】
2. 阜陽《周易》:大過:橦橈,利用卣往,[亨]。卜[病者不死,妻夫不]

〔註738〕南懷瑾、徐芹庭:《周易今註今譯》(台北:臺灣商務印書館,2004 年 5 月),頁 192。

〔註739〕(清)李道平撰,潘雨廷點校:《周易集解纂疏》(北京:中華書局,2004 年 4 月),頁 291。

　　　 相去 ……不死。

　3. 帛書《周易》：泰過：棟轟，利有攸往，亨。

　4. 今本《周易》：大過：棟橈，利有攸往，亨。

【文字考釋】

（一）今本「棟橈」，阜陽本作「橦橈」，帛書本作「棟轟」。

　　　韓自強《阜陽漢簡《周易》研究》：

　　　　「隆」，帛書作「轟」。「轟」從車、龍聲，與「隆」音近可通。但帛書
　　　　卦辭以「棟轟」作「棟橈」，與九四爻辭相同，似與卦象不符。〔註740〕

　　　玉姍案：今本「棟橈」，阜陽本作「橦橈」，帛書本作「棟轟」。「棟」上
古音端紐東部、「橦」上古音定紐東部，聲皆舌頭音，韻同，可通假。如《列
子・湯問》：「而五山之根無所連箸。」《釋文》「箸」（定紐魚部）作「著」（端
紐魚部）。

　　　今本「橈」，阜陽本作「橈」，二字皆從堯得聲，可通假。

　　　帛書本作「棟轟」，大過卦、爻辭曾三次出現「棟隆」或「棟橈」，今列
表如下：

	今本	帛書本	阜陽本
卦辭	棟橈，利有攸往，亨	棟轟，利有攸往，亨	橦橈，利有㽕往，亨
九三爻辭	棟橈，凶	棟橈，凶	（殘損）
九四爻辭	棟隆，吉	棟轟，吉	（殘損）

　　　「轟」從龍得聲，與「隆」上古音皆來紐東部，「棟轟」與今本九四爻「棟
隆」可通。三種版本的卦辭中，今本、阜陽本皆作「棟橈（橦橈）」，只有帛
書本作「棟轟（隆）」，若以此觀之，帛書本可能因抄寫訛誤而將「棟橈」誤
抄為「棟轟」。但若將卦爻辭內容比較，今本、帛書本之九三爻辭為「棟橈，
凶」，九四爻辭為「棟隆，吉」，若以「棟橈→凶」，「棟隆→吉」的模式而言，
「利有攸往，亨」屬吉事，回推卦辭則帛書本「棟轟利有攸往，亨」又較為
合理。因兩種推測皆有其合理之處，故此暫無法做出結論，以待來者。

【卦辭釋讀】

〔註740〕韓自強：《阜陽漢簡《周易》研究》（上海：上海古籍出版社，2004 年 7 月），
　　　頁 127～128。

〈象〉曰：

　　大過，大者過也。「棟橈」，本末弱也，剛過而中，巽而説行，「利有

　　攸往」，乃亨。大過之時大矣哉。（頁70）

《周易集解》引向秀云：

　　棟橈則屋壞，主弱則國荒。所以橈，由于初上兩陰爻也。初爲善始，

　　末是令終。始終皆弱，所以「棟橈」。（頁290）

孔穎達《正義》：

　　「棟橈」者，謂屋棟也。本之與末俱橈弱，以言衰亂之世，始終皆

　　弱也。「利有攸往，亨」者，既遭衰難，聖人利有攸往，以拯患難，

　　乃得亨通，故云「利有攸往，亨也」。（頁70）

朱熹《易本義》：

　　大，陽也。四陽居中過盛，故爲大過。上下二陰不勝其重，故有「棟

　　橈」之象。又以四陽雖過，而二五得中，內巽外説，有可行之道，

　　故利有所往而得亨也。（頁121）

南懷瑾、徐芹庭《周易今註今譯》：

　　大過有棟樑撓曲的象徵，利有所往，則可以亨通了。（頁192）

　　玉姍案：大過卦象爲四陽居中過盛，上下二陰不勝其重，故今本作「棟
橈」指屋宇之棟樑不堪負荷而撓曲脆弱，有如衰亂之世。既遭衰難，聖人利
有攸往，以拯患難，乃得亨通。帛書本作「棟䡇（隆）」，指四陽居中過盛，
如屋宇之棟樑高隆。

　　今本「大過：棟橈，利有攸往，亨。」意思是：大過象徵君子處衰亂之世，
有如屋宇棟樑不堪負荷而撓曲脆弱。但聖人利有所往，以拯患難，乃得亨通。

　　阜陽本作「大過：橦橈，利用囪往，亨。卜病者不死，妻夫不相去……
不死。」意思是：大過象徵君子處衰亂之世，有如屋宇棟樑不堪負荷而撓曲
脆弱。但聖人利有所往，以拯患難，乃得亨通。得此卦者，若是卜問病者，
則病者不死。若是卜問夫妻，則夫妻不分離。……不死。

　　帛書本作「泰過：棟䡇，利有攸往，亨。」意思是：大過象徵君子處衰
亂之世，而能過越常理，堅強如屋宇棟樑高隆；故能利有所往，以拯患難，
乃得亨通。

（二）爻辭考釋

1. 上博《周易》：【缺簡】
2. 阜陽《周易》：初六：藉用白茅，无咎。……得之。
3. 帛書《周易》：初六：籍用白茅，无咎。
4. 今本《周易》：初六：藉用白茅，无咎。

【文字考釋】

阜陽本初六爻辭殘，據今本補。

（一）今本「藉用白茅」之「藉」，帛書本作「籍」。

玉姍案：今本「藉用白茅」之「藉」，帛書本作「籍」。「籍」、「藉」上古音同爲從紐鐸部，音韻皆同，可通假。《詩·大雅·蕩之什·韓奕》：「實畝實藉。」〔註741〕唐石經作「實畝實籍」。

【爻辭釋讀】

〈象〉曰：

藉用白茅，柔在下也。（頁70）

《周易集解》引侯果曰：

以柔處下，履非其正，咎也。苟能絜誠肅恭不怠，雖置羞于地，可以薦奉，況藉用白茅，重慎之至，何咎之有矣。（頁282）

孔穎達《正義》：

以柔處下，心能謹慎，薦藉於物，用絜白之茅，言以絜素之道，奉事於上也。「无咎」者，既能謹慎如此，雖遇大過之難而无咎也。以柔道在下，所以免害，故〈象〉云「柔在下也」。（頁70）

朱熹《易本義》：

當大過之時，以陰柔居巽下，過於畏慎而無咎者也，故其象占如此。白茅，物之潔也。（頁122）

南懷瑾、徐芹庭《周易今註今譯》：

初六有薦藉於物，用純潔的白茅的的象徵，它是無咎的。（頁195）

玉姍案：初六處大過卦之初，以陰處陽，雖履非其正，但若能畏慎不怠，則能無咎。有如敬慎地藉用白茅以薦奉神明，故能遇大過之難而无咎。學者

〔註741〕（漢）毛亨傳，（唐）孔穎達正義：《毛詩正義》（台北：藝文印書館，1989年），頁683。

多由此立說，此亦從之。

今本作「初六：藉用白茅，无咎。」意思是：初六處大過之初，雖然履非其位，但以敬慎之心以事之，如藉用白茅以薦奉神明，故能无咎。

帛書本作「初六：籍用白茅，无咎。」意思與今本同。

1. 上博《周易》：【缺簡】

2. 阜陽《周易》：九二：枯楊生苐，老夫得 其 女妻，无不利。卜病者不死，戰𨻴……適強而有勝，有罪而𪗉徙……

3. 帛書《周易》：九二：楛楊生黃，老夫得其女妻，无不利。

4. 今本《周易》：九二：枯楊生稊，老夫得其女妻，无不利。

【文字考釋】

（一）今本「枯楊生稊」，阜陽本作「枯楊生苐」，帛書本作「楛楊生黃」。

張立文《周易帛書今注今譯》：

> 「黃」假借爲「稊」。釋文：「稊，鄭作黃。黃，木更生，音夷。謂山榆之實。」阮元校勘記：「石經、岳本、閩、監、毛本同。釋文稊作黃。」正與帛書本同。大戴禮夏小正：「正月柳稊。」傳：「稊也者，發孚也。」即剛生出的嫩葉……詩靜女：「自牧歸荑。」毛傳：「荑，茅之始生也。」……「稊」、「荑」義同而通。〔註742〕

玉姍案：今本「枯楊生稊」之「枯」，阜陽本作「枯」，帛書本作「楛」。「枯」古音爲溪紐魚部、「楛」古音爲匣紐魚部，二字韻同、聲紐皆爲牙音，可通假。如曾侯乙墓漆匫朱書二十八宿名有「擐（匣紐元部）牛」，此宿《呂氏春秋有始覽》作「牽（溪紐眞部）牛」。

今本「枯楊生稊」之「稊」，阜陽本作「苐」，帛書本作「黃」。「稊」、「苐」、「黃」上古音皆爲定紐脂部，可以通假。

【爻辭釋讀】

〈象〉曰：

老夫女妻，過以相與也。（頁71）

孔穎達《正義》：

〔註742〕張立文（張憲江）：《周易帛書今注今譯》（台北：臺灣學生書局，1991年），頁573～574。

「枯楊生稊」者,「枯」謂枯槁,「稊」謂楊之秀者。九二以陽處陰,能過其本分,而救其衰弱。上无其應,心无特吝,處大過之時,能行此道,无有衰者,不被拯濟,故衰者更盛,猶若枯槁之楊,更生少壯之稊;枯老之夫得其少女爲妻也。「无不利」者,謂拯弱興衰,莫盛於此,以斯而行,无有不利也。(頁71)

朱熹《易本義》:

陽過之始,而比初陰,而其象占如此。稊,根也,榮於下者也。榮於下,則生於上矣。夫雖老而得女妻,猶能成生育之功。(頁122)

南懷瑾、徐芹庭《周易今註今譯》:

九二有枯萎的楊,再重生稊的象徵。老夫得少女爲妻,也沒有不利。(頁190)

玉姍案:「稊」,王弼、孔穎達皆以爲楊柳之嫩芽,朱熹獨以爲「根」。「稊」,阜陽本作「苐」,帛書本作「荑」;《毛傳》:「荑,茅之始生也。」亦爲嫩芽之義,故此從王弼、孔穎達舊說,「稊」,當爲楊柳之嫩芽也。

九二以剛處柔,有超越本分而救其衰弱的象徵。處大過之時,能行此道以拯濟衰者,故衰者更盛,猶若枯楊再生嫩芽,老夫得少女爲妻,而无有不利也。學者多由此立說,此亦從之。

今本「九二:枯楊生稊,老夫得其女妻,无不利。」意思是:九二有過其本分而救其衰弱的象徵,行此道以拯濟衰者,故衰者更盛,猶如枯楊再生新芽,老夫得少女爲妻,而无有不利。

阜陽本作「九二:枯楊生苐,老夫得其女妻,无不利。卜病者不死,戰鬥……適強而有勝,有罪而𦊨徙……」意思是:九二有過其本分而救其衰弱的象徵。行此道以拯濟衰者,故衰者更盛,猶如枯楊再生新芽,老夫得少女爲妻,而无有不利。得此卦者,若是卜問病者,則病者不死。戰鬥……適強而有勝。若是罪犯,則會被處以遷徙之刑。

帛書本作「九二:楛楊生荑,老夫得其女妻,无不利。」意思與今本同。

1. 上博《周易》:【缺簡】
2. 阜陽《周易》:九三:棟橈,凶。
3. 帛書《周易》:九三:棟橈,凶。
4. 今本《周易》:九三:棟橈,凶。

【文字考釋】

阜陽本九三爻辭殘，據今本補。

【爻辭釋讀】

〈象〉曰：

棟橈之凶，不可以有輔也。（頁 71）

《周易集解》引虞翻云：

本末弱，故橈。輔之益橈，故「不可以有輔」。陽以陰爲輔也。（頁 293）

孔穎達《正義》：

居大過之時，處下體之極，以陽居陽，不能救危拯弱，唯自守而已。獨應於上，係心在一，所以「凶」也。心既褊狹，不可以輔救衰難。故〈象〉云：「不可以有輔也」。（頁 71）

朱熹《易本義》：

三、四二爻，居卦之中，棟之象也。九三以剛居剛，不勝其重，故象橈而占凶。（頁 122）

南懷瑾、徐芹庭《周易今註今譯》：

九三有棟樑橈曲的象徵，它是凶的。象辭上說：棟橈之凶，不可以有輔助也。（頁 190）

玉姍案：九三以陽居陽，居大過之時，處下體之極，不勝其重而有棟樑撓曲之象，不能救危拯弱輔救衰難，故有凶也。

今本「九三：棟橈，凶。」意思是：九三處下體之極，不勝其重而有棟樑撓曲之象，不能輔救衰難，故有凶也。

帛書本作「九三：棟橈，凶。」意思與今本同。

1. 上博《周易》：【缺簡】
2. 阜陽《周易》：九 四，棟隆，吉 ，有它吝。卜邑及……
3. 帛書《周易》：九四，棟霏，吉，有它闓。
4. 今本《周易》：九四，棟隆，吉，有它吝。

【文字考釋】

阜陽本九四爻辭殘，據今本補。

（一）今本「棟隆」之「隆」，帛書本作「䲶」。

玉姍案：帛書本作「棟䲶」，「䲶」從龍得聲，與「隆」上古音皆來紐東部，「棟䲶」與今本「棟隆」相通。

【爻辭釋讀】

〈象〉曰：

棟隆之吉，不橈乎下也。（頁71）

孔穎達《正義》：

「棟隆，吉」者，體居上體，以陽處陰，能拯救其弱，不為下所橈，故得棟隆起而獲吉也。「有它吝」者，以有應在初，心不弘闊，故有它吝也。（頁71）

朱熹《易本義》：

以陽居陰，過而不過，故其象隆而占吉。然下應初六，以柔濟之，則過於柔矣，故又戒以有它則吝也。（頁122）

南懷瑾、徐芹庭《周易今註今譯》：

九四有棟隆起的象徵，它是吉利的，但有其他的災咎。（頁1901）

玉姍案：九四以陽處陰，能拯救柔弱，故有棟樑高隆而獲吉之象。然九四下應初六，初六過於陰柔，可能會有災吝。學者多由此立說，此亦從之。

今本作「九四，棟隆，吉，有它吝。」意思是：九四以陽處陰，能拯救柔弱，故有棟樑高隆而獲吉之象。然九四下應初六，過於陰柔可能會有災吝。

帛書本作「九四，棟䲶，吉，有它閵。」意思與今本同。

1. 上博《周易》：【缺簡】

2. 阜陽《周易》：九五：枯楊生華，老婦得其士夫，无咎无譽。

3. 帛書《周易》：六〈九〉五：楛楊生華，老婦得其士夫，无咎无譽。

4. 今本《周易》：九五：枯楊生華，老婦得其士夫，无咎无譽。

【文字考釋】

阜陽本九五爻辭殘，據今本補。帛書本「九五」誤作「六五」，據今本更正。

【爻辭釋讀】

〈象〉曰：

枯楊生華，何可久也。老婦士夫，亦可醜也。（頁71）

王弼《注》：

> 能得夫，不能得妻。處棟橈之世，而爲无咎无譽，何可長哉。故生
> 華不可久，士夫誠可醜也。（頁 71）

孔穎達《正義》：

> 「枯楊生華」者，處得尊位而以陽居陽，未能拯危，不如九二「枯
> 楊生稊」，但以處在尊位，唯得「枯楊生華」而已。言其衰老，雖被
> 拯救，其益少也。又似年老之婦，得其彊壯士夫，婦已衰老，夫又
> 彊大，亦是其益少也。所拯難處少，纔得无咎而已，何有聲譽之美？
> 故「无咎无譽」也。「處得尊位，亦未有橈」者，以九三不得尊位，
> 故有棟橈，今九五雖與九三同以陽居陽，但九五處得尊位，功雖未
> 廣，亦未有橈弱。若其橈弱，不能拯難，不能使「枯楊生華」也。
> 以在尊位，微有拯難，但其功狹少，但使「枯楊生華」而已，不能
> 生稊也。（頁 71）

程頤《易程傳》：

> 上六，過陰之極，老婦也。五雖非少，比老婦則爲壯矣。〔註 743〕

朱熹《易本義》：

> 九五陽過之極，又比過極之陰，故其象占皆與二反。（頁 125）

南懷瑾、徐芹庭《周易今註今譯》：

> 九五有枯萎的楊樹生花的現象，有老婦得其少男爲夫的象徵，它是
> 沒有災咎，也沒有榮譽的。（頁 191）

　　玉姍案：九五處於尊位，而以陽處陽，雖欲拯危，但力有未逮，故如枯
楊能生花而未能生稊；又近上六，如上六老婦能得九五士夫，但其益者少，
故難有聲譽之美，僅得无咎无譽而已。

　　今本作「九五：枯楊生華，老婦得其士夫，无咎无譽。」意思是：九五
雖欲拯危而力有未逮，故如枯楊能生花，或是老婦能得士夫；其益者少，故
難有聲譽之美，僅得无咎无譽而已。

　　帛書本作「六〈九〉五：楛楊生華，老婦得其士夫，无咎无譽。」意思
與今本同。

　　1. 上博《周易》：【缺簡】

〔註 743〕　（宋）程頤：《易程傳》（台北：世界書局，2001 年 6 月），頁 125。

2. 阜陽《周易》：上六：過涉滅頂，凶，无咎。

3. 帛書《周易》：尚九〈六〉：過涉滅釘，凶，无咎。

4. 今本《周易》：上六：過涉滅頂，凶，无咎。

【文字考釋】

　　阜陽本上六爻辭殘，據今本補。帛書本「尚六」誤作「尚九」，據今本更正。

（一）今本「過涉滅頂」之「頂」，帛書本作「釘」。

　　玉姍案：「釘」、「頂」均從「丁」得聲，故可通。

【爻辭釋讀】

　　〈象〉曰：

　　　過涉之凶，不可咎也。（頁 71）

王弼《注》：

　　　處太過之極，過之甚也。涉難過甚，故至于「滅頂，凶」。志在救時，

　　　故不可咎也。（頁 71）

孔穎達《正義》：

　　　處大過之極，是過越之甚也。以此涉危難，乃至於滅頂，言涉難深

　　　也。既滅其頂，所以凶也。「无咎」者，所以涉難滅頂，至于凶亡。

　　　本欲濟時拯難，意善功惡，无可咎責。此猶龍逢、比干，憂時危亂，

　　　不懼誅殺，直言深諫，以忤无道之主，遂至滅亡。其意則善，而功

　　　不成，復有何咎責？此亦「過涉滅頂，凶，无咎」之象。（頁 71）

朱熹《易本義》：

　　　處過極之地，才弱不足以濟。然於義為無咎矣。蓋殺身成仁之事，

　　　故其象占如此。（頁 123）

南懷瑾、徐芹庭《周易今註今譯》：

　　　上六有過於涉河，而遇滅頂死亡的象徵。它是凶的，但勇於冒險，

　　　於義，无所怨咎。（頁 192）

　　玉姍案：上六以柔處陰而處大過之極，象徵雖欲拯危涉難，但力有未逮，

如涉河而遭滅頂之禍，這是凶險的。然而此乃為義而殺身成仁，功雖不成，

復有何咎？

　　今本作「上六：過涉滅頂，凶，无咎。」意思是：上六處大過之極，雖

欲拯危涉難，卻如涉河而遭滅頂之禍，這是凶險的。但爲義而殺身成仁，功雖不成，復有何咎？

帛書本作「尚九〈六〉：過涉滅釘，凶，无咎。」意思與今本同。

第二十九節　坎　卦

一、卦名釋義

《說文》：「坎，陷也。從土、欠聲。」（頁 695）孔穎達《正義》：「坎是險陷之名。」（頁 71）「坎」爲下陷危險之地，引申有「險陷」之義。坎卦之「坎」即「險陷」之義。

〈序卦〉曰：「物不可以終過，故受之以坎。」（頁 187）《周易集解》引崔覲：「大過不可以極，極則過涉滅頂，故曰『物不可以終過，故受之以坎』也。」（頁 296）大過之極則陷於滅頂之坎險，故坎卦在大過卦之後。

坎卦今本卦畫作「☵☵」，下坎水，上坎水。〈象〉曰：「水洊至，習坎。君子以常德行習教事。」（頁 71）王弼《注》：「重險懸絕，故『水洊至』也。不以『坎』爲隔絕，相仍而至，習乎『坎』也。」（頁 71）孔穎達《正義》：「言君子當法此，便習於坎，不以險難爲困，當守德行，而習其政教之事。若能習其教事，則可便習於險也。」（頁 71）玉姍案：坎卦下上皆爲坎水，象徵重險懸絕，君子觀此而自勉不以險難爲困，當守德行以便習於險也。

二、卦爻辭考釋

（一）卦辭考釋

1. 上博《周易》：【缺簡】

2. 阜陽《周易》：習坎：有復，巂心亨，行有尚。

3. 帛書《周易》：習贛：有復，巂心亨，行有尚。

4. 今本《周易》：習坎：有孚，維心亨，行有尚。

【文字考釋】

阜陽本卦辭殘，據今本補。

（一）今本「坎」，帛書本作「贛」。

玉姍案：「坎」上古音溪紐談部、「贛」上古音皆見紐談部，韻部同，聲紐皆為牙音，故可通假。如帛書《老子》甲本德經：「其邦夬夬」，今本「夬夬」（見紐月部）作「缺缺」（溪紐月部）。

（二）今本「維心亨」之「維」，阜陽本、帛書本作「嶲」。

韓自強《阜陽漢簡《周易》研究》：

> 「嶲」音攜又音歸。《說文》：「纗，維綱中繩也，從糸嶲聲，或讀若維。」段注：「綱者网之紘也，又用繩維之，左右皆有繩，而中繩居要，是曰纗。」「維」，《說文》：「車蓋維也」，王注：「蓋紘即維也。」《楚辭·天問》：「幹維焉系。」維亦綱也。故「纗」、「維」古義同。
>
> 〔註744〕

玉姍案：今本「維心亨」之「維」，阜陽本、帛書本均作「嶲」。韓自強以為「嶲」假借為「纗」，《說文》：「纗，維綱中繩也，從糸、嶲聲，或讀若維。」「纗」、「維」古義同。此從韓自強之說。

【卦辭釋讀】

〈象〉曰：

> 「習坎」，重險也，水流而不盈，行險而不失其信。「維心亨」，乃以剛中也。「行有尚」，往有功也，天險不可升也。地險山川丘陵也，王公設險以守其國，險之時用大矣哉。（頁72）

王弼《注》：

> 剛正在內，「有孚」者也。陽不外發而在乎內，「心亨」者也。內亨外闇，內剛外順，以此行險，「行有尚」也。（頁71）

孔穎達《正義》：

> 「坎」是險陷之名。「習」者，便習之義。險難之事，非經便習，不可以行。故須便習於坎，事乃得用。故云「習坎」也。「剛正在內」者，謂陽在中也，因心剛正，則能有誠信，故云「剛正在內，有孚者也。陽不外發，而在乎內，心亨者也」。若外陽內陰，則內心柔弱，故不得亨通，今以陽在於內，陽能開通，故維其在心之亨也。內亨外闇，內剛外柔，以此行險，事可尊尚，故云「行有尚」也。（頁71）

〔註744〕韓自強：《阜陽漢簡《周易》研究》（上海：上海古籍出版社，2004年7月），頁129。

朱熹《易本義》：

> 習，重習也。坎，險陷也。其象爲水，陽陷陰中，外虛而中實也。
> 此卦上下皆坎，是爲重險。中實爲「有孚，心亨」之象，以是而行，
> 必有功矣，故其占如此。（頁 124）

南懷瑾、徐芹庭《周易今註今譯》：

> 習坎練習突破險陷，需要有孚信，堅定可以成功的信心，再付出實
> 際的行動，就有希望了。（頁 192）

玉姍案：坎，險陷也。此卦上下皆坎，是爲重險。險難之事，非經便習，不可以行，故須便習於坎，事乃得用。坎卦畫爲「☵」，二陰在外，陽爻在中，象內心剛正，能有誠信，而能亨通。內剛外柔，以此行險，事可尊尚。學者皆由此立說，此亦從之。

今本作「習坎：有孚，維心亨，行有尚。」意思是：坎卦上下皆坎，是爲重險。險難之事須經便習，事乃得用。陽爻在中，象內心剛正，有誠信而亨通。內剛外柔以行險，事可尊尚。

帛書本作「習贛：有復，巂心亨，行有尙。」意思與今本同。

（二）爻辭考釋

1. 上博《周易》：【缺簡】
2. 阜陽《周易》： 初六：習坎，入于坎窞，凶。
3. 帛書《周易》：初六：習贛，人于贛閻，凶。
4. 今本《周易》：初六：習坎，入于坎窞，凶。

【文字考釋】

阜陽本初六爻辭殘，據今本補。

（一）今本「入于坎窞」之「窞」，帛書本作「閻」。

玉姍案：今本「入于坎窞」之「窞」，帛書本作「閻」。「閻」、「窞」皆以「臽」爲聲符，可通假。

【爻辭釋讀】

〈象〉曰：

> 習坎入坎，失道凶也。（頁 72）

《周易集解》引干寶云：

窞，坎之深者也。江河淮濟，百川之流行乎地中，水之正也。及其為災，則泛溢平地，而入于坎窞，是水失其道也。刑獄之用，必當于理，刑之正也。及其不平，則枉濫无辜，是法失其道也。（頁 299）

王弼《注》：

「習坎」者，習為險難之事也。（頁 72）

孔穎達《正義》：

既處坎底，上无應援，是習為險難之事，无人應援，故入於坎窞，而至凶也。以其失道，不能自濟，故〈象〉云「失道凶也」。（頁 72）

朱熹《易本義》：

以陰柔居重險之下，其陷欲深，故其象占如此。（頁 127）

南懷瑾、徐芹庭《周易今註今譯》：

初六有習於坎險，而入於坎陷之深穴中的象徵，它是凶的。象辭上說：習坎入坎，是習失道而遭遇凶災的關係。（頁 195）

玉姍案：初六處坎卦之初，居重險之下，象徵入於坎窞而无人應援，這是凶兆。學者多由此立說，此亦從之。

今本作「初六：習坎，入于坎窞，凶。」意思是：初六處坎之初，居重險之下，象徵習於坎險而身陷坎窞，這是凶兆。

帛書本作「初六：習贛，人于贛閻，凶」意思與今本同。

1. 上博《周易》：【缺簡】
2. 阜陽《周易》：九二：坎有險，求小得。
3. 帛書《周易》：九二：贛有訧，求少得。
4. 今本《周易》：九二：坎有險，求小得。

【文字考釋】

阜陽本九二爻辭殘，據今本補。

（一）今本「坎有險」之「險」，帛書本作「訧」。

玉姍案：今本「坎有險」之「險」，帛書本作「訧」。「險」上古音曉紐談部，「訧」上古音禪紐侵部，兩字韻部旁轉、但聲紐則分屬牙、舌音，不符通假條例。今本坎卦六三「險且枕」，帛書本作「噞且訧」，「噞」假借為「險」、「訧」假借為「枕」，皆十分合理。筆者懷疑九二「訧」字原本應為「噞」字，

可能爲抄手受帛書本六三爻辭「噭且**訧**」之影響而發生的筆誤，應訂正爲「贛有噭」，讀如今本「坎有險」，於文義才能通順。

【爻辭釋讀】

〈象〉曰：

求小得，未出中也。（頁 72）

《周易集解》引虞翻云：

陽陷陰中，故「有險」。據陰有實，故「求小得」也。（頁 299）

孔穎達《正義》：

「坎有險」者，履失其位，故曰「坎」也。上无應援，故曰「有險」。既在坎難，而又遇險，未得出險之中，故〈象〉云「未出中也」。「求小得」者，以陽處中，初、三來附，故可以「求小得」也，初、三柔弱，未足以爲大援，故云「求小得」也。（頁 72）

朱熹《易本義》：

居重險之中，未能自出，故爲有險之象。然剛而得中，故其占可以求小得也。（頁 125）

南懷瑾、徐芹庭《周易今註今譯》：

九二有坎中有險難的象徵，僅能求小得，不能出險。（頁 195）

玉姍案：九二處坎之中，象徵尚未脫出險境，但以陽處中，又有初六、六三來附；而初、三柔弱，未足以爲大援，只可求小得。學者多由此立說，此亦從之。

今本作「九二：坎有險，求小得。」意思是：九二陷於坎險之中，但有柔弱的初六、六三來附，只能求小得。

帛書本作「九二：贛有**訧**，求少得。」其意與今本同。

1. 上博《周易》：【缺簡】
2. 阜陽《周易》：六三：來之坎坎，險且枕，入于坎窞，勿用。
3. 帛書《周易》：六三：來之贛贛，噭且**訧**，入〔于〕贛闇，勿用。
4. 今本《周易》：六三：來之坎坎，險且枕，入于坎窞，勿用。

【文字考釋】

阜陽本六三爻辭殘，據今本補。帛書本「于」字殘，據今本補。

（一）今本「險且枕」，帛書本作「噞且訧」。

　　玉姍案：今本「險且枕」，帛書本作「噞且訧」。「險」、「噞」皆從「僉」得聲，可通假。「枕」與「訧」皆從「尤」得聲，亦可通假。

【爻辭釋讀】

　　〈象〉曰：

　　　　來之坎坎，終无功也。（頁72）

孔穎達《正義》：

　　　　「來之坎坎」者，履非其位，而處兩坎之閒。出之與居，皆在於坎，故云「來之坎坎」也。「險且枕」者，枕枝而不安之謂也。出則无應，所以險處則不安，故且枕也，入于坎窞者，出入皆難，故「入於坎窞」也。「勿用」者不出行，若其出行，終必无功徒勞而已。（頁73）

朱熹《易本義》：

　　　　以陰柔不中正，而履重險之間，來往皆險，前險而後枕，其陷益深，不可用也。故其象占如此。枕，倚著未安之意。（頁125）

南懷瑾、徐芹庭《周易今註今譯》：

　　　　六三有來往都入坎的象徵，前有險難，後又枕於險難，它是進入了坎窞中的深穴了，是無有可用了。（頁196）

　　玉姍案：六三以陰居陽，履非其位，而又界處於上下兩坎之間，近則遇坎，退居亦遇坎，故倚著未安。來往出處皆坎，无所用之，徒勞而已。

　　今本「六三：來之坎坎，險且枕，入于坎窞，勿用。」意思是：六三履非其位，而又界處於上下兩坎之間，前進、退居則遇坎阻，故危險而倚著未安。此時入於坎窞之內，不可有所作用，以免徒勞。

　　帛書本作「六三：來之贛贛，噞且訧，入〔于〕贛閻，勿用。」意與今本同。

　　1. 上博《周易》：【缺簡】
　　2. 阜陽《周易》：六四：樽酒簋貳，用缶，納約自牖，冬无咎。卜病……
　　3. 帛書《周易》：六四：奠酒巧詠，用缶，入葯自牖，終无咎。
　　4. 今本《周易》：六四：樽酒簋貳，用缶，納約自牖，終无咎。

【文字考釋】

　　阜陽本六四爻辭殘，據今本補。

（一）今本「樽酒簋貳」，帛書本作「奠酒巧訴」。

　　玉姍案：今本「樽酒簋貳」，帛書本作「奠酒巧訴」。何琳儀《戰國古文字典‧尊》：「從酉、從収，會雙手奉酒尊之意。」〔註745〕又何琳儀《戰國古文字典‧奠》：「象酒罈置於承器之形。」〔註746〕「尊」之戰國文字作 ![字形]（楚.包.唐虞7），從酉、從収，會雙手奉酒尊之意，亦有將「収」省寫爲「又」者如 ![字形]（楚.雲夢.爲吏27），漢初「又」又寫作「寸」，如 ![字形]（馬.問.005）。「奠」則象酒罈置於承器之形，如 ![字形]（楚.包.2），漢初承襲戰國文字字形如 ![字形]（馬.要010），或將「丌」寫作「大」，如 ![字形]（馬.老甲.028）。馬王堆帛書中「奠」多讀爲「尊」，如〈老子甲本〉：「道之奠」讀爲「道之尊」。〈五行篇〉：「胃之奠賢」讀爲「謂之尊賢」。〈戰國縱橫家書〉：「位奠而無功」讀爲「位尊而無功」……等等，故帛書本「奠酒巧訴」，「奠」亦可讀爲「尊」，與今本「樽」相通假。

　　「巧」上古音溪紐幽部，「簋」上古音見紐幽部，二字聲近韻同，可以通假。如帛書《老子》甲本德經：「其邦夬夬」，今本「夬夬」（見紐月部）作「缺缺」（溪紐月部）。又今複姓「司空」，《珍秦齋藏印‧戰國篇》25：「司空（溪紐東部）」作「司工（見紐東部）」。

　　今本「樽酒簋貳」之「貳」，帛書本作「訴」，「貳」上古音日紐脂部，「訴」從「亦」得聲，上古音喻四鐸部，聲紐同屬舌音，但韻部較遠，無法通假。張立文以爲「『訴』，通行本作『貳』。『訴』，從言亦聲，當讀爲『亦』。……『亦』也有重義。論語學而：『不亦說乎。』皇侃疏：『亦猶重也。』貳，說文：『副益也。從貝弍聲。弍，古文二。』……『跡』『貳』義同相通。」〔註747〕「亦」與「貳」皆有重義，故張說可從。

【爻辭釋讀】

　　〈象〉曰：

　　樽酒簋貳，剛柔際也。（頁72）

〔註745〕何琳儀編：《戰國古文字典》（北京：中華書局，1998年），頁1346。
〔註746〕何琳儀編：《戰國古文字典》（北京：中華書局，1998年），頁1129。
〔註747〕張立文（張憲江）：《周易帛書今注今譯》（台北：臺灣學生書局，1991年），頁236。

王弼《注》：

> 處「坎」以斯，雖復一樽之酒，二簋之食，瓦缶之器，納此至約，自進於牖，乃可羞之於王公，薦之於宗廟，故「終无咎」也。（頁72～73）

孔穎達《正義》：

> 「樽酒簋貳」者，處重險而履得其位，以承於五，五亦得位，剛柔各得其所，皆无餘應，以相承比，明信顯著，不假外飾，處「坎」以此，雖復一樽之酒，二簋之食，故云「樽酒簋二」也。既有「樽酒簋二」，又用瓦缶之器，故云「用缶」也。「納約自牖，終无咎」者，納此儉約之物，從牖而薦之，可羞於王公，可薦於宗廟，故云「終无咎」也。（頁73）

朱熹《易本義》：

> 晁氏云：「先儒讀『樽酒簋』一句，『貳用缶』為一句。」今從之。貳，益之也。《周禮》：「大祭三貳。」《弟子職》：「左執虛豆，右執挾匕，周旋而二。」是也。九五尊位，六四近之，在險之時，剛柔相際，故有但用薄禮，益以誠心，進結自牖之象。牖非所由之正，而室之所以受明也。始雖艱阻，終得无咎，故其占如此。（頁125）

南懷瑾、徐芹庭《周易今註今譯》：

> 六四有用一尊的酒，用簋裝著食品，又副用缶裝得儉約的物品，從戶牖上進納於王公的象徵，是終於沒有災咎的。（頁196）

玉姍案：朱熹以為爻辭當斷讀為：「樽酒簋，貳用缶」，但〈象〉明確作「樽酒簋貳，剛柔際也」，故此仍從王、孔舊說斷讀為「樽酒簋貳，用缶」。六四以柔居柔，履得其位，象徵雖處重險而履正。上承於九五，九五亦得其位，剛柔各得其所，以相承比，明信顯著。即使是只有一樽之酒，二簋之食，以瓦缶之器盛納此儉約之物，從牖而薦之，亦可進饌於王公，薦之於宗廟，故終无咎也。

今本作「六四：樽酒簋貳，用缶，納約自牖，終无咎。」意思是：六四履得其位，而與九五互相承比，明信顯著。即使只有一樽之酒，二簋之食，以瓦缶之器盛納此儉約之薄禮，從牖而薦，亦可進薦於王公宗廟，終无災咎。

阜陽本作「六四：樽酒簋貳，用缶，納約自牖，多无咎。卜病……」帛書本作「六四：奠酒巧訽，用缶，入葯自牖，終无咎。」其意皆與今本同。

1. 上博《周易》：【缺簡】
2. 阜陽《周易》：九五：坎不盈，祇既平，无咎。卜百吏盡吉。
3. 帛書《周易》：九五：贛不盈，塭既平，无咎。
4. 今本《周易》：九五：坎不盈，祇既平，无咎。

【文字考釋】

阜陽本九五爻辭殘，據今本補。

（一）今本「祇既平」之「祇」，帛書本作「塭」。

玉姍案：今本「祇既平」之「祇」，帛書本作「塭」。阮元《周易注疏校刊記》：「《閩》、《監》、《毛》本同。石經本、《岳》本『祇』作『祇』，《釋文》『祇』，《京》作『禔』。」〔註748〕《周易集解》亦作「禔」。「祇」上古音知紐脂部，「禔」上古音定紐支部，「塭」上古音影紐文部。「禔」、「祇」聲皆舌音，韻部亦近，可以通假。但「塭」與「禔」、「祇」聲韻皆遠，張立文以爲「『塭』爲『堤』之誤」，〔註749〕帛本「塭」寫作 墅，右旁「昷」與帛書本之「是」字如 昰（星 008）、是（問 048）字形上確有訛誤的可能，故此從張立文之說，以爲「『塭』爲『堤』之誤」，「堤」假借爲「禔」，與今本「祇」可通。《岳》本、《釋文》「祇」作「祇」，僅一筆之差，應爲書寫之誤。

【爻辭釋讀】

〈象〉曰：

坎不盈，中未大也。（頁 73）

王弼《注》：

坎之不盈，則險不盡矣。祇，辭也。爲坎之主，盡平乃无咎，故曰「祇既平，无咎」也。說既平乃无咎，明九五未免於咎也。（頁 73）

孔穎達《正義》：

爲坎之主，而无應輔可以自佐，險難未能盈坎，猶險難未盡也，故云「坎不盈」也。祇，辭也，謂險難既得盈滿而平，乃得无咎。若坎未盈平，仍有咎也。（頁 73）

〔註748〕（魏）王弼、（晉）韓康伯注，（唐）孔穎達疏：《周易正義》（台北：藝文印書館，1989 年），頁 75。

〔註749〕張立文（張憲江）：《周易帛書今注今譯》（台北：臺灣學生書局，1991 年），頁 239。

朱熹《易本義》：

> 九五雖在坎中，然以陽剛中正居尊位，而時亦將出矣，故其象占如
> 此。有中德而未大。（頁 126）

南懷瑾、徐芹庭《周易今註今譯》：

> 九五有坎險不盈滿的象徵，安定而險平，就可以沒有災咎了。（頁 197）

玉姍案：今本「衹既平」之「衹」，王弼、孔穎達以爲「衹」爲語助詞；
《周易集解》「衹」作「禔」，虞翻以爲「禔，安也。」二說於文義皆可通，
此暫從王弼之說。九五以陽剛中正而居尊位，然此時坎未盈而險未盡。九五
爲坎之主，若能平定坎險則能无咎。學者多由此立說，此亦從之。

今本作「九五：坎不盈，衹既平，无咎。」意思是：九五以陽剛中正而居
尊位，但此時坎未盈而險未盡，若能平定坎險則能无咎。

帛書本作「九五：贛不盈，塯既平，无咎。」其意皆與今本同。

1. 上博《周易》：【缺簡】
2. 阜陽《周易》：上六：係用徽纆，寘于叢棘，三歲不得，兇。卜齊不齊。卜田不得利中……
3. 帛書《周易》：尚六：系用諱纆，親之于繵勒，三歲弗得，兇。
4. 今本《周易》：上六：係用徽纆，寘于叢棘，三歲不得，凶。

【文字考釋】

阜陽本上六爻辭殘，據今本補。

（一）今本「係用徽纆」，阜陽本作「係用徽纆」，帛書本作「系用諱纆」。

韓自強《阜陽漢簡《周易》研究》：

> 「諱」、「徽」古音同互通。《廣雅釋詁》：「緯，徽束也。」《爾雅釋
> 器》：「婦人之褘謂之縭。」《釋文》：「幃本或作褘，又作徽」是「緯」、
> 「幃」、「諱」、「徽」古相通。
>
> 「纆」，《釋文》：「劉云三股曰徽，兩股曰纆，皆索名。」阜易與帛
> 書作「纆」，今本作「纆」，「纆」爲或體。〔註750〕

玉姍案：今本「係用徽纆」，阜陽本作「係用徽纆」，帛書本作「系用諱纆」。

「諱」、「徽」皆上古音曉紐微部，可以通假。

今本「縲」，帛書本與阜陽本均作「繧」，「黑」與「墨」義近，故以「墨」為聲符之字有時也會將「墨」寫為「黑」，如《集韻》「孅」又作「嫼」，《字彙》「燂」又作「燂」。阜陽本與帛書本「繧」與今本「縲」應為異體字。

（二）今本「寘于叢棘」，帛書本作「親之于總勒」，較今本多一「之」字。

玉姍案：今本「寘于叢棘」，帛書本作「親之于總勒」。「寘」上古音定紐真部、「親」上古音清紐真部，兩字韻同，但聲紐分屬舌、齒音，不符通假條例。張立文引《詩・小雅・谷風》：「寘予于懷。」《鄭箋》：「寘，置也。至我于懷，言至親己也。」以為「寘」亦有親義，故「親」、「寘」相通。〔註751〕此從張立文之說。

「總」從悤得聲，上古音精紐東部、「叢」上古音從紐東部，二字韻同聲近，可以通假。如《大戴禮記・保傅》：「博聞強記，接給而善對者，謂之承。」《賈子新書・保傅》「接」（精紐盍部）作「捷」（從紐盍部）。

「勒」上古音來紐職部、「棘」上古音見紐職部，二字韻同，聲紐為分屬舌、牙音，然金文多見「鋚勒」，而康鼎作「鋚革（見紐職部）」，可見亦有通假之例，故「勒」、「棘」可通。

今本「寘于叢棘」，帛書本作「親之于總勒」，帛書本較今本多一「之」字。但文義皆可通讀，故並存二說。孔穎達《正義》：「謂囚執之處，以棘叢而禁之也。」「叢棘」指拘留罪犯的處所。

（三）阜陽本較他本多出「卜齊不齊，卜田不得利中……」異文。

玉姍案：阜陽《周易》在「卦、爻辭的後邊，保存了許多卜問具體事項的卜辭。」筆者以為「齊」可能讀為「齋」；「卜齋不齋」可能是若卜問是否需要齋戒，得此爻則不必齋戒。「卜田不得利中……」可能與卜問田事有關，但其義不詳。

【爻辭釋讀】

〈象〉曰：

上六失道，凶三歲也。（頁73）

李鼎祚《周易集解》：

〔註751〕張立文（張憲江）：《周易帛書今注今譯》（台北：臺灣學生書局，1991年），頁242。

案:《周禮》:王之外朝,左九棘,右九棘,面三槐,司寇公卿議獄于其下。害人者,加明刑。任之以事。上罪三年而舍,中罪二年而舍,下罪一年而舍也。(頁 304)

王弼《注》:

險陷之極,不可升也。嚴法峻整,難可犯也。宜其囚執寘于思過之地。三歲,險道之夷也。險終乃反,故三歲不得自脩,三歲乃可以求復。(頁 73)

孔穎達《正義》:

上六居此險陷之處,犯其峻整之威,所以被繫,用其徽纆之繩,置於叢棘,謂囚執之處,以棘叢而禁之也,三歲不得凶者,謂險道未終,三歲已來,不得其吉,而有凶也。險終乃反,若能自附,三歲後可以求復自新,故〈象〉云「上六失道,凶三歲也」。言失道之凶,唯三歲之後,可以免也。(頁 73)

朱熹《易本義》:

以陰柔居陰極,故其象占如此。(頁 126)

南懷瑾、徐芹庭《周易今註今譯》:

上六有用黑索捆縛,又被置於監獄中,三年不得出的象徵,它是凶的。(頁 198)

玉姍案:上六處坎險之極,險陷之處如嚴法峻刑,若犯其威,則被徽纆之繩所繫,拘禁於棘叢之地。直至三歲後,險道已終而可以求復自新。

今本作「上六:係用徽纆,寘于叢棘,三歲不得,凶。」意思是:上六處坎險之極,險陷之處如嚴法峻刑,若犯其威,則被徽纆之繩所繫,囚禁於棘叢之地,三年不得出,這是凶的。

阜陽本作「上六:係用徽纆,寘于叢棘,三歲不得,凶。卜齊不齊。卜田不得利中……」意思是:上六處坎險之極,險陷之處如嚴法峻刑,若犯其威,則被徽纆之繩所繫,囚禁於棘叢之地,三年不得出,這是凶的。若卜問是否需要齋戒,得此爻則不必齋戒。若卜問田事,不得利中……。

帛書本作「尚六:系用諱纆,親之于纞勒,三歲弗得,凶。」意思與今本同。

第三十節　離　卦

一、卦名釋義

　　《說文》：「離，離黃，倉庚也，鳴則蠶生。從隹、离聲。」（頁 144）孔穎達《正義》：「離，麗也。麗謂附著也。言萬物各得其所附著處，故謂之離也。」《說文》：「麗，旅行也。鹿之性，見食急則必旅行。從鹿、丽聲。」段玉裁《注》：「此麗之本義也。其字本作丽，旅行之象也，後乃加鹿耳。《周禮》：『麗馬爲圉，八麗一師』。注曰：『麗，耦也。《禮》之儷皮、《左傳》之伉儷、《說文》之驪駕，皆其義也。兩相附則爲麗。』」（頁 476）季師《說文新證・麗》：「本義：疑爲某種大角類動物。……釋形：元年師旋簋「麗」字從鹿，上著兩大角，引伸因有華麗義，儷偶義。」〔註752〕

　　玉姍案：「離」本爲鳥名，假借爲「麗」。「麗」之初文爲，象鹿有大角者也，因鹿角大而鮮明，又爲一對，是以引申爲華麗義及儷偶義。故離卦之「離」假借爲「麗」，因「離」爲一陰爻附於上下兩陽爻之間，取「兩相附」之義也。

　　〈序卦〉曰：「陷必有所麗，故受之以離。離者，麗也。」（頁 188）《周易集解》引崔覲云：「物極則反。坎雖陷于地，必有所麗于天，而受之以離也。」（頁 337）物極必反，坎陷於地後則將麗附於天，故離卦在坎卦之後。

　　離卦今本卦畫作「☲」，下離火，上離火。〈象〉曰：「明兩作離，大人以繼，明照于四方。」（頁 74）《周易集解》引虞翻曰：「兩謂日與月也。乾五之坤成坎，坤二之乾成離，離坎日月之象，故明兩作離。『作』，成也。日月在天，動成萬物，故稱『作』矣。或以日與火爲明，兩作也。陽氣稱大人，則乾五大人也。乾二五之光，繼日之明。坤爲方，二五之坤。震東兌西，離南坎北，故曰照于四方。」（頁 339）玉姍案：離卦下上皆爲離火，象徵日月光明永恆照耀四方，君子觀此而效法其光明不絕之德。

二、卦爻辭考釋

（一）卦辭考釋

〔註752〕季師旭昇：《說文新證・下》（台北：藝文印書館，2004 年 11 月），頁 102。

1. 上博《周易》：【缺簡】

2. 阜陽《周易》：離：利貞，亨，畜牝牛，吉。……居官及家不吉，罪人不解。

3. 帛書《周易》：羅：利貞，亨，畜牝牛，吉。

4. 今本《周易》：離：利貞，亨，畜牝牛，吉。

【文字考釋】

（一）今本「離」，帛書本作「羅」。

玉姍案：「羅」、「離」上古音皆來紐歌部，聲韻皆同，可通假。

【卦辭釋讀】

〈彖〉曰：

離，麗也。日月麗乎天，百穀草木麗乎土，重明以麗乎正，乃化成天下，柔麗乎中正，故亨。是以「畜牝牛，吉」也。（頁73）

王弼《注》：

柔處于內，而履正中，牝之善也，外強而內順，牛之善也。離之為體，以柔順為主者也。故不可以畜剛猛之物，而吉於「畜牝牛」也。（頁73）

孔穎達《正義》：

離，麗也。麗謂附著也，言萬物各得其所附著處，故謂之離也。「利貞亨」者，離卦之體，陰柔為主，柔則近於不正，不正則不亨通，故利在行正，乃得亨通，以此故「亨」在「利貞」之下，故云「利貞亨」。「離之為卦，以柔為正」者，二與五俱是陰爻，處於上下兩卦之中，是以柔為正。柔處於內，而履正中，是牝之善者。外強內順，是牛之善者也。離之為體，以柔順為主，故畜養牝牛，乃得其吉，若畜養剛健，則不可也。（頁73）

朱熹《易本義》：

離，麗也。陰麗於陽，其象為火，體陰而用陽也。物之所麗，貴得乎正。牝牛，柔順之物也。故占者能正則亨，而蓄牝牛則吉也。（頁126）

南懷瑾、徐芹庭《周易今註今譯》：

離中虛，離為火、為日，故有光明的意思。……離卦有利於正，得亨通的象徵，又因它是陰爻，陰有柔順之意，所以又有養牝牛得吉

利的象徵。（頁 199）

玉姍案：離，麗也。麗謂附著也，離卦言萬物各得其所附著處。離爲一陰附於上下兩陽之間，象徵外強內順，有如動物中的牝牛（母牛），以柔順爲主，故以畜養牝牛爲喻，象徵人事當以陰柔爲主，利在行正，乃得亨通及其吉。學者皆由此立說，此亦從之。

今本作「離：利貞，亨，畜牝牛，吉。」意思是：離爲一陰附於上下兩陽之間，象徵外強內順，以陰柔爲主，故利在行正，乃得亨通。有如牝牛（母牛）以柔順爲主，故畜養牝牛乃得其吉。

阜陽本作「離：利貞，亨，畜牝牛，吉。……居官及家不吉，罪人不解。」意思是：離爲一陰附於上下兩陽之間，象徵外強內順，以陰柔爲主，故利在行正，乃得亨通。有如牝牛（母牛）以柔順爲主，故畜養牝牛乃得其吉。……如卜問居官及家事之結果不吉，如卜問犯罪之人則結果爲罪犯不會被押解到遠地（或罪犯不會被釋放）。

帛書本作「羅：利貞，亨，畜牝牛，吉。」意思與今本同。

（二）爻辭考釋

1. 上博《周易》：【缺簡】

2. 阜陽《周易》：初九：履菩然，敬之，无咎。卜臨官立眾，敬其下乃吉。

3. 帛書《周易》：初九：禮昔然，敬之，无咎。

4. 今本《周易》：初九：履錯然，敬之，无咎。

【文字考釋】

（一）今本「履錯然」，阜陽本作「履菩然」，帛書本作「禮昔然」。

玉姍案：今本「履錯然」，帛書本作「禮昔然」，阜陽本作「履菩然」。「禮」、「履」上古音皆爲來紐脂部，音韻均同可以通假。「錯」、「菩」皆以「昔」爲聲符，亦可通假。如《周禮・考工記・弓人》：「老牛之角紾而昔。」鄭注：「鄭司農云：『昔讀爲交錯之錯。』玄謂『昔讀履錯然之錯』。」

【爻辭釋讀】

〈象〉曰：

履錯之敬，以辟咎也。（頁 74）

王弼《注》：

　　「錯然」者，警慎之貌也。處離之始，將進而盛，未在既濟，故宜慎其所履，以敬為務，辟其咎也。（頁74）

孔穎達《正義》：

　　身處離初，將欲前進，其道未濟，故其所履踐，恆錯然敬慎不敢自寧，故云「履錯然，敬之无咎」。若能如此恭敬，則得避其禍而无咎。（頁74）

朱熹《易本義》：

　　以剛居下而處明體，志欲上進，故有履錯然之象。敬之則無咎矣，戒占者宜如是也。（頁127）

南懷瑾、徐芹庭《周易今註今譯》：

　　初九有行事錯雜的樣子，以敬行之，是沒有災咎的。（頁200）

　　玉姍案：「錯然」，王弼、孔穎達、朱熹皆以為「警慎之貌也」；南、徐以為「行事錯雜的樣子」，依前後爻辭「敬之，无咎」而言，初九處離卦之初，將進而盛，宜慎其所履，以敬為務，避其災咎。因此「警慎貌」較「行事錯雜貌」佳，此從王、孔之說。

　　今本作「初九：履錯然，敬之，无咎。」意思是：初九處離卦之初，行為若能謹慎而恭敬，就能无咎。

　　阜陽本作「初九：履𦫵然，敬之，无咎。卜臨官立眾，敬其下乃吉。」意思是：初九處離卦之初，行為應當謹慎而恭敬，就能无咎。……如卜問臨官立眾之事，只要對下位之人亦能恭敬，就能得吉。

　　帛書本作「初九：禮𦫵然，敬之，无咎。」意思與今本同。

1. 上博《周易》：【缺簡】

2. 阜陽《周易》：六二：黃離元吉。……之上吉非則凶。

3. 帛書《周易》：六二：黃羅元吉。

4. 今本《周易》：六二：黃離元吉。

【文字考釋】

　　阜陽本六二爻辭殘，據今本補。

【爻辭釋讀】

〈象〉曰：

　　黃離元吉，得中道也。（頁74）

王弼《注》：

　　居中得位，以柔處柔，履文明之盛，而得其中，故曰「黃離元吉」
　　也。（頁74）

孔穎達《正義》：

　　黃者，中色。「離」者文明，居中得位，而處於文明，故「元吉」也。

　　故〈象〉云「得中道」，以其得中央黃色之道也。（頁74）

朱熹《易本義》：

　　黃，中色。柔麗乎中而得其正，故其象占如此。（頁127）

南懷瑾、徐芹庭《周易今註今譯》：

　　六二有得其中道，而有文明的象徵，它是大吉的。（頁201）

　　玉姍案：黃爲中色。六二居中得位，以柔麗附乎中而得其正，故得元吉。
學者多由此立說，此亦從之。賴師貴三提出「黃離」或即「黃鸝」，〔註753〕
提供另一種思考方向。

　　今本作「六二：黃離元吉。」意思是：六二居中得位，柔麗乎中而得其
正，故得元吉。

　　帛書本作「六二：黃羅元吉。」意思與今本同。

1. 上博《周易》：【缺簡】
2. 阜陽《周易》：九三：日昃之離，不鼓缶而歌，則大耋之嗟，凶。
3. 帛書《周易》：九三：日襪之羅，不鼓垝而歌，即大経之䠂，凶。
4. 今本《周易》：九三：日昃之離，不鼓缶而歌，則大耋之嗟，凶。

【文字考釋】

　　阜陽本九三爻辭殘，據今本補。

（一）今本「日昃之離」之「昃」，帛書本作「襪」。

　　玉姍案：「襪」字今未傳，疑爲「稷」之異體字。漢隸「稷」字亦作稷（張
表碑）、禝（靈臺碑）、襪（袁良碑），「襪」右上部件與袁良碑右上寫法同，
有可能爲其或體。「昃」上古音莊紐職部，「稷」上古音精紐職部，二字韻部

〔註753〕賴師貴三於2009年12月17日博士論文發表會中提出。

相同，聲紐皆為齒音，故可通假。如湖北襄樊市出土「鄭臧公之孫」鼎兩件，「鄭臧（精紐陽部）公」即「鄭莊（莊紐陽部）公」。

（二）今本「大耋之嗟」之「耋」，帛書本作「絰」。

　　玉姍案：「耋」、「絰」皆從「至」字得聲，可通假。

【爻辭釋讀】

　　〈象〉曰：

　　　　日昃之離，何可久也。（頁74）

王弼《注》：

　　　　「嗟」，憂歎之辭也。處下離之終，明在將沒，故曰「日昃之離」也。明在將終，若不委之於人，養志无為，則至於耋老有嗟，凶矣。（頁74）

孔穎達《正義》：

　　　　「處下離之終，其明將沒，故云「日昃之離」也。「不鼓缶而歌，大耋之嗟凶」者，時既老耄，當須委事任人，自取逸樂。若不委之於人，則是不鼓擊其缶而為歌，則至於大耋老耄而咨嗟，何可久長，所以凶也。（頁74）

朱熹《易本義》：

　　　　重離之間，前明將盡，故有日昃之象。不安常以自樂，則不能自處而凶矣。戒占者亦如是也。（頁128）

南懷瑾、徐芹庭《周易今註今譯》：

　　　　九三有日傾斜的現象，日有傾斜的時候，人有衰老的時期，人如不以豪放況達的的態度，取缶鼓之而唱歌，愉快地過日子，則到老時空自嗟嘆，就有凶災了。（頁201）

　　玉姍案：九三處下離之終，象徵光明即將隱沒，有如人生進入老耄時期，當須委事任人，自取逸樂，鼓擊其缶而為歌。若不養志无為、委事於人，則至於老耄而咨嗟，所以凶也。

　　今本作「九三：日昃之離，不鼓缶而歌，則大耋之嗟，凶。」意思是：九三處下離之終，象徵光明將沒，有如人生進入老耄時期，當須委事任人。若不養志无為、鼓擊其缶而為歌，則至於老耄，必嗟嘆而有凶。

　　帛書本作「九三：日褮之羅，不鼓垍而歌，即大絰之赿，凶。」其意與

今本同。

1. 上博《周易》：【缺簡】
2. 阜陽《周易》：九四：其出如、其來如，焚如，棄如。
3. 帛書《周易》：九四：出如來如，紛如，死如，棄如。
4. 今本《周易》：九四：突如其來如，焚如，死如，棄如。

【文字考釋】

阜陽本九四爻辭殘，據今本補。

（一）今本「突如其來如，焚如，死如，棄如。」阜陽本作「其出如、其來如，焚如，棄如」，較今本多一「其」字，缺「死如」二字、「棄如」之「如」字殘。帛書本作「出如來如，紛如，死如，棄如」較今本缺一「其」字。

玉姍案：今本「突如其來如，焚如，死如，棄如。」阜陽本作「其出如、其來如，焚如，棄如」，較今本多一「其」字，缺「死如」二字。帛書本作「出如來如，紛如，死如，棄如」較今本缺一「其」字。三版本於「其」字各不相同，有可能是傳抄之訛漏而造成的結果，但對文義影響不大。

今本「突」上古音定紐物部，阜陽本、帛書本「出」上古音徹紐物部，二字韻同，陳師新雄以爲，「古無舌上音……夫知徹澄三母古讀同端透定」，〔註 754〕故可通假。如《楚辭・天問》「簡狄（定紐錫部）」，《路史・發揮・稷契考》作「簡逖（透紐錫部）」。韓自強引《方言》：「江湘謂卒相見曰突，一曰出貌。阜易和帛書出於楚國故地，此處用『出』不用『突』，與楚地方言也許有關。」〔註 755〕《說文》：「突，從穴中暫出也。」（頁 349）故「突」亦有出義。鄭玄《注》「突」作「㐬」，「㐬」爲「𠫓（𠫓）」之古文，《說文・𠫓》：「𠫓，不順忽出也。從到子。」「㐬」亦有「出」義，可通。

今本、阜陽本「焚」上古音並紐文部，帛書本「紛」上古音滂紐文部，二字韻同，聲紐皆爲唇音，故可通假。如師克盨：「匍（並紐魚部）有四方」，《尚書・金縢》作「敷（滂紐魚部）佑四方」。

〔註 754〕陳師新雄：《古音學發微》（台北：文史哲出版社，1996 年 10 月），頁 1142。

〔註 755〕韓自強：《阜陽漢簡《周易》研究》（上海：上海古籍出版社，2004 年 7 月），頁 131。

【爻辭釋讀】

〈象〉曰：

突如其來，如无所容也。（頁74）

孔穎達《正義》：

四處始變之際，三爲始昏，四爲始曉，三爲已沒，四爲始出，突然而至，忽然而來，故曰「突如其來如」也。逼近至尊，履非其位，欲進其盛，以焚炎其上，故云「焚如」也。既焚其上，命必不全，故云「死如」也。違於離道，无應无承，眾所不容，故云「棄如」。（頁74）

朱熹《易本義》：

後明將繼之時，而九四以剛迫之，故其象如此。无所容，言焚、死、棄也。（頁128）

南懷瑾、徐芹庭《周易今註今譯》：

九四有離日忽然間而來到，又異常的盛熱，最後盛極又衰，又死絕，而捨棄的樣子。象辭上說：突如其來如，是因无所容的關係。（頁202）

玉姍案：九四處於明道始變之際，九三已沒，九四始出，突然而至，忽然而來，故曰「突如其來如」。其明始進，其炎始盛；既焚其上，故曰「焚如」。逼近至尊，履非其位，命必不終，故曰「死如」。違離之義，无應无承，眾所不容，故曰「棄如」也。

今本作「九四：突如其來如，焚如，死如，棄如。」意思是：九四處於明道始變之際，九三已沒，九四突然而出，其明始進，其炎始盛；但既焚其上，逼近至尊，履非其位，命必不終，而被眾人所背棄。

阜陽本作「九四：其出如、其來如，焚如，棄如。」意思是：九四處於明道始變之際，九三已沒，九四突然而出，其明始進，其炎始盛；但既焚其上，逼近至尊，履非其位，而被眾人所背棄。

帛書本作「九四：出如來如，紛如，死如，棄如。」意思與今本同。

1. 上博《周易》：【缺簡】

2. 阜陽《周易》：六五：出涕沱若，戚差若，吉。卜……

3. 帛書《周易》：六五：出涕沱若，戚駐若，吉。

4. 今本《周易》：六五：出涕沱若，戚嗟若，吉。

【文字考釋】

　　阜陽本、帛書本六五爻辭殘，皆據今本補。

【爻辭釋讀】

　　〈象〉曰：

　　　六五之吉，離王公也。（頁74）

孔穎達《正義》：

　　　履非其位，不勝其任，以柔乘剛，不能制下，下剛而進，將來害己，
　　　憂傷之深，所以出涕滂沱，憂戚而咨嗟也。「若」是語辭也，吉者，
　　　以所居在尊位，四爲逆首，已能憂傷悲嗟。眾之所助，所以「吉」
　　　也。（頁74）

朱熹《易本義》：

　　　以陰居尊，柔麗乎中，然不得其正，而迫於上下之陽，故憂懼如此，
　　　然後得吉。戒占者宜如是也。（頁128）

南懷瑾、徐芹庭《周易今註今譯》：

　　　六五雖有流涕滂沱，憂戚嗟傷的樣子，但它是吉利的。（頁203）

　　玉姍案：「若」，語助辭。六五以柔居陽，履非其位；以柔乘剛，不勝其
任。又迫於九四、上九兩陽之間，憂傷之深，是故出涕滂沱，憂戚咨嗟。然
六五居在尊位，眾之所助，所以仍能得吉。

　　今本作「六五：出涕沱若，戚嗟若，吉。」意思是：六五以柔居陽，履
非其位，不勝其任。又迫於九四、上九兩陽之間，憂傷之深，是故出涕滂沱，
憂戚咨嗟。然六五居在尊位，眾之所助，所以得吉。

　　帛書本作「六五：出涕沱若，□跦若，吉。」其意與今本同。

　1. 上博《周易》：【缺簡】

　2. 阜陽《周易》：上九：王用出征，有嘉折首，獲匪其醜，无咎。

　3. 帛書《周易》：尚九：王出正，有嘉折首，獲不戠，无咎。

　4. 今本《周易》：上九：王用出征，有嘉折首，獲匪其醜，无咎。

【文字考釋】

　　阜陽本上九爻辭殘，據今本補。

（一）今本「王用出征」，帛書本作「王出正」，較今本少一「用」字。今本「獲匪其醜」，帛書本作「獲不戲」，較今本少一「其」字。

于豪亮《帛書周易》：

> 戲當假借爲觑。詩遵大路：「無我觑兮。」疏：「觑與醜古今字。」所以戲讀爲醜。「獲不戲」的不字和「獲匪其醜」的匪字都應讀爲彼字，所以「獲不戲」即「獲彼醜」，「獲匪其醜」即「獲彼其醜」。「彼其」即詩羔裘、侯人「彼其之子」的「彼其」。王引之云「其，語助也。」（見經傳釋詞）所以「獲不戲」和「獲匪其醜」的含義相同，即詩出車「執訊獲醜」，常武「仍執醜虜」之義。〔註756〕

玉姍案：今本「王用出征」，帛書本作「王出正」，較今本少一「用」字。今本「獲匪其醜」，帛書本作「獲不戲」，較今本少一「其」字。于豪亮以爲「戲」當假借爲「觑」，「觑」與「醜」古今字。可從。于豪亮又以爲「獲不戲」的「不」和「獲匪其醜」的「匪」都應讀爲「彼」字，但筆者以爲「匪」上古音幫紐微部，「不」上古音幫紐之部，二字聲同韻近可以通假，未必要讀爲「彼」。「醜」，類也；「獲不戲」即「獲不醜」，獲非我族類之敵人也，與今本「獲匪其醜」義同。

【爻辭釋讀】

〈象〉曰：

> 王用出征，以正邦也。（頁74）

王弼《注》：

> 「離」，麗也。各得安其所麗謂之「離」。（頁74）

孔穎達《正義》：

> 處離之極，離道既成，物皆親附，當除去其非類，以去民害，故「王用出征」也。以出征罪人，事必剋殄，故有嘉美之功，所斷罪人之首，獲得匪其醜類，乃得「无咎」也。若不出征除害，居在終極之地，則有咎也。（頁74）

朱熹《易本義》：

> 剛明及遠，威震而刑不濫，无咎之道也，故其象占如此。（頁128）

南懷瑾、徐芹庭《周易今註今譯》：

〔註756〕于豪亮：〈帛書《周易》〉，《文物》1984年第3期，頁18。

上九有王用出征，嘉獎能折取羣盜的頭，捕獲不與人民同類的惡黨
的象徵，這是爲了除去民害，以正邦國的關係。（頁 203）

　　玉姍案：上九處離之極，離道已成，物皆親附，故利於除其非類，以去
民害，有如王用出征罪人，事必剋穫，故有嘉美之功。所斷罪人之首，獲得
匪其醜類，乃得无咎也；若不出征除害，居在終極之地，則有咎也。

　　今本作「上九：王用出征，有嘉折首，獲匪其醜，无咎」意思是：上九
離道已成，物皆親附。王利用此時機以出征罪人，則有嘉美之功，能斷罪人
之首，獲得非我類之敵人，乃得无咎。

　　帛書本作「尚九：王出正，有嘉折首，獲不戠，无咎。」意思是：上九
離道已成，物皆親附。此時王出征罪人，則有嘉美之功，能斷罪人之首，獲
得非我類之敵人，乃得无咎。

第三章 出土與今本《周易》六十四卦經文考釋・下經三十四卦

第三十一節 咸 卦

一、卦名釋義

《說文》:「咸,皆也,悉也。」(頁 59)「咸」假借爲「感」,〈彖〉云:「咸,感也。」(頁 82)故咸卦之「咸」即相互感應之義。賴師貴三以爲「咸」通「銜」,說文:「銜,馬勒口中也。」引伸有含之義。含於口中即爲口感,再引伸爲「感應」之「感」。〔註1〕可備一說。

〈序卦〉曰:「有天地,然後有萬物。有萬物,然後有男女。有男女,然後有夫婦。有夫婦,然後有父子。有父子,然後有臣君。有臣君,然後有上下。有上下,然後禮義有所錯。」(頁 188)韓康伯云:「咸柔上而剛下,感應以相與。夫婦之象,莫美乎斯。人倫之道,莫大夫婦。故夫子殷勤深述其義,以崇人倫之始,而不繫之離也。先儒以乾至離爲上經,天道也。咸至未濟爲下經,人事也。夫易六畫成卦,三材必備,錯綜天人,以效變化,豈有天道人事偏於上下哉。斯蓋守文而不求義,失之遠矣」〔註2〕玉姍案:天地相感而生萬物,夫婦相感爲人倫之始,故咸卦居下經之始。

〔註1〕賴師貴三於 2009 年 12 月 17 日博士論文發表會中提出。
〔註2〕 (魏)王弼、(晉)韓康伯注,(唐)孔穎達疏:《周易正義》(台北:藝文印書館,1989 年),頁 82。

咸卦，今本卦畫作「䷞」，上兌澤，下艮山。〈象〉：「山上有澤，咸。君子以虛受人。」（頁 82）孔穎達《正義》曰：「山上有澤，咸澤性下流，能潤於下，山體上承，能受其潤，以山感澤，所以爲咸，君子以虛受人者，君子法此咸卦，下山上澤，故能空虛其懷，不自有實，受納於物，无所棄遺，以此感人，莫不皆應。」（頁 82）山上有澤，澤氣下流，山體承之，受澤之潤。君子觀之而效法其納物而無所遺之道也。賴師貴三提出「咸」爲「無心之感」而能「無所不感」，〔註3〕黃忠天也以爲「蓋感應之最高境界，乃是無心之感。凡有心之感，未免涉及利害。」〔註4〕可從。

二、卦爻辭考釋

（一）卦辭考釋

1. 上博《周易》：欽：鄉，杒貞，取女吉。
2. 阜陽《周易》：[咸：亨，利貞，取女吉。]
3. 帛書《周易》：欽：亨，利貞，取女吉。
4. 今本《周易》：咸：亨，利貞，取女吉。

【文字考釋】

阜陽本卦辭殘，據今本補。

（一）今本咸卦之「咸」，上博本、帛書本作「欽」。

玉姍案：「欽」上古音溪紐侵部，「咸」上古音匣紐侵部，韻部同爲侵部，除陳惠玲所舉之例外，今本《周易》大過「枯（溪紐魚部）楊生華」，帛書《周易》作「楛（匣紐魚部）楊生華」亦可證。故「欽」、「咸」二字可以相通假。

【卦辭釋讀】

〈彖〉曰：

咸，感也。柔上而剛下，二氣感應以相與。止而說，男下女，是以「亨，利貞」，「取女吉」也。天地感而萬物化生，聖人感人心而天下和平。觀其所感，而天地萬物之情可見矣。（頁 82）

〈象〉曰：

〔註3〕賴師貴三於 2009 年 12 月 17 日博士論文發表會中提出。
〔註4〕黃忠天：《周易程傳註評》（高雄：復文圖書出版社，2006 年 12 月），頁 271。

山上有澤，咸。君子以虛受人。（頁 82）

孔穎達《正義》：

「咸，亨，利貞，取女吉」者，「咸」，感也。此卦明人倫之始，夫
婦之義，必須男女共相感應，方成夫婦。既相感應，乃得亨通，若
以邪道相通，則凶害斯及，故利在貞正。既感通以正，即是婚媾之
善，故云「咸，亨，利貞，取女吉」也。（頁 82）

朱熹《易本義》：

咸，交感也。兌柔在上，艮剛在下，而交相感應。又艮止則感專，
兌說則應之至。又艮以少男，下於兌之少女，男先於女，得男女之
正，婚姻之時，故其卦爲咸，其占亨而利貞，取女則吉。蓋感有必
通之理，然不以貞，則失其亨，而所爲皆凶矣。（頁 131）

南懷瑾、徐芹庭《周易今註今譯》：

咸卦是亨通暢達的，但利於守正道，它有娶女（妻）吉利的象徵。（頁
205）

玉姍案：咸卦卦畫作「☱☶」，上兌澤，下艮山，艮爲男、澤爲女，故有男
下女上之象，男先求女，因此有娶女得吉的象徵。

今本「咸：亨，利貞，取女吉。」意思是：咸卦艮下兌上，有男先求於
女，交相感應的象徵，這是亨通、利於守正道，有娶女得吉利之象。

上博本作「欽：鄉，籾貞，取女吉。」帛書本作「欽：亨，利貞，取女
吉。」其義均與今本同。

（二）爻辭考釋

1. 上博《周易》：初六：欽亓拇。
2. 阜陽《周易》：初六：咸其拇。
3. 帛書《周易》：初六：欽亓栂。
4. 今本《周易》：初六：咸其拇。

【文字考釋】

（一）今本「咸其拇」之「拇」，上博本作「[拇]（拇）」，帛書本作「栂」。

玉姍案：今本「咸其拇」之「拇」，上博本作「[拇]（拇）」，帛書本作「栂」。
上博本作「[拇]」，右從手，左從母聲，可隸定爲「拇」。「拇」、「栂」、「踇」皆

以母爲聲符，可以通假。

【爻辭釋讀】

　　〈象〉曰：

　　　　「咸其拇」，志在外也。（頁 82）

王弼《注》：

　　　　處咸之初，爲感之始，所感在末，故有志而已。如其本實，未至傷
　　　　靜。（頁 82）

孔穎達《正義》：

　　　　拇是足大指也，體之最末。初應在四，俱處卦始，爲感淺末，取譬
　　　　一身，在于足指而已，故曰「咸其拇」也。六二咸道轉進，所感在
　　　　腓。腓體動躁，則成往而行。今初六所感淺末，則譬如拇指，指雖
　　　　小動，未移其足，以喻人心初感，始有其志。志雖小動，未甚躁求。
　　　　凡吉凶悔吝，生乎動者也。以其本實未傷于靜，故无吉凶悔吝之辭。
　　　　（頁 82）

朱熹《易本義》：

　　　　拇，足大指也。咸以人身取象，感於最下，咸拇之象也。感之尚淺，
　　　　欲進未能，故不言吉凶。此卦雖主於感，然六爻皆宜靜而不宜動也。
　　　　（頁 132）

南懷瑾、徐芹庭《周易今註今譯》：

　　　　咸卦初六，因它處咸卦感應的開始，所感在末，故有感其足大指的
　　　　象徵。（頁 206）

　　玉姍案：拇，此指「足大指」。初六爲咸卦之始，如同人心初感，開始有
其志而已。如以人體喻之，則象徵感應於人體之大腳趾部分，其所感淺末，
雖有小動而未能移整個足部。王、孔之下學者皆由此立說，此亦從之。

　　今本「初六：咸其拇。」意思是：初六爲咸卦之始，象徵感應在人體之
足部大指。

　　上博本作「初六：欽亓拇。」帛書本作「初六：欽亓栂。」其義均與今
本同。

　　1. 上博《周易》：六二：欽亓腎，凶，尻吉。

　　2. 阜陽《周易》：六二：咸其腓，凶，居吉。

3. 帛書《周易》：六二：欽亓隈，凶，居吉。

4. 今本《周易》：六二：咸其腓，凶，居吉。

【文字考釋】

阜陽本六二爻辭殘，據今本補。

（一）今本「咸其腓」之「腓」，上博本作「![字]」（胇），帛書本作「隈」，

　　玉姍案：《說文》：「腓，脛腨也。」（頁 172）帛書本「隈」以肥爲聲符，「肥」、「腓」上古音皆爲並紐微部，故「隈」、「腓」可以通假。「隈」亦有可能爲「腓」之異體字，從足從肥，肥亦聲，象足多肉之處，即今所謂小腿肚之部位。

關於上博本「![字]」字，學者釋形義之看法有下列兩種：

1. 廖名春以爲「胇」爲「腓」之異構。下「月」爲義符，。「弝」爲「敚」省。而從「弗」之字與從「非」之字可互用。「胇」爲「腓」之異體字。〔註5〕

2. 季師旭昇以爲![字]字的上部可能應該看成「發」，「![字]」字應該視爲從「肉」、「發」聲的形聲字，可能是「腓」的異體字。〔註6〕

上博本作「![字]」，濮茅左隸定爲「胇」〔註7〕可從。「![字]」（胇）從肉弝聲，根據裘錫圭之說，〔註8〕「弝」爲「發」之初文，上古音非紐月部；「腓」上古音爲並紐微部。聲紐皆爲唇音，月、微旁對轉，故「腓」、「胇」亦可通假。

【爻辭釋讀】

〈象〉曰：

　　雖凶居吉，順不害也。（頁 82）

《周易集解》引崔覲云：

　　腓，腳膊。次于母上，二之象也。得位居中，于五有應，若感應相
　　與，失艮止之禮，故凶。居而承比于三，順止而隨于禮當，故吉也。
　　（頁 316）

〔註5〕廖名春：〈楚簡《周易》校釋記（二）〉，簡帛網站 2004 年 4 月 23 日。
〔註6〕季師旭昇：〈上博三周易簡 26「欽其腓」說〉，簡帛研究網站 2004 年 5 月 9日。
〔註7〕馬承源主編：《上海博物館藏戰國楚竹書（三）》（上海：上海古籍出版社，2003年 12 月），頁 172。
〔註8〕裘錫圭：《古文字論集》（北京：中華書局，1992 年 8 月），頁 77～78。

孔穎達《正義》：

> 腓，足之腓腸也。六二應在九五，咸道轉進，離拇升腓，腓體動躁，躁以相感，凶之道也。由躁故凶，靜居則吉，故曰「咸其腓，凶，居吉」。以不乘剛，故可以居而獲吉。（頁 82）

朱熹《易本義》：

> 腓，足肚也。欲行則先自動，躁妄而不能固守者也。二當其處，又以陰柔不能固守，故取其象，然有中正之德，能居其所，故其占動凶而靜吉也。（頁 132）

南懷瑾、徐芹庭《周易今註今譯》：

> 咸卦六二有咸其腳肚的象徵。這是凶的，唯有居而不進，則吉。（頁 208）

玉姍案：六二較初六上升，又與九五相應，若以人體比擬則有如感應於人體之腓（小腿肚）部，已有躁動之象；但若過於躁動而不能固守其中正則有凶，若能居靜則能得吉。

今本「六二：咸其腓，凶，居吉。」意思是：六二離拇升腓，有如感應在小腳肚的躁進之象，若過於躁動則有凶，唯有居靜才能獲吉。

上博本作「六二：欽亓腎。凶，尻吉。」帛書本作「六二：欽亓胻，凶，居吉。」其義均與今本同。

1. 上博《周易》：九晶：欽亓腎，埶亓陵，吝。
2. 阜陽《周易》：九三：咸其股，執其隨，往吝。
3. 帛書《周易》：九三：欽亓胻，執其隨，閵。
4. 今本《周易》：九三：咸其股，執其隨，往吝。

【文字考釋】

阜陽本九三爻辭殘，據今本補。

（一）今本「咸其股」之「股」，上博本作「腎」、帛書本作「胻」。

玉姍案：今本「咸其股」之「股」，上博本作「腎」、帛書本作「胻」。上博簡未出前，張立文以為「胻與六二爻辭重複，轉寫而訛」，[註9] 然上博簡

〔註 9〕張立文（張憲江）：《周易帛書今注今譯》（台北：臺灣學生書局，1991 年），頁 527。

出，仍有重複六二爻辭的現象，兩種早期版本皆如是，就無法以「傳寫之訛」一語帶過，而須深入探討之。目前所見三種版本中所感應部位：

版　　本	初六感應	六二感應	九三感應	九五感應	上六感應
上博本	拇	腎	腎	拇	頰夾脟
帛書本	栂	腥	腥	股	胶陜舌
今　　本	拇	腓	股	脢	輔頰舌

　　上博本與帛書本之六二爻和九三爻所感部位同字，是以抄手誤書之可能性不高，但相較之下，今本所感之「股」又較其他二版本更爲合理，廖名春提出「《說文‧肉部》：『腓，脛腨也。』指的是小腿肌，即腿肚。《說文‧足部》：『足，人之足也，在下。從止、口。』既是人体下肢的總稱，又專指踝骨以下部分，也就是『腳』。」〔註10〕以爲「腓」字可能代表廣泛的下肢之義，是以小腿肚與大腿皆在其範圍之中。陳惠玲以爲「有可能今本是有意的調整所感的部位」，〔註11〕使文義更清楚明確有層次感。二者之說皆合理，皆可從之。

（二）今本「往吝」，上博本只作「吝」，帛書本作「閵」。

　　玉姍案：今本「往吝」，上博本只作「吝」，「往吝」與「吝」意思相近，於文義影響不大，但可以看出版本的演變軌跡。帛書本「吝」作「閵」（見本論文第二章第四節蒙卦初六【文字考釋】）。

【爻辭釋讀】

　　〈象〉曰：

　　　　「咸其股」，亦不處也。志在隨人，所執下也。（頁82）

王弼《注》：

　　　　股之爲物，隨足者也。進不能制動，退不能靜處，所感在股，「志在隨人」者也。「志在隨人」，所執亦以賤矣。用斯以往，吝其宜也。（頁82）

孔穎達《正義》：

　　　　九三處二之上，轉高至股。股之爲體，動靜隨足，進不能制足之動，

〔註10〕廖名春：〈楚簡《周易》校釋記（二）〉，簡帛網站2004年4月23日。
〔註11〕陳惠玲：《《上海博物館藏戰國楚竹書（三）‧周易》研究》（臺灣師範大學國文教學所碩論，2005年8月），頁384。

退不能靜處。股是可動之物，足動則隨，不能自處，常執其足之志，
故云「咸其股，執其隨」。施之于人，自无操持，志在隨人，所執卑
下，以斯而往，鄙吝之道，故言「往吝」。（頁 82）

朱熹《易本義》：

股，隨足而動，不能自專者也。執者，主當持守之意，下二爻皆欲動
者，三亦不能自守而隨之，往則吝矣。故其象占如此。（頁 132～133）

南懷瑾、徐芹庭《周易今註今譯》：

九三有感動他的股，執守著他所隨之人的象徵，如前往，則必見災
凶。（頁 208）

玉姍案：「執其隨」，王弼以為「股之隨足」如「志在隨人」者也。九三
居內卦之極，感應部分相應於人體的大腿部分，大腿隨整個足部而運動，有
如所執之意志隨人而改變，故若所執守的意志卑下，往則有悔吝。

上博本與帛書本之九三爻所感部位為「腓（腎／腥）」，廖名春以為可能
代表廣泛的下肢之義，是以小腿肚與大腿皆在其範圍之中。此從之。

今本作「九三：咸其股，執其隨，往吝。」意思是：九三所感應的部位
在大腿，象徵所執的意志隨人而變，如前往必有悔吝。

上博本作「九晶：欽亓腎，埶亓陵，吝。」帛書本作「九三：欽亓腥，
執其隨，閵。」意思是：九三所感應的部位在小腿肚至大腿的下肢部分，象
徵所執的意志隨人而變，故有悔吝。

1. 上博《周易》：九四：貞吉，亡𢝊。僮僮往來，朋從爾志。
2. 阜陽《周易》：九四：貞吉，悔亡。憧憧往來，朋從爾思。
3. 帛書《周易》：九四：貞吉，𢝊亡。童童往來，傰從𡨄思。
4. 今本《周易》：九四：貞吉，悔亡。憧憧往來，朋從爾思。

【文字考釋】

（一）今本「悔亡」，上博本作「亡𢝊」，阜陽本作「悔亡」，帛書本作「𢝊亡」。
「亡𢝊」為「𢝊亡」之誤：

玉姍案：今本「悔亡」，上博本作「亡𢝊」，阜陽本作「悔亡」，帛書本作
「𢝊亡」。四種版本中只有上博本作「亡𢝊」，其餘皆作「悔（𢝊）亡」；廖名

春以爲「當是涉下九五爻辭『亡悔』而誤」，〔註12〕但就文義而言兩種版本皆可通。

（二）今本「朋從爾思」，上博本部分僅殘存一「志」字，其餘皆據今本補。

玉姍案：「志」上古音照紐之部，「思」上古音心紐之部，韻部相同，聲紐亦可相通，如《上博一·緇衣》簡二三：「人佳曰不利」，今本《禮記·緇衣》「佳」（照紐微部）作「雖」（心紐微部），故「志」、「思」可以通假。陳惠玲以爲「《禮記·孔子閒居》：『志之所至』注：『思意也』。《儀禮·聘禮》：『將授志趨』注：『念也』。『思』有『思念』義，《詩·鄭風·褰裳》：『子惠思我，褰裳涉溱。』『志』與『思』二字的意思有相似之處」，〔註13〕亦可從。

（三）今本「憧憧」，上博本作「僮僮」，阜陽本作「憧憧」，帛書本作「童童」。

玉姍案：「憧」、「僮」皆由「童」得聲，故「憧」、「僮」、「童」可以通假。

【爻辭釋讀】

〈象〉曰：

「貞吉，悔亡」，未感害也。「憧憧往來」，未光大也。（頁82）

王弼《注》：

始在于感，未盡感極，不能至于无思以得其黨，故有「憧憧往來」，然後「朋從其思」也。（頁82）

孔穎達《正義》：

九四居上卦之初，應下卦之始，居體之中，在股之上，二體始相交感，以通其志，心神始感者也。凡物始感而不以之于正，則害之將及矣。故必貞然後乃吉，吉然後乃得亡其悔也，故曰「貞吉，悔亡」也。「憧憧往來，朋從爾思」者，「始在于感，未盡感極」，惟欲思運動以求相應，未能忘懷息照，任夫自然，故有「憧憧往來」，然後朋從爾之所思也。（頁82）

朱熹《易本義》：

九四居股之上，脢之下，又當三陽之中，心之象，咸之主也。心之感物，當正而固，乃得其理，今九四乃以陽居陰爲失其正而不能固，

〔註12〕廖名春：〈楚簡《周易》校釋記（二）〉，簡帛網站2004年4月23日。

〔註13〕陳惠玲：《《上海博物館藏戰國楚竹書（三）·周易》研究》（臺灣師範大學國文教學所碩論，2005年8月），頁389。

故因占設戒，以爲能正而固，則吉而悔亡。若憧憧往來，不能正固
而累於私感，則但朋類從之，不復能及遠矣。（頁 133）

南懷瑾、徐芹庭《周易今註今譯》：

九四有守正則吉，沒有後悔的象徵，又有往來不停，想有所行動，
以朋友相應於他本身的現象。（頁 209）

玉姍案：《釋文》：「憧憧。馬云：『行貌。』王肅云：『往來不絕貌。』」《廣
雅‧釋訓》：「憧憧，往來也。」「憧憧」指思慮活動也要往來不停也。九四處
上卦之初，與初六爻相應，所感更在腓股之上，開始與心神交感。這時若感
之不正就會有害；如所感貞正就能無悔。思慮活動往來不止，就能有同類感
應到他的心思。

今本「九四：貞吉，悔亡。憧憧往來，朋從爾思。」意思是：九四處上
卦之初，已到心神感應的境界。如能貞正，就可得吉而無悔。思慮活動往來
不停，就會有朋類感應他的心思。

上博本作「九四：貞吉，亡悔。僮憧往來，朋從爾志。」阜陽本作「九
四：貞吉，悔亡。憧憧往來，朋從爾思。」帛書本作「九四：貞吉，悔亡。
童童往來，倗從璽思。」其意與今本同。

1. 上博《周易》：九五：欽亓拇，亡悔。
2. 阜陽《周易》：九五：咸其脢，无悔。
3. 帛書《周易》：九五：欽亓股，无悔。
4. 今本《周易》：九五：咸其脢，无悔。

【文字考釋】

阜陽本九五爻辭殘，據今本補。

（一）今本「咸其脢」之「脢」，上博本作「拇」，帛書本作「股」。

玉姍案：今本「咸其脢」之「脢」，上博本作「拇」，帛書本作「股」。《說
文》云：「脢，背肉也。」〈子夏傳〉曰：「在脊曰脢」。馬融云：「脢，背也。」
鄭玄云：「脢，脊肉也。」王肅云：「脢，在背而夾脊。」張立文以爲「脢，
帛書周易誤爲股。諸說雖有異，大體在心上口下，脊背也。」〔註 14〕與其他

〔註14〕張立文（張憲江）：《周易帛書今注今譯》（台北：臺灣學生書局，1991 年），
頁 530。

爻辭中所感部位相對應，脊背部位最有可能。張立文以爲「大體在心上口下」，但筆者以爲若爲脊背部位，當作「腰上肩下」較合理。

版　　本	初六感應	六二感應	九三感應	九五感應	上六感應
上博本	拇	腎	腎	拇	夾脄
帛書本	栂	𦜆	𦜆	股	胶陝舌
今　　本	拇	腓	股	脢	輔頰舌

上博本「九五：欽丌拇」，和「初六：欽丌拇」相重複，「拇」、「脢」上古音同爲明紐之部字，若依爻辭之感應順序與部位推測，「拇」可能爲「脢」假借字之說法較爲合理，亦指腰上肩下的脊背部位。

【爻辭釋讀】

〈象〉曰：

「咸其脢」，志末也。（頁82）

孔穎達《正義》：

「咸其脢，无悔」者，「脢」者，心之上，口之下也。四已居體之中，爲心神所感，五進在于四上，故所感在脢，脢已過心，故「進不能大感」，由在心上，「退亦不能无志」，志在淺末，故「无悔」而已，故曰「咸其脢，无悔」也。「脢者，心之上，口之下」者，子夏《易傳》曰：「在脊曰脢。」馬融云：「脢，背也。」鄭玄云：「脢，脊肉也。」王肅云：「脢，在背而夾脊。」《說文》云：「脢，背肉也。」雖諸說不同，大體皆在心上。輔嗣以四爲心神，上爲輔頰，五在上四之間，故直云「心之上，口之下」也。明其淺于心神，厚于言語。（頁82）

朱熹《易本義》：

脢，背肉，在心上而相背，不能感物而无私係。九五適當其處，故取其象。而戒占者以能如是，則雖不能感物，而亦可以无悔也。（頁133）

南懷瑾、徐芹庭《周易今註今譯》：

九五有感動它的夾脊肉的象徵。這是無悔的。（頁210）

玉姍案：九五在九四之上，九四已感應於心神，故九五陽爻雖得位而不能有比心神更強大之感通；以人身部位來象徵，九五只能感應於腰之上、肩之下的「脢」部。故王弼曰：「進不能大感，退亦不爲无志，其志淺末，故『无悔』而已」。

今本「九五：咸其脢，无悔。」意思是：九五以人身作象徵，是感應於腰之上、肩之下的「脢（夾脊肉）」部位，雖不能有所大感，但仍能無悔。

上博本作「九五：欽亓拇，亡悬。」其意與今本同。

帛書本作「九五：欽亓股，无悬。」意思是：九五以人身作象徵，是感應於腰之上、肩之下的部位，雖不能有所大感，但仍能無悔。

1. 上博《周易》：上六：欽頌、夾、朏。
2. 阜陽《周易》：上六：咸其父、頰、舌。
3. 帛書《周易》：尚六：欽亓胺、陜、舌。
4. 今本《周易》：上六：咸其輔、頰、舌。

【文字考釋】

阜陽本上六爻辭殘，據今本補。

（一）今本「咸其輔」，上博本作「欽頌」，阜陽本僅存「其父」，帛書本作「欽亓胺」。

玉姍案：四種版本中只有上博本無「其」字，可能為抄手漏寫之故。今本「咸其輔」之「輔」，上博本作「頌」，阜陽本作「父」，帛書本作「胺」。「頌」、「胺」字今已不傳，但由其從頁、父聲及從肉、父聲的文字結構可以判斷出應指人體（「肉」部）或臉頰（「頁」部）之部位。故「頌」、「顬」、「輔」可能為異體字，皆指「臉頰」部位的形聲字。阜陽本「父」上古音並紐魚韻，「輔」為幫紐魚韻，二字韻同聲近，如《尚書·堯典》：「共工方（幫紐陽部）鳩僝功」，《史記·五帝本紀》：「共工旁（並紐陽部）聚布功」，故可相通假。

【爻辭釋讀】

〈象〉曰：

「咸其輔、頰、舌」，滕口說也。（頁82）

王弼《注》：

咸道轉末，故在口舌言語而已。（頁82）

孔穎達《正義》：

馬融云：「輔，上領也。」「輔、頰、舌」者，言語之具。咸道轉末，在于口舌言語而已，故云「咸其輔、頰、舌」也。（頁82）

朱熹《易本義》：

輔頰舌，皆所以言者，而在身之上。上六以陰居說之終，處咸之極，

感人以言而无其實，又兌爲口舌，故其象如此，凶咎可知。（頁 134）

南懷瑾、徐芹庭《周易今註今譯》：

上六有感其輔頰舌的樣子。（頁 211）

玉姍案：上六於咸卦之末，所感者甚微，如以人身比擬，則如口舌言語作用而已。

今本「上六：咸其輔、頰、舌。」意思是：上六處於咸卦之末，感應趨於細微瑣碎，如以人身比擬，只在口舌言語作用而已，因此有所感應在輔、頰、舌的現象。

上博本作「上六：欽頌、夾、胉。」帛書本作「尚六：欽亓肞、陝、舌。」其意均與今本同。其意與今本同。

第三十二節　恆　卦

一、卦名釋義

《說文》：「㮓，竟也，從木，恆聲。亙，古文㮓。」段玉裁《注》：「按今字多用亙，不用㮓。舟在二之閒，絕流而竟，會意也。恆之字本從心從亙。」（頁 580）

玉姍案：《說文》與段注以爲「亙」爲「㮓」之或體，中間部份爲「舟」，疑非。「亙」之甲骨文作（《鐵》199.3），金文作（亙鼎），楚文字作（《上三・周易》28），中間部份不從「舟」而從半月形。王國維以爲月半爲恆常，〔註15〕徐灝《說文段注箋》以爲「月之半體如弦㮓兩端，故謂之弦。月盈則缺，唯弦時多，故謂之恆，而訓常，古祇作亙。從月從二，指上下弦。」〔註16〕「亙」爲「恆常」之義，爲「恆」之初文。戰國文字「月」與「外」常互用。〔註17〕如「閒」字，金文作（訣簋），楚系文字作（《璽彙》0183），「月」與「外」上古皆爲疑紐月部字，故可互用。〈象〉曰：「恆，久也。」

〔註15〕王國維：《觀堂集林・先公先王考》（台北：世界書局，1983 年）卷九，頁 5 ～7。

〔註16〕引自季師旭昇：《說文新證・上》（台北：藝文印書館，2002 年 10 月），頁 491。

〔註17〕參季師旭昇：《說文新證・上》（台北：藝文印書館，2002 年 10 月），頁 490 ～491。

（頁 83）故恆卦之「恆」即「恆常」、「恆久」之義。

〈序卦〉曰：「夫婦之道，不可不久也，故受之以恆。恆者，久也。」（頁 188）鄭玄云：「言夫婦當有終身之義。『夫婦之道』，謂咸、恆也。」〔註 18〕天地相感而生萬物，夫婦相感爲人倫之始，夫婦之道爲終身恆久之義也。故恆卦居咸卦之後。

恆卦，今本卦畫作「䷟」，上震雷，下巽風。〈象〉曰：「雷風恆。君子以立不易方。」（頁 83）風雷交作，雷動風隨，其聲可傳久遠而恆長。雷剛風柔，剛柔並濟，相輔相成，更能歷久永恆。天地間有恆久不息的道理，君子應效法這種精神，守持恆久正道，樹立不變的志向。

二、卦爻辭考釋

（一）卦辭考釋

1. 上博《周易》：丞：鄉，秒貞，亡咎。
2. 阜陽《周易》：【缺簡】
3. 帛書《周易》：恆：亨，无咎，利貞，利有攸往。
4. 今本《周易》：恆：亨，无咎，利貞，利有攸往。

【文字考釋】

阜陽本卦辭殘，據今本補。

（一）上博本作「丞：鄉，秒貞，亡咎。」與他本相較，無「利有攸往」四字。

玉姍案：今本、帛書本作「恆：亨，无咎，利貞，利有攸往。」上博本作「丞：鄉，秒貞，亡咎。」上博本較他本少「利有攸往」四字。廖名春以爲上博版本較佳，〔註 19〕陳惠玲以爲「列出楚簡本《周易》卦爻辭中有『利貞』之詞，與今本有『利貞』之詞，作比較……互相比對之後，我們發現楚簡本、今本相同性甚高，唯獨恆卦卦辭作楚簡本作『利貞，亡咎』，今本作『无咎，利貞，利有攸往』，出入較大。……二種版本無明顯之優劣，視爲傳本之

〔註 18〕 （清）李道平撰，潘雨廷點校：《周易集解纂疏》（北京：中華書局，2004 年4 月），頁 320。
〔註 19〕廖名春：〈楚簡《周易》校釋記（一）〉，簡帛網站 2004 年 4 月 23 日。

異亦可。」〔註20〕筆者以爲陳惠玲所舉證較完整可信，故從陳惠玲之說。

【卦辭釋讀】

〈彖〉曰：

> 恆，久也。剛上而柔下。雷風相與，巽而動。剛柔皆應，恆。恆「亨，无咎，利貞」，久于其道也。天地之道，恆久而不已也。「利有攸往」，終則有始也。日月得天而能久照，四時變化而能久成，聖人久于其道而天下化成。觀其所恆，而天地萬物之情可見矣。（頁83）

〈象〉曰：

> 雷風，恆。君子以立不易方。（頁83）

王弼《注》：

> 恆而亨，以濟三事也。恆之爲道，亨乃「无咎」也。恆通无咎，乃利正也。各得所恆，修其常道，終則有始，往而无違，故利有攸往也。（頁83）

孔穎達《正義》：

> 恆，久也。恆久之道，所貴變通。必須變通隨時，方可長久。能久能通，乃「无咎」也。恆通无咎，然後利以行正，故曰「恆，亨，无咎，利貞」也。褚氏云：「三事，謂无咎、利貞、利有攸往。」莊氏云：「三事者，无咎一也，利二也，貞三也。」周氏云：「三事者，一亨也，二无咎也，三利貞也。」《注》不明數，故先儒各以意說。竊謂《注》云「恆而亨以濟三事」者，明用此恆亨，濟彼三事，无疑「亨」字在三事之中，而此《注》云「恆之爲道，亨乃无咎。恆通无咎，乃利正也」。……觀文驗《注》，褚氏爲長。得其常道，何往不利，故曰「利有攸往」也。（頁83）

朱熹《易本義》：

> 恆，常久也。爲卦震剛在上，巽柔在下，震雷巽風，二物相與。巽順震動，爲巽而動。二體六爻，陰陽相應，四者皆理之常，故爲恆。其占爲能久於其道，則亨而无咎，然又必利於守貞，則乃爲得所常久之道，而利有所往也。（頁133）

南懷瑾、徐芹庭《周易今註今譯》：

〔註20〕陳惠玲：《《上海博物館藏戰國楚竹書（三）・周易》研究》（臺灣師範大學國文教學所碩論，2005年8月），頁402～403。

恆卦，是亨通的，沒有災咎的，但利於奉守正道，能奉守正道，就可以利有所往了。（頁211）

玉姍案：王弼《注》：「恆而亨，以濟三事」，孔穎達舉褚氏、莊氏、周氏之說，並以為褚氏之說較佳，此亦從之。恆卦卦象為震剛尊在上，巽柔卑在下，得其順序，所以能恆久，恆而能亨通，以濟「无咎，利貞，利有攸往」三事。

今本「恆：亨，无咎，利貞。利有攸往。」意思是：恆卦象徵能恆久而得亨通，這是沒有災咎，利於行正道，且有利於前往的。

上博本作「死：鄉，称貞，亡咎。」意思是：恆卦象徵能恆久而得亨通，利於行正道，而能沒有災咎。

帛書本作「恆：亨，无咎，利貞，利有攸往。」其義與今本同。

（二）爻辭考釋

1. 上博《周易》：初六：歡死，貞凶，亡卤称。
2. 阜陽《周易》：【缺簡】
3. 帛書《周易》：初六：夐恆，貞凶，无攸利。
4. 今本《周易》：初六：浚恆，貞凶，无攸利。

【文字考釋】

阜陽本初六爻辭殘，據今本補。

（一）今本「浚恆」之「浚」，上博本作「歡」，帛書本作「夐」。

玉姍案：今本「浚恆」之「浚」，上博本作「歡」，帛書本作「夐」。「浚」心紐文部，「歡」可能從睿得聲，古音喻紐月部；亦可能讀為「濬」，古音為心紐真韻。三字聲韻皆遠，但《正字通‧水部》：「濬，通作浚。」「濬」和「浚」皆有疏通河川之意，故可相通。「歡」與「浚」可透過「濬」為媒介而相通。

帛書本作「夐」曉紐元部，元、文旁轉，心紐與曉紐有相通之例，如今本《周易》「恤」（心紐質部），帛書《周易》均作「血」（曉紐質部），故「夐」、「浚」可相通假。

【爻辭釋讀】

〈象〉曰：

「浚恆」之凶，始求深也。（頁83）

《周易集解》引侯果云：

浚，深，恆，久也。初本六四，自四居初，始求深厚之位者也。位
既非正，求乃涉邪，以此爲正，凶之道也。（頁 323）

王弼《注》：

處恆之初，最處卦底，始求深者也。求深窮底，令物无餘縕，漸以
至此，物猶不堪，而況始求深者乎？以此爲恆，凶正害德，无施而
利也。（頁 83）

孔穎達《正義》：

浚，深也。最處卦底，故曰「深」也。深恆者，以深爲恆是也。施
之于仁義，即不厭深，施之于正，即求物之情過深，是凶正害德，
无施而利，故曰「浚恆，貞凶，无攸利」也。處卦之初，故言始也。
最在于下，故言深也。所以致凶，謂在于始而求深者也。（頁 83）

朱熹《易本義》：

初與四爲正應，理之常也。然初居下，而在初，未可以深有所求。
四震體而陽性，上而不下，又爲二三所隔，應初之意，異乎常矣。
初之柔暗，不能度勢，又以陰居巽下，爲巽之主，其性務入，故深
以常理求之。浚，恆之象也。占者如此，則雖貞亦凶，而无所利矣。
（頁 136）

南懷瑾、徐芹庭《周易今註今譯》：

恆卦初六，因不合陰陽正位，又處恆卦的開始，（一三五爲陽位，二
四六爲陰位，初是陽位，而以陰居之）故有深求恆道的象徵，它是
貞凶，而無利的。（頁 213）

　　玉姍案：廖名春引《帛書》以爲「敻恆」有「遠離恆德」〔註21〕的意思。
但追本溯源，廖說所根據的帛書〈繆和〉：「『〔敻恆〕』，國人之所非也」一句
中的「敻恆」其實原文已殘蝕，沒有絕對理由可以確定此處當補上「敻恆」
二字，是以廖說之立基不穩，且「遠離恆德」與恆卦卦象不符，故此不從之。

　　初六處恆卦之初，如求深窮底，但因位處恆之初，能力不足，故應該循
序漸進。否則將因能力無法負擔而有凶害德。

　　今本「初六：浚恆，貞凶，无攸利。」意思是：初六處恆卦之初，象能
力不足而欲求恆過深，因此即使秉持貞正也可能害德而凶，這是無利的。

─────────

〔註21〕廖名春：〈楚簡《周易》校釋記（一）〉，簡帛網站 2004 年 4 月 23 日。

上博本作「初六：斅兟，貞凶，亡卣秒。」帛書本作「初六：夐恆，貞凶，无攸利。」其義皆與今本同。

　　1. 上博《周易》：九二：愳亡。

　　2. 阜陽《周易》：【缺簡】

　　3. 帛書《周易》：九二：愳亡。

　　4. 今本《周易》：九二：悔亡。

【文字考釋】

　　阜陽本九二爻辭殘，據今本補。

【爻辭釋讀】

　　〈象〉曰：

　　　　九二「悔亡」，能久中也。（頁83）

《周易集解》引虞翻云：

　　　　失位，宜有悔。動而得正，處中多譽，故「悔亡」也。（頁324）

王弼《注》：

　　　　雖失其位，恆位于中，可以消悔也。（頁83）

孔穎達《正義》：

　　　　失位故稱「悔」，居中故「悔亡」也。（頁83）

朱熹《易本義》：

　　　　以陽居陰，本當有悔，以其久中，故得亡也。（頁136）

南懷瑾、徐芹庭《周易今註今譯》：

　　　　九二有「無悔」的象徵。（頁214）

　　玉姍案：「悔亡」，無悔也。九二以陽爻處陰位，原有失位之虞，但九二剛而中正，如能依循中道，久守正道，則能无悔。

　　今本「九二：悔亡。」意思是：九二失位但居中正，若能長守中道，就能无悔。

　　上博本作「九二：愳亡。」帛書本作「九二：愳亡。」其義皆與今本同。

　　1. 上博《周易》：九晶：不經亓惪，或承亓臐，貞吝。

　　2. 阜陽《周易》：【缺簡】

　　3. 帛書《周易》：九三：不恆其德，或承之羞，貞閵。

4. 今本《周易》：九三：不恆其德，或承之羞，貞吝。

【文字考釋】

（一）今本「不恆其德」之「恆」，上博本作「經」。

玉姍案：「經」字從糸，死（亙）聲，與「恆」字可通。《說文》「縆」字。《集韻》：「縆，絚或省。」通「恆」，如《詩‧小雅‧鹿鳴之什‧天保》：「如月之恆」，孔穎達《正義》：「集注本、定本『絚』字作『恆』。」

（二）簡文「𣎗」字應隸定作「承」，濮茅左誤隸作「丞」。

玉姍案：古文字中，「丞」為「拯」之初文，故從卩陷於凵（坎）中，上有臼（雙手）以拯之。〔註22〕「承」為「奉」義，故從廾從卩，象二手捧一人。〔註23〕簡文「𣎗」字應隸定作「承」。濮茅左誤隸作「丞」，〔註24〕有誤。此從陳惠玲之說〔註25〕更正。

（三）今本「或承之羞」，上博本作「或承丌𦣻（膄）」。

玉姍案：上博本「或承丌膄」之「丌」，帛書《周易》、帛書〈二三子〉、帛書〈繆和〉、今本《周易》皆作「之」。上博本有可能為抄手誤寫之訛，但「其」、「之」皆有指稱作用，於文義皆可通。

「𦣻」字又見於《上博三‧仲弓》簡26，濮茅左以為「隸為頗，從頁、從心、睪省聲」。〔註26〕此字目前尚無定論，黃錫全以為此即「憂字。爪下多一畫『一』，可能表示手與身體相連之義，也可能為飾筆。」〔註27〕季師以為字從「『憂』、疊加『肉』」聲，窄式隸定可作『膄』」，實即『憂』字，於此讀為『羞』」。〔註28〕陳惠玲以為「金文『憂』作𢝊（無憂卣），象以手掩

〔註22〕季師旭昇：《說文新證‧上》（台北：藝文印書館，2002年10月），頁161。
〔註23〕季師旭昇：《說文新證‧下》（台北：藝文印書館，2004年11月），頁183。
〔註24〕馬承源主編：《上海博物館藏戰國楚竹書（三）》（上海：上海古籍出版社，2003年12月），頁175。
〔註25〕陳惠玲：《《上海博物館藏戰國楚竹書（三）‧周易》研究》（臺灣師範大學國文教學所碩論，2005年8月），頁410。
〔註26〕馬承源主編：《上海博物館藏戰國楚竹書（三）》（上海：上海古籍出版社，2003年12月），頁175。
〔註27〕黃錫全〈讀上博《戰國楚竹書（三）》箚記六則〉，簡帛研究網站2004年4月29日。
〔註28〕季師旭昇主編：《上海博物館藏戰國楚竹書（三）讀本》（台北：萬卷樓，2005年10月），頁77。

面形，卷（中山王𩫏鼎）不从父，楚系文字『憂』作卷《天卜》、卷（《郭》1.2.4）、卷（《郭》7.16）、卷（《郭》6.5）、卷（《郭》1.1.34）。簡文此下從心，不從父，與一般楚簡所作『憂』字同形。」〔註29〕審其字形，當從季師之說，此字當「從『憂』、加『肉』聲，窄式隸定可作『臆』，實即『憂』」字，於此讀爲『羞』」。

【爻辭釋讀】

〈象〉曰：

> 「不恆其德」，无所容也。（頁 83）

《周易集解》引荀爽云：

> 與上相應，欲往承之，爲陰所乘，故「或承之羞」也。「貞吝」者，謂正居其所，不與陰通也。无居自容，故貞吝矣。（頁 324）

王弼《注》：

> 體在乎恆，而分无所定，无恆者也。德行无恆，自相違錯，不可致詰，故「或承之羞」也。施德于斯，物莫之納，鄙賤甚矣，故曰「貞吝」也。（頁 83）

孔穎達《正義》：

> 「不恆其德，或承之羞，貞吝」者，九三居下體之上，處上體之下，雖處三陽之中，又在不中之位，上不全尊，下不全卑，執心不定，德行无恆，故曰「不恆其德」。德既无恆，自相違錯，則爲羞辱承之，所羞非一，故曰「或承之羞」也。處久如斯，正之所賤，故曰「貞吝」也。雖在三陽之中，非一體之中也。「不可致詰」者，詰，問也。違錯處多，不足問其事理，所以明其羞辱之深，如《論語》云「于予與何誅」。（頁 83）

朱熹《易本義》：

> 位雖得正，然過剛不中，志從於上，不能久於其所，故爲不恆其德。或承之羞之象，或者，不知其何人之辭。承，奉也，言人皆得奉而進之，不知其所自來也。貞吝者，正而不恆，爲可羞吝，申戒占者之辭。（頁 136）

南懷瑾、徐芹庭《周易今註今譯》：

〔註29〕陳惠玲：《《上海博物館藏戰國楚竹書（三）·周易》研究》（臺灣師範大學國文教學所碩論，2005 年 8 月），頁 411～412。

　　恆卦九三有不守著它恆常的德性，而被人羞辱的象徵，它是雖正、
也是鄙吝的，何況不正呢？（頁 214）

　　玉姍案：九三以剛居陽，原爲得位；但以恆卦☵☴整體而言，九三介於九
二、九四二陽之間，王弼以爲「處三陽之中，居下體之上，處上體之下，上
不至尊，下不至卑，中不在體，體在乎恆，而分无所定，无恆者也。德行无
恆，自相違錯，不可致詰，故或承之羞也。」後世學者多從此說，此亦從之。

　　今本作「九三：不恆其德，或承之羞，貞吝。」意思是：九三處於九二、
九四二陽之間，上不至尊，下不至卑，有如恆心未定。象徵德行无恆而被人
羞辱，遭貞正之人所鄙視。

　　上博本作「九晶：不經丌悳，或承丌臑，貞吝。」「臑」字可與今本作「羞」
通，亦可釋作「憂」。「臑」若釋作「憂」，意思是：九三處於二陽之間，上不
至尊，下不至卑，有如恆心未定。象徵德行无恆而令人擔憂，並被貞正之人
所鄙視。

　　帛書本作「九三：不恆其德，或承之羞，貞閵。」其義皆與今本同。

1. 上博《周易》：九四：畋亡僉。

2. 阜陽《周易》：【缺簡】

3. 帛書《周易》：九四：田无禽。

4. 今本《周易》：九四：田无禽。

【文字考釋】

　　阜陽本九四爻辭殘，據今本補。

【爻辭釋讀】

〈象〉曰：

　　久非其位，安得禽也？（頁 83）

《周易集解》引虞翻云：

　　田謂二也，地上稱田。无禽謂五也。九四失位，利二上之五，已變
　　承之，故曰「田无禽」。言二五皆非其位。（頁 325）

王弼《注》：

　　恆于非位，雖勞无獲也。（頁 83）

孔穎達《正義》：

「田」者，田獵也，以譬有事也。「无禽」者，田獵不獲，以喻有事

无功也。「恆于非位」，故勞而无功也。（頁 83）

朱熹《易本義》：

以陽居陰，久非其位，故爲此象。占者田无所獲，而凡事亦不得其

所求也。（頁 136）

南懷瑾、徐芹庭《周易今註今譯》：

九四有獵捕不到禽獸的象徵。（頁 215）

玉姍案：「田无禽」，虞翻以爲地上稱田，孔穎達釋爲田（畋）獵，此從

孔說。九四以陽爻居陰位，故有失位之虞。恆而失位，如勞而无功；以人事

比擬則如畋獵卻勞而無獲。

今本「九四：田无禽。」意思是：九四失位，欲求恆卻勞而无功；有如

畋獵勞而無獲。

上博本作「九四：畋亡會。」帛書本作「九四：田无禽。」其義皆與今

本同。

1. 上博《周易》：六五：緪丌惪，貞。婦人吉，夫子凶。

2. 阜陽《周易》：【缺簡】

3. 帛書《周易》：六五：恆其德，貞。婦人吉，夫子凶。

4. 今本《周易》：六五：恆其德，貞。婦人吉，夫子凶。

【文字考釋】

阜陽本六五爻辭殘，據今本補。

【爻辭釋讀】

〈象〉曰：

婦人貞吉，從一而終也。夫子制義，從婦凶也。（頁 83）

王弼《注》：

居得尊位，爲恆之主，不能「制義」，而係應在二，用心專貞，從唱

而已。婦人之吉，夫子之凶也。（頁 83）

孔穎達《正義》：

「恆其德，貞」者，六五係應在二，不能傍及他人，是恆常貞一其

德，故曰「恆其德，貞」也。「婦人吉」者，用心專貞，從唱而已，

是婦人之吉也。「夫子凶」者，夫子須制斷事宜，不可專貞從唱，故曰「夫子凶」也。（頁 83）

朱熹《易本義》：

以柔中而應剛中，常久不易，正而固矣。然乃婦人之道，非夫子之宜也。故其象占如此。（頁 136）

南懷瑾、徐芹庭《周易今註今譯》：

六五有恆久的守著永不變的貞德的象徵，這在婦人是吉利的，先生是凶的。（頁 216）

　　玉姍案：六五處尊位，與九二相應，王弼以爲有如夫妻相應：婦人以能恆其德於夫一人爲貞順之道。但身爲丈夫則要裁度事理，如果永遠聽從妻子一人所言，則是凶的。後世學者皆從此說，此亦從之。

　　今本「六五：恆其德，貞。婦人吉，夫子凶。」意思是：六五居於尊位，有恆久守貞的象徵，恆其德對於婦人而言是吉利的，但對丈夫而言則是凶的。

　　上博本作「六五：䋄亓惪，貞。婦人吉，夫子凶。」帛書本作「六五：恆其德，貞。婦人│吉│，夫子凶。」其義皆與今本同。

1. 上博《周易》：上六：叡死，貞凶。
2. 阜陽《周易》：【缺簡】
3. 帛書《周易》：尚六：夐恆，兇。
4. 今本《周易》：上六：振恆，凶。

【文字考釋】

（一）今本「振恆」之「振」，上博本作「叡」、帛書本作「夐」。

　　玉姍案：今本「振恆」之「振」，上博本作「叡」、帛書本作「夐」。「夐」曉紐元部，「振」照紐文部，「叡」可能爲喻紐月部（讀如「叡」）或心紐眞部（讀如「濬」）。心紐與曉紐有相通之例，如今本《周易》「恤」（心紐質部），帛書《周易》均作「血」（曉紐質部）。故「夐」、「浚」可相通假。

　　「叡」上古音爲心紐眞部（或喻紐月部），「振」上古音爲照紐文部，照紐與喻紐有相通之例，如帛書《戰國縱橫家書・謂燕王章》：「莫若招（照紐宵部）霸齊而尊之。」《戰國策・燕策》作「莫若遙（喻紐宵部）伯齊而厚尊之。」照紐與心紐亦可相通，如《上博一・緇衣》簡二三：「人隹曰不利」，

今本《禮記・緇衣》「隹」（照紐微部）作「雖」（心紐微部）。故「敤」、「振」可相通假。

（一）今本「振恆，凶」之「凶」，上博本作「貞凶」。

玉姍案：今本「振恆，凶」之「凶」，上博本多一字作「貞凶」，廖名春以爲其餘版本皆無「貞」字，故「楚簡本的『貞』爲衍文」。〔註30〕陳惠玲以爲「『貞』字有強調作用，強調上六爻如不能守靜，雖處貞正之位仍凶的作用，故視之爲衍文不當。」〔註31〕筆者以爲二說皆有所據，且不論有無「貞」字於爻辭文義皆可通解，故並存二說，以待來者。

【爻辭釋讀】

〈象〉曰：

「振恆」在上，大无功也。（頁83）

王弼《注》：

夫靜爲躁君，安爲動主。故安者上之所處也，靜者可久之道也。處卦之上，居動之極，以此爲恆，无施而得也。（頁83）

孔穎達《正義》：

「振恆，凶」者，振，動也。凡處于上者，當守靜以制動。今上六居恆之上，處動之極，以振爲恆，所以「凶」也。（頁83）

朱熹《易本義》：

振者，動之速也。上六居恆之極，處震之終，恆極則不常，震終則過動。又陰柔不能固守，居上非其所安，故有振恆之象，而其占則凶也。（頁137）

南懷瑾、徐芹庭《周易今註今譯》：

上六有震動它恆久之道的象徵。這是有凶災的。（頁216）

玉姍案：上六居恆卦之上極，處卦之上，居震動之極。以振爲恆，故有「凶」也。王弼、孔穎達以下學者多由此立說，此亦從之。廖名春以爲「『振恆，凶。』是說動搖恆固，有凶險。」〔註32〕與傳統說法接近。

〔註30〕廖名春：〈楚簡《周易》校釋記（一）〉，簡帛網站2004年4月23日。
〔註31〕陳惠玲：《《上海博物館藏戰國楚竹書（三）・周易》研究》（臺灣師範大學國文教學所碩論，2005年8月），頁419。
〔註32〕廖名春：〈楚簡《周易》校釋記（一）〉，簡帛網站2004年4月23日。

今本作「上六：振恆，凶。」意思是：上六居恆之上，處震動之極，象徵不能守靜而欲以振動爲恆常，這是凶的。

上博本作「上六：歔夗，貞凶。」意思是：上六居恆之上，處動之極，象徵不能守靜，而欲以動爲恆常，雖位處貞正，但有凶象。

帛書本作「尙六：夐恆，兇。」其義與今本同。

第三十三節 遯 卦

一、卦名釋義

《說文》：「遯，逃也。」（頁 74）引伸有隱避、退避之義。孔穎達《正義》：「遯者，隱退逃避之名」（頁 85）故遯卦之「遯」即隱退、逃避之義。

〈序卦〉：「物不可以久居其所，故受之以遯。遯者，退也。」韓康伯《注》：「夫婦之道，以恆爲貴，而物之所居，不可恆，宜與世升降，有時而遯者也。」（頁 188）恆卦象徵夫婦之道，故貴有恆；但凡人處世必須與世升降，亂世時甚至須隱遁，故遯卦居恆卦之後。

遯卦，今本卦畫作「☰」，上乾天，下艮山。〈象〉曰：「天下有山，遯。君子以遠小人，不惡而嚴。」（頁 83）君子如天，小人如山，天高山低，天能容山，山不能近天。有如小人器度狹小，不能容萬物；君子矜莊威嚴，小人自然敬畏遠離。

二、卦爻辭考釋

（一）卦辭考釋

1. 上博《周易》：豚：鄉，少秒貞。
2. 阜陽《周易》：椽：亨，小利貞。……之以吉居事不吉。
3. 帛書《周易》：掾：亨，小利貞。
4. 今本《周易》：遯：亨，小利貞。

【文字考釋】

阜陽本卦名殘。今本卦名「遯」，依阜陽本初六爻辭補作「椽」。其餘卦辭據今本補。

（一）今本「遯」，上博本作「（脉）」，阜陽本作「椽」，帛書本作「掾」。

玉姍案：今本「遯」，阜陽本作「椽」，帛書本作「掾」。「掾」、「椽」從象得聲，「象」上古音爲透紐元部，「遯」古音定紐諄部，二字皆爲舌音，韻部旁轉，故可通假。如《楚辭・天問》、「簡狄（定紐錫部）」，《路史・發揮・櫻契考》作「簡逖（透紐錫部）」

上博簡作「」字，原考釋隸定爲「脉」，〔註33〕陳惠玲以爲「楚系文字作（（緣）《信》2.07）、（（濠）《包》2.149）、（（墬）《包》2.168）、（（櫫）《包》2.16）。……簡文此字上部從八，中間部件爲『豕』形的異寫，『豕』頭已省成「一」形，《上博三・周易》『豕』字，簡三十三作『』，簡四十作『』，故簡文『』字，『肉』上所從『豕』形下半爲『豕』無誤。」〔註34〕

依字形判斷，濮說可從。「脉」從豕得聲。從豕得聲之字上古音多爲邪紐沒部（如「遂」、「燧」）或定紐沒部（如「隊」），「遯」古音定紐諄部，「脉」、「遯」聲同，韻部則爲陽入對轉，故可相通假。

【卦辭考釋】

〈彖〉曰：

「遯亨」，遯而亨也。剛當位而應，與時行也。「小利貞」，浸而長也。

遯之時義大矣哉！（頁85）

〈象〉曰：

天下有山，遯。君子以遠小人，不惡而嚴。（頁85）

孔穎達《正義》：

「遯，亨」者，遯者，隱退逃避之名。陰長之卦，小人方用，君子日消。君子當此之時，若不隱遯避世，即受其害。須遯而後得通，故曰「遯，亨」。「小利貞」者，陰道初始浸長，正道亦未全滅，故曰「小利貞」。（頁85）

朱熹《易本義》：

遯，退避也。爲卦二陰浸長，陽當避，故爲遯。六月之卦也，陽雖當遯，然九五當位而下有六二之應，若猶可以有爲，但二陰浸長於

〔註33〕馬承源主編：《上海博物館藏戰國楚竹書（三）》（上海：上海古籍出版社，2003年12月），頁177。

〔註34〕陳惠玲：《《上海博物館藏戰國楚竹書（三）・周易》研究》（臺灣師範大學國文教學所碩論，2005年8月），頁422。

下，則其勢不可以不遯，故其占爲君子能遯，則身雖退而道亨，小
人則利於守正，不可以浸長之故，而遂侵迫於陽也。小，謂陰柔小
人也。此卦之占，與否之初二兩爻相類。（頁 137）

南懷瑾、徐芹庭《周易今註今譯》：

遯卦是亨通的。在小人當道的時候，君子身退亨通。在小人則利於
守正。（頁 217）

　　玉姍案：遯卦，今本卦畫作「☶」，孔穎達以爲遯卦下有二陰爻，上有四
陽爻，爲陰趨陽的現象，此爲小人方用，君子日消之象。君子當此之時，需
暫隱遁才能亨通。雖陰道長，但正道亦未全滅，故曰「小利貞」。朱熹以爲「小」
字作「小人」，陳惠玲以爲「遯卦九四爻有『小人否』，《師》卦上六爻有『小
人勿用』，可知《周易》要表『小人』義，不會只用『小』字，一定『小人』
二字連用」。〔註35〕陳說可從。

　　今本「遯：亨，小利貞。」意思是：遯卦是亨通的。此卦象徵小人漸長，
但君子正道還未全滅，這是小有利貞的現象。

　　上博本作「腞：鄉，少秒貞。」帛書本作「掾：亨，小利貞。」其義均
與今本同。

（二）爻辭考釋

1. 上博《周易》：初六：腞兀尾，礪，勿用又卤迣。
2. 阜陽《周易》：初六：橡……屬，勿用有囗往。
3. 帛書《周易》：初六：掾尾，厲，勿用有攸往。
4. 今本《周易》：初六：遯尾，厲，勿用有攸往。

【文字考釋】

　　阜陽本初六爻辭殘，據今本補。

（一）今本「遯尾」，上博本作「腞兀尾」，帛書本作「掾尾」。

　　玉姍案：今本「遯尾」，上博本作「腞兀尾」，帛書本作「掾尾」。阜陽本
爲斷簡，「橡」字下殘，可能還有「兀尾」或「尾」等文字，但此處暫無結論。
今本、帛書本作「遯尾」，上博本作「腞兀尾」多一「兀」字，有可能是抄手

〔註35〕陳惠玲：《《上海博物館藏戰國楚竹書（三）・周易》研究》（臺灣師範大學國
　　　　文教學所碩論，2005 年 8 月），頁 423～424。

之誤，但「遯尾」與「豚刀尾」文義相差不大，故併列二說。

【爻辭釋讀】

　　〈象〉曰：

　　　　「遯尾」之厲，不往何災也。（頁 85）

《周易集解》引虞翻云：

　　　　艮爲尾也。初失位，動而得正，故「遯尾厲」。之應成坎爲災，在艮宜靜，若不往于四，則无災矣。（頁 329）

王弼《注》：

　　　　「遯」之爲義，辟內而之外者也。「尾」之爲物，最在體後者也。處遯之時，不往何災，而爲「遯尾」，禍所及也。危至而後行，雖可免乎？厲，則「勿用有攸往」也。（頁 85）

孔穎達《正義》：

　　　　「遯尾，厲」者，爲遯之尾，最在後遯者也。小人長于內，應出外以避之，而最在卦內，是遯之爲後也。逃遯之世，宜速遠而居先，而爲「遯尾」，禍所及也，故曰「遯尾，厲」也。「勿用有攸往」者，危厲既至，則當「固窮」，「危行言遜」，勿用更有所往，故曰「勿用有攸往」。（頁 85）

朱熹《易本義》：

　　　　遯而在後，尾之象，危之道也。占者不可以有所往，但晦處靜矣，可免災耳。（頁 131）

南懷瑾、徐芹庭《周易今註今譯》：

　　　　本卦第一爻，有退避在後，將有危厲的象徵，處此時，是不可以有所往的。（頁 219）

　　玉姍案：陳惠玲之說可從。「尾」之爲物，在體之最後；「遯尾」指初六在遯之最下，有最後遁逃之象。君子於亂世隱遁當速而先，若爲「遯尾」則危厲易及。危厲既至，更當謹言慎行，不可太過躁進以免遭禍。賴師貴三提出「遯」可通「豚」。《說文》：「豚，小豕也。」「遯尾」即小豬之尾。〔註36〕與高亨「遯尾即豚尾耳。今人豢小豕往往斷其尾」〔註37〕之說近似，可備一說。

〔註36〕賴師貴三於 2009 年 12 月 17 日博士論文發表會中提出。
〔註37〕高亨：《周易古經今注》（台北：文笙書局，1981 年 3 月），頁 113。

今本「初六：遯尾，厲，勿用有攸往」意思是：初六處遯之下，象徵最後遯逃，將有危厲，此時不可躁進有所前往。

上博本作「初六：豚亓尾，礪，勿用又卣逃。」帛書本作「初六：掾尾，厲，勿用有攸往。」其義均與今本同。

1. 上博《周易》：六二：𢏱用黃牛之革，莫之勳夋。
2. 阜陽《周易》：六二：執之用黃牛之革，莫之勝說。
3. 帛書《周易》：六二：共之用黃牛之勒，莫之勝奪。
4. 今本《周易》：六二：執之用黃牛之革，莫之勝說。

【文字考釋】

阜陽本六二爻辭殘，據今本補。

（一）今本「執之用」，上博本作「𢏱（𢏱）用」，帛書本作「共之用」。

玉姍案：今本「執之用」，上博本作「𢏱（𢏱）用」，帛書本作「共之用」，上博本較今本、帛書本少一「之」字，但文義相近，影響不大。

上博本「𢏱」字從玉弋聲，濮茅左隸定為「𢏱」。學者同意濮氏隸定，但「𢏱」之釋義，學者看法各不同：

1. 濮茅左以為「𢏱」音與「執」近，可通，意縛、結，或讀為「弋」。〔註38〕
2. 楊澤生以為「𢏱」字應該釋為「飾」；上引帛書《易之義》「文而知朕矣」的「文」正好與之相應。〔註39〕
3. 徐在國認為「𢏱」和「埶」古通，疑今本《周易》「執」字為「埶」之誤。〔註40〕

陳惠玲以為：「𢏱字為從『弋』聲之字。六二爻辭為『𢏱用黃牛之革』，莫之勳夋』，『夋』字，今本作『說』、帛書本作『奪』皆有掙脫之義，因此『𢏱』讀為『飾』不妥，疑從原考釋作『弋』聲，讀為『執』。……徐在國認為今本『執』字可能是『埶』之誤，其說可能恰好相反，……『執』，甲骨文作𡙕（《前》5.36.4），金文作𡙕（師同鼎）、𦎧（不期簋），有拘捕罪人的意思。對照今本爻辭『六二：執之用黃牛之革，莫之勝說』，當『執』字為『束縛』的意思，

〔註38〕馬承源主編：《上海博物館藏戰國楚竹書（三）》（上海：上海古籍出版社，2003年12月），頁177。
〔註39〕楊澤生：〈竹書《周易》箚記一則〉，簡帛研究網站2004年4月24日。
〔註40〕徐在國：〈上博三《周易》釋文補正〉，簡帛研究網站2004年4月24日。

比當『埶』為『種植』的意思更通順。」〔註41〕可從。「弋」上古音喻紐職部，「執」上古音照紐緝部，韻部旁轉，喻紐與照紐有相通之例，如帛書《戰國縱橫家書·謂燕王章》：「莫若招（照紐宵部）霸齊而尊之。」《戰國策·燕策》作「莫若遙（喻紐宵部）伯齊而厚尊之，故「弌」、「執」可通假。

帛書本作「共之用」，今本作「執之用」。「共」之初文作 ![字形]（商.共覃父乙簋）、![字形]（西周.牧共簋），象雙手拱執物品之形，「執」亦有執拿之義，故二字義近可通。《荀子·榮辱》曰：「受小共大共。」楊倞注：「共，執也。」

(二) 今本「莫之勝說」，上博本作「莫之![字形]（勅）![字形]（夋）」、帛書本作「莫之勝奪」。

玉姍案：上博本作「![字形]」，濮茅左以為「勅，从力，乘聲，字也見於《包山楚簡》、《郭店楚墓竹簡》、《仰天湖竹簡》等，亦『勝』字。」〔註42〕陳惠玲以為：「『勅』字，楚簡文字作![字形]（《天星觀》3604）、![字形]（《包》2.164），字形和周易簡「![字形]」類似。何琳儀以為『从力，乘聲。疑勝之異文。』〔註43〕『勝』上古音為透紐蒸部，『勅』上古音為端紐蒸部，同為舌頭音，蒸部可通假。……故從原考釋之說，『勅』為『勝』之異文。」〔註44〕濮茅左、陳惠玲之說可從。

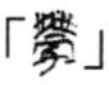

上博本「![字形]」字，濮茅左隸定為「夋」，字形待考。〔註45〕學者則提出不同看法：

1. 楊澤生隸定作「夳」，從「八」從「丈」，「八」當有兼表音、義的作用，似可讀為有分義的「判」、「牉」或「料」。「夳」可以有分的意思。〔註46〕

2. 何琳儀、程燕以為![字形]，疑釋「�豢」。「豢」（玉姍案：應為「豢」）與「兌」聲系可通。〔註47〕

〔註41〕陳惠玲：《《上海博物館藏戰國楚竹書（三）·周易》研究》（臺灣師範大學國文教學所碩論，2005年8月），頁426～427。

〔註42〕馬承源主編：《上海博物館藏戰國楚竹書（三）》（上海：上海古籍出版社，2003年12月），頁177。

〔註43〕何琳儀《戰國古文字典·上》，（北京：中華書局，1998年9月），147頁。

〔註44〕陳惠玲：《《上海博物館藏戰國楚竹書（三）·周易》研究》（臺灣師範大學國文教學所碩論，2005年8月），頁426～431。

〔註45〕馬承源主編：《上海博物館藏戰國楚竹書（三）》（上海：上海古籍出版社，2003年12月），頁177。

〔註46〕楊澤生：〈竹書《周易》箚記一則〉，簡帛研究網站2004年4月24日。

〔註47〕何琳儀、程燕〈滬簡《周易》選釋〉，簡帛研究網站2004年5月16日。

3. 黃錫全以爲此字有兩種可能：一種可能是楚系文字「發」寫作 的省變之形，在此讀爲「撥」。《廣雅・釋詁》：「撥，棄也，除也，絕也。」第二種可能就是「弁」字。其形與上海簡《民之父母》的 、信仰楚簡的 所從類似。「弁」通假爲「瓣」、「判」，有分離、裁斷等義。

4. 陳惠玲以爲直接隸爲「㲋」，象手持鞭之形，假借爲「判」。〔註48〕

「㲋」字眾說紛紜，陳惠玲整理詳盡，請詳參陳氏論文，此處不再贅敘。筆者接受陳氏結論，認爲此字「隸爲『㲋』，也還有一點距離（『㲋』字上部作『八』形，還缺少佐證），待考。」〔註49〕仍有待考空間，暫時隸爲「㲋」（象手持鞭之形），讀爲「鞭」。〔註50〕「㲋」，上古音爲幫紐元部，假借爲「判」，有分離、裁斷等義，與今本「說（脫）」、帛書本「奪」義相近。

今本「莫之勝說」之「勝說」，上博本作「𩏦（勲）㲋（㲋）」，帛書本作「勝奪」。帛書本「奪」古音定紐月部，「說」古音審紐月部，兩字韻同，聲紐有通假之例，如郭店《五行》簡四八、四九：「大墮者（諸）其人，天也。」帛書《五行》「墮」（定紐歌部）作「施」（審紐歌部）。故「奪」、「說」可通假。「說」即解脫、掙脫之意；筆者以爲帛書本「奪」直釋爲「奪其志」亦可通。

【爻辭釋讀】

〈象〉曰：

執用黃牛，固志也。（頁85）

王弼《注》：

居內處中，爲遯之主，物皆遯己，何以固之？若能執乎理中厚順之道以固之也，則莫之勝解。（頁85）

孔穎達《正義》：

逃遯之世，避內出外，二既處中居內，即非遯之人也。既非遯之人，便爲所遯之主，物皆棄己而遯，何以執固留之？惟有中和厚順之道，可以固而安之也。能用此道，則不能勝己解脫而去也。黃中之色，以譬中和。牛性順從，皮體堅厚，牛革以譬厚順也。六三居中得位，

〔註48〕陳惠玲：《《上海博物館藏戰國楚竹書（三）・周易》研究》（臺灣師範大學國文教學所碩論，2005年8月），頁426～431。
〔註49〕季師旭昇主編：《上海博物館藏戰國楚竹書（三）讀本》（台北：萬卷樓，2005年10月），頁81。
〔註50〕陳惠玲：《《上海博物館藏戰國楚竹書（三）・周易》研究》（臺灣師範大學國文教學所碩論，2005年8月），頁426～431。

亦是能用中和厚順之道，故曰「執之用黃牛之革，莫之勝說」也。（頁85）

朱熹《易本義》：

以中順自守，人莫能解，必遯之志也。占者固守，亦當如是。（頁138）

南懷瑾、徐芹庭《周易今註今譯》：

本爻有用黃牛的皮執縛它，沒有人能解開的象徵。（頁219～220）

玉姍案：「黃牛之革」，孔穎達以爲「黃牛」有「中和厚順」之義，其餘學者則著眼於「人莫能解」。筆者以爲二說可併行。六二以柔爻居陰位，得位處中，若能堅執中和厚順，就能鞏固遯之道，就如同以黃牛皮革縶縛物品般堅固難解開。

今本「六二：執之用黃牛之革，莫之勝說。」意思是：六二得位處中，而能堅執理中厚順，有如用黃牛的皮執縛，沒有人能解開。

上博本作「六二：伿用黃牛之革，莫之勑佥。」意思是：六二得位處中，而能堅執理中厚順，有如用黃牛的皮執縛，沒有人能裁斷分離。

帛書本作「六二：共之用黃牛之勒，莫之勝奪。」意思是：六二得位處中，而能堅執理中厚順，有如用黃牛的皮執縛，無人能奪其志。

1. 上博《周易》：九晶：**係脉，又疾礪。畜臣妾，吉。**
2. 阜陽《周易》：九三：**係遯，有疾厲。畜臣妾，吉。**
3. 帛書《周易》：九三：**爲掾，有疾厲。畜僕妾，吉。**
4. 今本《周易》：九三：**係遯，有疾厲。畜臣妾，吉。**

【文字考釋】

阜陽本九三爻辭殘，據今本補。

（一）上博本、今本「係遯」之「係」，帛書本作「爲」。

玉姍案：上博本、今本「係遯」之「係」，帛書本作「爲」。「係」上古音見紐錫部，「爲」上古音匣紐歌部，韻部爲旁對轉，見、匣有通轉之例，如馬王堆帛書《老子》乙本卷前古佚書《經法·道法》：「虛無有，秋稿成之，必有刑（形）名。」「稿」（見紐宵部）讀爲「毫」（匣紐宵部）。故「係」、「爲」二字可通假。

（二）上博本、今本「畜臣妾」，帛書本作「畜僕妾」。

　　玉姍案：「臣」、「僕」初文皆指奴僕或罪犯。季師《說文新證・僕》：「甲骨文象一個奴隸或罪犯，上著辛（表示受刑），雙手執箕，臀後有尾（表示視同禽獸，地位卑賤的表徵），奴僕之形宛然。」〔註51〕又《說文新證・臣》：「本意爲奴隸，後轉移爲屈服者，再轉移爲事君者。」〔註52〕楚文字中「僕」的異體字寫作从臣、僕省聲如⿰（包山 2.15）、⿰（郭店老甲 18），可見先秦時期「臣」、「僕」二字義近可相通用。

【爻辭釋讀】

　　〈象〉曰：

　　　　「係遯」之厲，有疾憊也。「畜臣妾，吉」，不可大事也。（頁85）

王弼《注》：

　　　　在內近二，以陽附陰，宜遯而係，故曰「係遯」。「遯」之爲義，宜遠小人，以陽附陰，係于所在，不能遠害，亦已憊矣，宜其屈辱而危厲也。係于所在，「畜臣妾」可也。施于大事，凶之道也。（頁85）

孔穎達《正義》：

　　　　九三无應于上，與二相比，以陽附陰，係意在二。處遯之世，而意有所係，故曰「係遯」。「有疾厲」者，「遯」之爲義，宜遠小人。既係于陰，即是「有疾憊」而致危厲，故曰「有疾厲」也。「畜臣妾，吉」者，親于所近，係在于下，施之于人，畜養臣妾則可矣，大事則凶。（頁85）

朱熹《易本義》：

　　　　下比二陰，當遯而有所係之象，有疾而危之道也。然以畜臣妾則吉。蓋君子之於小人，惟臣妾則不必其實而何畜耳，故其占如此。（頁138～139）

南懷瑾、徐芹庭《周易今註今譯》：

　　　　九三有繫於遯去的象徵。因爲有疾病之事，很危厲，所以須遯去，處此時，畜養臣僕婢妾，是可以獲吉的。（頁220）

　　玉姍案：九三以陽爻居剛位，但無應於上九，只能附繫於六二，故曰「係遯」。「遯」之爲義，宜遠小人，但九三應六二乃是以陽剛附陰柔，不可能有

〔註51〕季師旭昇《說文新證・上》，（台北：藝文印書館，2002年10月初版），頁160。
〔註52〕季師旭昇《說文新證・上》，（台北：藝文印書館，2002年10月初版），頁210。

大作爲，若未能掌握分寸，就可能有疾而危厲。以人事而言，此時只能蓄養臣妾等身分較低下的僕眾，如有自知之明而止於此，將能得吉。

今本作「九三：係遯，有疾厲。畜臣妾，吉。」意思是：九三繫於六二，處於宜遠小人的隱遁之時，卻以陽附陰，故有疾而危厲。但若僅只是畜養臣妾則可得吉。

上博本作「九晶：係豚，又疾礪。畜臣妾，吉。」其意與今本同。

帛書本作「九三：爲掾，有疾厲。畜僕妾，吉。」意思是：九三繫於六二，以陽附陰，可能有疾而危厲。但若僅只於畜養僕妾則可得吉。

1. 上博《周易》：九四：好豚，君子吉，尖=否。
2. 阜陽《周易》：九四：好遯，君子吉，小人否。……吉。
3. 帛書《周易》：九四：好掾，君子吉，小人不。
4. 今本《周易》：九四：好遯，君子吉，小人否。

【文字考釋】

阜陽本九四爻辭殘，據今本補。

（一）今本「小人」，上博本作「尖=」。

玉姍案：上博本「尖=」爲「小人」合文，右下有合文符「＝」。

【爻辭釋讀】

〈象〉曰：

君子「好遯」，「小人否」也。（頁85）

王弼《注》：

處于外而有應于內，君子「好遯」，故能舍之。小人繫戀，是以「否」也。（頁85）

孔穎達《正義》：

九四處在于外而有應于內。處外即意欲遠遯，應內則未能棄捨。若好遯君子，超然不顧，所以得吉。小人有所係戀，即不能遯，故曰「小人否」也。（頁85）

朱熹《易本義》：

下應初六，而乾體剛健，有所好而能絕之以遯之象也。唯自克之君子能之，而小人不能，故占者君子則吉，而小人否也。（頁139）

南懷瑾、徐芹庭《周易今註今譯》：

> 九四有好遯的象徵，君子處當遯的時候，即能遯開以保身遠害，所
> 以利吉。小人則徇私戀祿，不知遯去，所以未有吉利可言。（頁 221）

　　玉姍案：九四處外卦而應於內卦初六，象徵君子能超然而不眷戀權位，
與遯卦之義相符，故能得吉。小人則眷戀權位，違於遯卦之義，不能得吉，
故曰「否」。

　　今本「九四：好遯，君子吉，小人否。」意思是：九四處外卦而應於內
卦初六，象徵君子能超然眷戀權位而順利隱遯，故能得吉。小人有所繫戀，
不能隱遯，故不能得吉。

　　上博本作「九四：好豚，君子吉，尖=否。」帛書本作「九四：好掾，君
子吉，小人不。」其意皆與今本同。

　　1. 上博《周易》：九五：嘉豚，吉。

　　2. 阜陽《周易》：九五：嘉椽，貞吉。卜病不死 行作 之……。

　　3. 帛書《周易》：九五：嘉掾，貞吉。

　　4. 今本《周易》：九五：嘉遯，貞吉。

【文字考釋】

（一）上博本斷辭作「吉」，較阜陽本、帛書本、今本作「貞吉」少一「貞」字。

　　玉姍案：上博本斷辭作「吉」，較他本作少一「貞」字，有可能為抄手筆
誤，但「貞吉」與「吉」文義相似，故二種版本皆可通。

【爻辭釋讀】

　　〈象〉曰：

> 「嘉遯，貞吉」，以正志也。（頁 85）

王弼《注》：

> 遯而得正，反制于內。小人應命，率正其志，不惡而嚴，得正之吉，
> 遯之嘉也。（頁 85）

孔穎達《正義》：

> 「嘉遯，貞吉」者，嘉，美也。五居于外，得位居中，是「遯而得
> 正」。二為己應，不敢違拒，從五之命，率正其志，「遯而得正，反
> 制于內」，「不惡而嚴，得正之吉」，為遯之美，故曰「嘉遯，貞吉」

也。（頁 85）

朱熹《易本義》：

> 剛陽中正，下應六二，亦柔順而中正，遯之嘉美者也。占者如是，
> 而正則吉矣。（頁 139）

南懷瑾、徐芹庭《周易今註今譯》：

> 本爻有嘉美遯去的象徵，它是正而且吉利的。（頁 222）

玉姍案：九五處中正之位而下應六二，此爲貞吉之兆。王、孔以爲下應六二，有如君子能端正小人之志，而能成遯之美，因此可以得吉。其餘學者說法亦多可通，此從王、孔之說。

今本「九五：嘉遯，貞吉」意思是：九五處中正之位而下應六二，象徵君子能端正小人之志，而能成遯之美，故能貞正得吉。

上博本作「九五：嘉𧝡，吉。」意思是：九五處中正之位而下應六二，象徵君子能端正小人之志，而能成遯之美，故能得吉。

阜陽本作「九五：嘉椽，貞吉。卜病不死 行作 之……。」帛書本作「九五：嘉掾，貞吉。」其意皆與今本同。

1. 上博《周易》：上九：肥𧝡，亡不称。
2. 阜陽《周易》：上九：肥遯，无不利。
3. 帛書《周易》：尚九：肥掾，无不利。
4. 今本《周易》：上九：肥遯，无不利。

【文字考釋】

阜陽本上九爻辭殘，據今本補。

【爻辭釋讀】

〈象〉曰：

> 「肥遯，无不利」，无所疑也。（頁 85）

《周易集解》引虞翻云：

> 乾盈爲肥，二不及上，故「肥遯，无不利」。〈象〉曰：「无所疑也」。
> （頁 324）

王弼《注》：

> 最處外極，无應于內，超然絕志，心无疑顧，憂患不能累，繒繳不

能及，是以「肥遯，无不利」也。（頁 85）

孔穎達《正義》：

〈子夏傳〉曰：「肥，饒裕也。」四、五雖在于外，皆在内有應，猶有反顧之心。惟上九最在外極，无應于内，心无疑顧，是遯之最優，故曰「肥遯」。遯而得肥，无所不利，故云「无不利」也。矰，矢名也（頁 85）

朱熹《易本義》：

以剛陽居卦外，下无係應。遯之遠而處之裕者也。故其象占如此。肥者，寬裕自得之意。（頁 139）

徐志銳《周易大傳新注》：

焦循：「姚寬《西溪叢話》云：『周易遯卦，肥遯无不利，肥字古做䨽，與古蜚字相似，即今之飛字，後世遂改爲肥字。』」淮南子：「遯而能飛，吉孰大焉。」也是以飛解肥。王弼「最處外極，无應于内，超然絕志，心无疑顧，憂患不能累，矰繳不能及，是以肥遯，无不利也。」以「矰繳不能及」解肥，也是言飛。〔註53〕

　　玉姍案：「肥遯」之「肥」有二說，一爲〈子夏傳〉：「肥，饒裕也。」一爲將「肥遯」釋爲飛遯。「肥遯」指心無疑顧而能優裕隱遯。「飛遯」指遁逃如飛。二義似皆可通。然王弼《注》「矰繳不能及」，「矰繳」爲弓矢，與「飛遯」關係似更緊密，故此將肥遯」釋爲「飛遯」。以爲上九處遯卦之極，無應於内，象徵心無疑顧而能飛快隱遯，因此不會有不利之事。

　　今本「上九：肥遯，无不利。」意思是：上九處遯卦之極，象徵心無疑顧而能飛快隱遯，因此不會有不利之事。

　　上博本作「上九：肥脉，亡不秒。」帛書本作「尙九：肥掾，无不利。」其意皆與今本同。

第三十四節　大壯卦

一、卦名釋義

　　《說文》：「大，天大、地大、人亦大焉。象人形。」（頁 496）又《說文》：

〔註53〕徐志銳：《周易大傳新注》（台北：里仁書局，2001 年 3 月），頁 291～292。

「壯，大也。从士、爿聲」（頁 20）玉姍案：「大」、「壯」皆有強大、強盛之義，重而言之，乃大而盛壯之意。孔穎達《正義》：「大壯，卦名也。壯者，強盛之名。以陽稱大，陽長既多，是大者盛壯，故曰『大壯』。」（頁 86）大壯卦取「剛大而盛壯」之義。

〈序卦〉曰：「物不可以終遯，故受之以大壯。」（頁 188）《周易集解》引韓康伯曰：「遯，君子以遠小人。遯而後通，何可終耶？陽盛陰消，君子道勝也。」（頁 332）君子遠遯小人而後得通達盛壯，故大壯卦在遯卦之後。

大壯卦今本卦畫作「䷡」，下乾天，上雷震。〈象〉曰：「雷在天上，大壯。君子以非禮弗履。」（頁 86）《周易集解》引崔覲曰：「乾下震上，故曰『雷在天上』。一曰：『雷，陽氣也。』陽至於上卦。能助於天威，大壯之象也。」（頁 334）王弼《注》：「壯而違禮則凶，凶則失壯也。故君子以大壯而順體也。」（頁 86）孔穎達《正義》：「震雷為威動，乾天主剛健，雷在天上，是剛以動，所以為大壯。」（頁 86）玉姍案：大壯卦下乾天，上雷震，象徵雷震於天上，剛健而威動，君子觀此而效法其威壯，然壯而違禮則凶，故君子大壯而順禮行之。

二、卦爻辭考釋

（一）卦辭考釋

1. 上博《周易》：【缺簡】

2. 阜陽《周易》：⃞大壯：利貞。⃞

3. 帛書《周易》：泰壯：利貞。

4. 今本《周易》：大壯：利貞。

【文字考釋】

阜陽本卦辭殘，據今本補。

【卦辭釋讀】

〈彖〉曰：

大壯，大者壯也。剛以動故壯。「大壯，利貞」，大者，正也，正大而天地之情可見矣。（頁 86）

〈象〉曰：

雷在天上，大壯。君子以非禮弗履。（頁86）

《周易集解》引荀爽云：

乾剛震動，陽從下升，陽氣大動，「故壯」也。（頁333）

孔穎達《正義》：

「大壯」，卦名也。「壯」者，強盛之名。以陽稱大，陽長既多，是大者盛壯，故曰「大壯」。「利貞」者，卦德也。群陽盛大，小道將滅，大者獲正，故曰「利貞」也。（頁86）

朱熹《易本義》：

大謂陽也，四陽盛長，故爲大壯，二月之卦也。陽壯，則占者吉亨不假言，但利在正故而已。（頁140）

南懷瑾、徐芹庭《周易今註今譯》：

大壯，在此陽道盛壯之時，利於守正，以獲盛壯之利。（頁223）

玉姍案：大壯卦下乾天，上雷震。有雷在天上，剛健而威動的大壯之象。下有四陽爻，處陽氣壯盛之時，利於循禮守正。學者多由此立說，此亦從之。

今本作「大壯：利貞。」意思是：大壯有剛健威動之象。陽氣壯盛，利於守正。

帛書本作「泰壯：利貞。」意思與今本同。

（二）爻辭考釋

1. 上博《周易》：【缺簡】

2. 阜陽《周易》：初九：壯于趾，征凶有復。卜……。

3. 帛書《周易》：初九：壯于止，正凶有復。

4. 今本《周易》：初九：壯于趾，征凶有孚。

【文字考釋】

阜陽本初九爻辭殘，據今本補。

（一）今本「壯于趾」之「趾」，帛書本作「止」。

玉姍案：今本「趾」，帛書本作「止」。「趾」從「止」得聲，故二字可通。

【爻辭釋讀】

〈象〉曰：

壯于趾，其孚窮也。（頁86）

王弼《注》：

> 夫得「大壯」者，必能自終成也，未有陵犯於物而得終其壯者。在
> 下而壯，故曰「壯于趾」也。居下而用剛壯，以斯而進，窮凶可必
> 也，故曰「征凶，有孚」。（頁 86）

孔穎達《正義》：

> 「壯于趾，征凶有孚」者，趾，足也。初在體下，有如趾足之象，
> 故曰「壯于趾」也。施之於人，即是在下而用壯也。在下用壯，陵
> 犯於物，以斯而行，凶其信矣，故曰「征凶，有孚」。（頁 86）

朱熹《易本義》：

> 趾在下而近，動之物也。剛陽處下而當壯時，壯於進者也，故有此
> 象。居下而壯於進，其凶必矣，故其占又如此。（頁 140～141）

南懷瑾、徐芹庭《周易今註今譯》：

> 本卦初九，他的壯是在下，故有壯於足趾的現象。壯於下，以之而
> 一味的前往，必有凶，而有孚信於凶的。（頁 224）

　　玉姍案：初九以陽剛處大壯之下，以人體比擬之，則如下趾也。剛強於
下，若一味剛進而犯於物，雖有孚信必得其凶。學者多由此立說，此亦從之。
　　今本作「初九：壯于趾，征凶，有孚。」意思是：初九以陽剛處大壯之
下，猶如下趾部位。處於下者，若過於剛進，雖有孚信必得其凶。
　　帛書本作「初九：壯于止，正凶有復。」意思與今本同。

1. **上博《周易》**：【缺簡】
2. **阜陽《周易》**：九二：貞吉。
3. **帛書《周易》**：九二：貞吉。
4. **今本《周易》**：九二：貞吉。

【文字考釋】

　　阜陽本九二爻辭殘，據今本補。

【爻辭釋讀】

　　〈象〉曰：

> 九二貞吉，以中也。（頁 86）

王弼《注》：

居得中位，以陽居陰，履謙不亢，是以貞吉。（頁86）

孔穎達《正義》：

以其居中，履謙行，不違禮，故得正而吉也。（頁86）

朱熹《易本義》：

以陽居陰，已不得其正矣。然所處得中，則猶可因以不失其正，故
戒占者使因中以求正，然後可以得吉也。（頁141）

南懷瑾、徐芹庭《周易今註今譯》：

本卦九二在大壯之時，居內卦之中，不過于壯。故有正而吉利的象
徵。（頁224～225）

　　玉姍案：九二以剛處柔，雖不得其正，然所處得中，若能履謙行，不違
禮，則得正而吉也。學者多由此立說，此亦從之。

　　今本作「九二：貞吉。」意思是：九二以剛處柔，然所處得中，若能履
謙不違禮，則貞正而吉也。

　　阜陽本作「九二：貞吉。」帛書本作「九二：貞吉。」意思與今本同。

1. 上博《周易》：【缺簡】
2. 阜陽《周易》：九三：小人用壯，君子用罔，貞厲，羝羊觸藩，羸其角。
3. 帛書《周易》：九三：小人用壯，君子用亡，貞厲，羝羊觸藩，羸
   其角。
4. 今本《周易》：九三：小人用壯，君子用罔，貞厲，羝羊觸藩，羸
   其角。

【文字考釋】

　　阜陽本九三爻辭殘，據今本補。

（一）今本「君子用罔」之「罔」，帛書本作「亡」。

　　玉姍案：今本「君子用罔」之「罔」，帛書本作「亡」。「罔」由「亡」得
聲，故二字可通。

【爻辭釋讀】

　　〈象〉曰：

小人用壯，君子罔也。（頁86）

王弼《注》：

> 處健之極，以陽處陽，用其壯者也。故小人用之以爲壯，君子用之以爲羅己者也。貞厲以壯，雖復羝羊，以之觸藩，能无羸乎？（頁86）

孔穎達《正義》：

> 罔，羅罔也。羝羊，牡羊也。藩，藩籬也。羸，拘纍纏繞也。九三處乾之上，是「健之極」也。又「以陽居陽」，是健而不謙也，健而不謙，必用其壯也。小人當此，不知恐懼，即用以爲壯盛，故曰「小人用壯」。君子當此即慮危難，用之以爲羅罔於己，故曰「君子用罔」。以壯爲正，其正必危，故云「貞厲」也。以此爲正，狀似「羝羊觸藩」也，必拘羸其角矣。（頁86）

朱熹《易本義》：

> 過中不剛，當壯之時，是小人用壯，而君子則用罔矣。罔，无也。視有如无，君子之過于勇者也。如此，則雖正亦危矣。羝羊，剛壯喜觸之物。藩，籬也。羸，困也。貞厲之占，其象如此。小人以壯敗，君子以罔困。（頁141）

南懷瑾、徐芹庭《周易今註今譯》：

> 九三以陽剛處內卦之上，有小人過于盛壯凌暴于人，而爲君子所網羅的現象。有如強壯的羊，去牴觸藩籬，而使牠的角受損傷的現象。（頁226）

玉姍案：羝羊，公羊也；有角而剛。「罔」，王弼、孔穎達、南懷瑾皆以爲假借爲「羅網」之「網」；朱熹以爲「罔，无也。」筆者以爲「小人用壯」與「君子用罔」與《論語》中許多篇章相似，例如《論語‧里仁》：「子曰：君子懷德，小人懷土。君子懷刑，小人懷惠。」《論語‧里仁》：「子曰：君子喻於義，小人喻於利。」《論語‧靈公》：「子曰：君子求諸己，小人求諸人。」都是討論君子與小人在某種形勢之下，所做出不同的人生抉擇，其句型相同，而文義必然相對，此處亦可依此作爲判斷之依據。

九三以陽剛處內卦（乾）之上，是剛壯之極，有如羝羊觸藩，銳不可當，稍微不慎就會造成傷害。面對如此形勢，小人與君子所考慮者必定不同，小人只想藉此極爲壯盛之形勢有所作爲，卻未考慮到不謹慎就可能流爲害的弊端。君子卻正好相反，面對如此形勢會戒慎恐懼，仔細思量，以免造成傷害；而這份戒慎恐懼的心情，就如羅網時時約束著自己的行爲。故「小人用壯」

即指「小人在此時只想到要利用此壯盛之勢」,「君子用罔」即指「君子在此時還能想到要用戒慎恐懼的心情,如羅網時時約束著自己的行為,以免流為災禍」。以此而論,故「網」義較「无」義更佳。而君子這種謹慎的心情,則與下文「羝羊觸藩,羸其角」相呼應。

「羸其角」之「羸」,孔穎達以為「拘纍纏繞也。」朱熹以為「羸,困也。」南、徐以為「羸,瘦而傷病之意」(頁 226)。筆者以為「拘纍纏繞」之意較能呼應前文「罔(網)」之約束意,為了避免羊角剛銳的公羊觸藩而造成傷害,因此以繩索拘羸其角;正如君子在大壯之時能以戒慎恐懼時時約束著自己的行為,以免流為災禍。於諸說中最能表達出君子面臨剛健之極仍能戒慎自持之道,故此從孔穎達之說。

今本作「九三:小人用壯,君子用罔,貞厲,羝羊觸藩,羸其角。」意思是:九三處內卦之上,此時剛壯至極。小人只想藉此壯盛之勢有所作為,君子卻懷抱戒慎恐懼的心情,如羅網時時約束著自己的行為,以免造成傷害。此時雖貞正而可能有危厲,是以應該像避免羊角剛銳的公羊去牴觸藩籬,而以繩索拘羸其角一般,時時自我約束。

帛書本作「九三:小人用壯,君子用亡,貞厲,羝羊觸藩,羸其角。」意思與今本同。

1. 上博《周易》:【缺簡】
2. 阜陽《周易》: 九四:貞吉,悔亡,藩決不羸,壯于大輿之輹。
3. 帛書《周易》:九四:貞吉,悔亡,藩块不羸,壯于泰輿之緮。
4. 今本《周易》:九四:貞吉,悔亡,藩決不羸,壯于大輿之輹。

【文字考釋】

阜陽本九四爻辭殘,據今本補。

(一)今本「藩決不羸」之「藩」,帛書本作「藩」。

張立文《周易帛書今注今譯》:

「藩」疑讀為「璠」,顏氏家訓音辭曰:「璵璠,魯之寶玉,當音餘煩,江南皆音藩屏之藩。」則「璠」與「藩」音同,古相通。﹝註54﹞

﹝註54﹞張立文(張憲江):《周易帛書今注今譯》(台北:臺灣學生書局,1991 年),頁 152。

玉姍案:「璠」字今已不傳,然「璠」與「藩」均由「番」得聲,故二字可通。

(二)今本「藩決不羸」之「決」,帛書本作「块」。

玉姍案:「決」、「块」均以「夬」爲聲符,故可通。

【爻辭釋讀】

〈象〉曰:

藩決不羸,尚往也。(頁 86)

王弼《注》:

己得其壯,而上陰不罔己路,故「藩決不羸」也。「壯于大輿之輹」,无有能說其輹者,可以「往」也。(頁 86)

孔穎達《正義》:

「大輿」者,大車也。下剛而進,將有憂虞,而九四以陽處陰,行不違謙,居謙即不失其壯,故得正吉而悔亡也,故云「貞吉,悔亡」。九三以壯健不謙,即被「羸其角」。九四以謙而進,謂之上行,陰爻不罔己路,故藩決不羸也。「壯于大輿之輹」者,言四乘車而進,其輹壯大,无有能脫之者,故曰「藩決不羸,壯于大輿之輹」也。(頁 86)

朱熹《易本義》:

「貞吉,悔亡」,與咸九四同占。「藩決不羸」,承上文而言也。決,開也。三前有四,猶由藩焉。四前二陰,則藩絕矣。「壯于大輿之輹」,亦可進之象也。以陽居陰,不極其剛,故其象如此。(頁 142)

南懷瑾、徐芹庭《周易今註今譯》:

九四居二陰爻之下,可以用壯了。所以說它是正而且吉利,沒有悔吝的。就如藩籬已經決破,前進不會受阻,不會受傷損。它有居於內卦之上,二陰爻之下,而在大壯之時,可以用壯,有壯於大車的車輹的現象。(頁 226~227)

玉姍案:「藩決不羸」之「羸」與「羸其角」之「羸」義同,均爲「拘纍纏繞」或可引申爲「障礙」之義。九四以陽居陰,象徵用壯而謙,故能得貞正之吉而無悔。如以事物喻之,則如大車之輹十分強固,而且前阻的藩籬已經決破,因此大車能夠順利前進而無拘纍阻礙。

今本「九四：貞吉，悔亡，藩決不羸，壯于大輿之輹。」意思是：九四用壯而謙，故貞吉而無悔。有如大車之輹十分強固，前阻藩籬已經決破，因此能順利前進而無拘礙阻礙。

帛書本作「九四：貞吉，悔亡，蕃块不羸，壯于泰輿之緮。」意思與今本同。

1. 上博《周易》：【缺簡】
2. 阜陽《周易》：六五：喪羊于易，无悔。
3. 帛書《周易》：六五：亡羊于易，无悔。
4. 今本《周易》：六五：喪羊于易，无悔。

【文字考釋】

阜陽本六五爻辭殘，據今本補。

【爻辭釋讀】

〈象〉曰：

> 喪羊于易，位不當也。（頁 86）

王弼《注》：

> 羊，壯也，必喪其羊，失其所居也。能喪壯于易，不于險難，故得「无悔」。二履貞吉，能幹其任，而已委焉，則得无悔。委之則難不至，居之則敵寇來，故曰「喪羊于易」。（頁 86）

孔穎達《正義》：

> 「喪羊于易，无悔」者，羊，壯也，居大壯之時，以陽處陽，猶不免咎，而況以陰處陽，以柔乘剛者乎？違謙越禮，必喪其壯，羣陽方進，勢不可止，若於平易之時，逆捨其壯，委身任二，不爲違拒，亦剛所不害，不害即无悔矣，故曰「喪羊于易，无悔」也。（頁 86）

朱熹《易本義》：

> 卦體似兌，有羊象焉，外柔而內剛者也。獨六五以柔居中，不能牴觸，雖失其壯，然亦無所悔矣。故其象占如此。易，容易之易，言忽然不覺（頁 142）

南懷瑾、徐芹庭《周易今註今譯》：

> 六五以陰處尊位，而在大壯之時，它有喪失羊在田畔之上的象徵，沒有悔吝的。（頁 227）

玉姍案：「喪羊于易」之「易」，學者說法各異，孔穎達以爲「平易」，朱熹以爲「易，容易之易，或作疆場之場，亦通」；南、徐亦以爲「場，田畔之地」（頁 86）。以《周易》中所見之句法而言，常見〔動詞〕＋「于」＋〔地點〕之文法組合，如乾：「上六：龍戰于野」、《需》：「上六：入于穴」、《睽》：「九二：遇主于巷」、《升》：「六四：王用亨于岐山」……，故筆者以爲將「易」釋爲「場，田畔之地（田界）」較「平易」、「容易」更佳。

六五以柔居尊，以陰處陽，失其位也。以柔居大壯之剛，有失其所居而喪其羊於田場的象徵。雖失其壯，然亦無所悔矣。

今本「六五：喪羊于易，无悔。」意思是：六五失其位，有喪其羊於田場的象徵。雖失其壯，而能無悔。

帛書本作「六五：亡羊于易，无悔。」意思與今本同。

1. 上博《周易》：【缺簡】
2. 阜陽《周易》：上六：羝羊觸藩，不能退，不能遂，无攸利，艱則吉。
3. 帛書《周易》：尚六：羝羊觸藩，不能退，不能遂，无攸利，根則吉。
4. 今本《周易》：上六：羝羊觸藩，不能退，不能遂，无攸利，艱則吉。

【文字考釋】

阜陽本上六爻辭殘，據今本補。

【爻辭釋讀】

〈象〉曰：

不能退，不能遂，不詳也。艱則吉，咎不長也。（頁86～87）

王弼《注》：

雖處剛長，剛不害正，苟定其分，固志在一，以斯自處，則憂患消亡，故曰「艱則吉」也。（頁87）

孔穎達《正義》：

「退」謂退避，「遂」謂進往，有應於三，疑之不已，故不能退避，然懼於剛長，故不能遂往，故云「羝羊觸藩，不能退，不能遂」也。「无攸利」者，持疑猶豫，不能自決，以此處事，未見其利，故曰

「无攸利」也。「艱則吉」者，雖處剛長，剛不害正，但艱固其志，不捨於三，即得吉，故曰「艱則吉」也。（頁 87）

朱熹《易本義》：

壯終動極，故觸藩而不能退，然其質本柔，故又不能遂其進也。其象如此，其占可知。然猶幸其不剛，故能艱以處，則尚可以得吉也。（頁 142）

南懷瑾、徐芹庭《周易今註今譯》：

上六居大壯之極，有壯羊接觸樊籬，既不能退，又不能進的象徵。它是無所利的，如以處理艱難的心情，去處理，終能得吉利的。（頁 228）

玉姍案：上六以柔居陰，質柔而猶豫不進，居大壯之極而無法後退，故有羝羊觸藩，不能退避，也不能遂往的象徵。上六質柔，處剛壯之極而猶豫不決，以此處事，未見其利；但若固志在一，以斯自處，則憂患消亡而得吉。王弼以下學者多由此立說，此亦從之。

今本作「上六：羝羊觸藩，不能退，不能遂，无攸利，艱則吉。」意思是：上六居大壯之極而進退兩難，故如公羊以角觸藩，不能退避，也不能遂往的象徵。處事猶豫不決，則未見其利；但若艱而固其志，則能得吉。

帛書本作「尙六：羝羊觸藩，不能退，不能遂，无攸利，根則吉。」意思與今本同。

第三十五節　晉　卦

一、卦名釋義

《說文》：「晉，進也。日出而萬物近。從日從臸。」（頁 306）季師《說文新證・晉》：「本義：疾進也。……甲骨文從日，會日光如矢疾進之意，『矢』應該也有聲符的功能。」〔註55〕玉姍案：「晉」字本義爲日光如矢疾進之會意字，故「晉」有「進」義。孔穎達《正義》：「晉者，卦名也。晉之爲義，進長之名，此卦明臣之昇進，故謂之晉。」晉卦之「晉」即取「進」之義。（頁 87）

〈序卦〉曰：「物不可以終壯，故受之以晉。」（頁 188）《周易集解》引

〔註55〕季師旭昇：《說文新證・上》（台北：藝文印書館，2002 年 10 月），頁 534。

崔覲：「不可以終壯于陽盛，自取觸藩，宜柔進而上行，受茲錫馬。」（頁 337）
凡剛壯必不可持久，宜柔進而上行，故晉卦在大壯卦之後。

　　晉卦今本卦畫作「䷢」，下坤地，上離火。〈象〉曰：「明出地上，晉。君
子以自昭明德。」（頁 87）《周易集解》引鄭玄曰：「地雖生萬物，日出於上，
其功乃著，故君子法之，而以明自昭其德。」（頁 339）玉姍案：晉卦下坤地，
上離火，象徵日出大地，光明昭著，君子觀此而效法昭明其德。

二、卦爻辭考釋

（一）卦辭考釋

1. 上博《周易》：【缺簡】
2. 阜陽《周易》：晉：康侯用錫馬蕃庶，晝日三接。
3. 帛書《周易》：溍：康矦用賜馬蕃庶，晝日三緩。
4. 今本《周易》：晉：康侯用錫馬蕃庶，晝日三接。

【文字考釋】

　　阜陽本卦辭殘，據今本補。

（一）今本晉卦之「晉」，帛書本作「溍」。

　　玉姍案：今本「晉」，帛書本作「溍」。「溍」以「晉」爲聲符，故二字可通。

（三）今本「晝日三接」之「接」，帛書本作「緩」。

　　玉姍案：今本「晝日三接」之「接」，帛書本作「緩」。「接」、「緩」皆以
「妾」爲聲符，故二字可通。

【卦辭釋讀】

　　〈象〉曰：

　　　晉，進也，明出地上，順而麗乎大明，柔進而上行，是以「康侯用
　　　錫馬蕃庶，晝日三接」也。（頁 87）

《周易集解》引侯果云：

　　　康，美也。四爲諸侯，五爲天子，坤爲眾，坎爲馬。天子至明于上，
　　　公侯謙順於下，美其治物有功。故蕃錫車馬，一晝三覲也。《采菽》
　　　刺幽王侮諸侯詩曰：雖无與之，路車乘馬。《大行人職》曰：諸公：

　　三饗，三問，三勞；諸侯：三饗，再問，再勞；子男：三饗、一問、
　　一勞，即天子三接諸侯之禮也。（頁 87）

王弼《注》：

　　康，美之名也。順以著明，臣之道也。「柔進而上行」，物所與也，
　　故得錫馬而蕃庶。以「訟受服」，則「終朝三褫」；柔進受寵，則「一
　　晝三接」也。（頁 87）

孔穎達《正義》：

　　晉者，卦名也。「晉」之爲義，進長之名，此卦明臣之昇進，故謂之
　　「晉」。「康」者，美之名也。「侯」謂昇進之臣也。臣既柔進，天子
　　美之，賜以車馬，蕃多而眾庶，故曰「康侯用錫，馬蕃庶」也。「晝
　　日三接」者，言非惟蒙賜蕃多，又被親寵頻數，一晝之間，三度接
　　見也。（頁 87）

朱熹《易本義》：

　　晉，進也。康侯，安國之侯也。「錫馬蕃庶，晝日三接」，言多受大
　　賜，而顯被親禮也。蓋其爲卦上離下坤，有日出地上之象，順而立
　　乎大明之德。又其變自觀而來，爲六四之柔進，而上行至於五。占
　　者有是三者，則亦當有是寵也。（頁 143）

南懷瑾、徐芹庭《周易今註今譯》：

　　晉卦，光明前進，像安定國家的侯爵，受天子賜給很多好馬，並且
　　在白天之內，一連接見三次。（頁 235）

　　玉姍案：傳統易學多以爲「康」者，美之名也；「侯」謂昇進之臣也。「康
侯」即美善而能安國之侯。黃玉順以爲「武王之弟，爲周司寇，初封於康，
徙封於衛，故稱康叔，亦稱康侯。……康叔用天子所賜的良馬來繁衍馬群，
一天之內就使牠們多次交配。」〔註 56〕《尚書・康誥》：「王若曰：孟侯朕其
弟小子封。」《傳》：「言王使我命其弟封。封，康叔名。」〔註 57〕筆者以爲史
上確有其人，《史記・康叔世家》：「周公旦懼康叔齒少，乃申告康叔曰：『必
求殷之賢人君子長者，問其先殷所以興，所以亡，而務愛民。』……爲梓材，
示君子可法則。故謂之康誥、酒誥、梓材以命之。康叔之國，既以此命，能

〔註56〕黃玉順：《易經古歌考釋》（成都：巴蜀書社，1995 年 3 月），頁 164～165。
〔註57〕（漢）孔安國傳，（唐）孔穎達正義：《尚書正義》（台北：藝文印書館，1989
　　　年），頁 201。

和集其民，民大說。成王長，用事，舉康叔爲周司寇，賜寶祭器，以章有德。」〔註58〕依《史記》所載，康叔亦爲美善而能安國之侯。二說均可，但釋爲「美善之侯」涵蓋較廣，故此仍依傳統易學說法。而黃玉順「繁衍馬群」之說不如傳統說法「安定國家的公侯，受到天子親寵，不但賞賜許多好馬，並於一天之內被天子接見三次。」能扣緊晉卦日出地上之象，順而立乎大明之德，故不採黃氏之說。

今本「晉：康侯用錫馬蕃庶，晝日三接。」意思是：晉卦有日出地上，順而立乎大明之德。如安定國家的公侯，受到天子親寵，不但賞賜許多好馬，並於一天白晝之內就被天子接見三次。

帛書本作「溍：康矦用錫馬蕃庶，晝日三綬。」意思與今本同。

（二）爻辭考釋

1. 上博《周易》：【缺簡】
2. 阜陽《周易》：初六：晉如、摧如，貞吉。罔孚，裕，无咎。
3. 帛書《周易》：初九〈六〉：溍如、浚如，貞吉。悔，亡復，浴，无咎。
4. 今本《周易》：初六：晉如、摧如，貞吉。罔孚，裕，无咎。

【文字考釋】

阜陽本初六爻辭殘，據今本補。帛書本「初六」誤作「初九」，從今本更正。

（一）今本「摧如」之「摧」，帛書本作「浚」。

玉姍案：今本「摧如」之「摧」，帛書本作「浚」。「摧」上古音從紐微部，「浚」上古音心紐文部，聲紐皆爲齒音，韻部爲陰陽對轉，故二字可通。如睡虎地秦簡日書甲《詰咎》：「人毋故而鬼昔其宮。」案：藉（從紐鐸部）從昔（心紐鐸部）聲，故通用。

（二）今本「罔孚，裕」，帛書本作「悔，亡復，浴」。

玉姍案：今本「罔孚，裕」，帛書本作「悔亡復浴」，帛書整理小組將其斷句爲「悔亡，復浴」，故張立文以爲帛書本較今本增「帛書周易較通行本增

〔註58〕 （漢）司馬遷撰，（南朝宋）裴駰集解，（唐）司馬貞索隱，（唐）張守節正義：《新校本史記三家注并附編二種》（台北：鼎文書局，1993年），頁1590。

－568－

『悔亡』而無『罔』字，疑『罔』爲『悔亡』之訛。」〔註59〕然筆者以爲「罔」與「悔亡」字形不類，應非字形之訛誤，應當斷句爲「悔，亡復，浴」，「罔」與「亡」上古音同爲明紐陽部，可通假；今本「孚」字，帛書本中均作「復」；「浴」、「裕」均從「谷」得聲，因此帛書本「亡復，浴」即今本之「罔孚，裕」。如此即可很輕易看出，二版本之差別只在帛書本多一「悔」字，可能是較早的版本中有「悔」字，但後世在傳抄時將「悔」訛漏，而流傳爲今通行版本，然目前並無第三版本可證明此推測，故並列兩種版本，以待來者。

【爻辭釋讀】

〈象〉曰：

晉如，摧如，獨行正也。（頁 87）

《周易集解》引虞翻云：

晉，進。摧，憂愁也。應在四，故「晉如」。失位，故「摧如」。動得位，故「貞吉」。（頁 339）

孔穎達《正義》：

「晉如、摧如，貞吉」者，何氏云：「摧，退也。裕，寬也。如，辭也。」初六處順之初，「應明之始，明順之德，於斯將隆」，進則之明，退則居順，進之與退，不失其正，故曰「晉如、摧如，貞吉也」。「罔孚」者，處卦之始，功業未著，未爲人所信服，故曰「罔孚」。「裕，无咎」者，裕，寬也。「方踐卦始，未至履位」，不可自以爲足也。若以此爲足，是「自喪其長」也，故必宜寬裕其德，使功業弘廣，然後「无咎」。故曰「裕，无咎」也。（頁 87）

朱熹《易本義》：

以陰居下，應不中正，有欲進見摧之象，占者如是，而能守正則吉。設不爲人所信，亦當處以寬裕，則無咎也。初居下位，未有官守之命。（頁 144）

南懷瑾、徐芹庭《周易今註今譯》：

初六，以柔居晉卦的開始，它有既前進，又折退的樣子，守正就能得吉，居進的開始，所以未能取信於人，唯有以寬裕的態度自處，才能無咎。（頁 231）

〔註59〕張立文（張憲江）：《周易帛書今注今譯》（台北：臺灣學生書局，1991 年），頁 603。

玉姍案：晉，進也。摧，退也。初九處晉卦之始，以陰居下，應不中正，若明進退之道，則不失其貞正。處卦之始，功業未著，未爲人所信服，故必寬裕其德，使功業弘廣，然後无咎。學者多由此立說，此亦從之。

今本「初六：晉如、摧如，貞吉。罔孚，裕，无咎。」意思是：初九處晉卦之始，若明進退之道，則不失貞正。處卦之始，未爲人所信服，故必寬裕其德，使功業弘廣，然後无咎。

帛書本作「初九〈六〉：潛如、浚如，貞吉。悔，亡復，浴，无咎。」意思是：初九處晉卦之始，若明進退之道，則不失貞正。以陰居下，應不中正，有悔而未爲人所信服，故必寬裕其德，使功業弘廣，然後无咎。

1. 上博《周易》：【缺簡】
2. 阜陽《周易》：六二：晉如，愁如，貞吉。受茲介福，于其王母。
3. 帛書《周易》：六二：潛如，愁如，貞吉。受茲介福，于其王母。
4. 今本《周易》：六二：晉如，愁如，貞吉。受茲介福，于其王母。

【文字考釋】

阜陽本、帛書本六二爻辭殘，皆據今本補。

【爻辭釋讀】

〈象〉曰：

受茲介福，以中正也。（頁87）

王弼《注》：

居中得位，履順而正，不以无應而回其志，處晦能致其誠者也，脩德以斯，間乎幽昧，得正之吉也，故曰「貞吉」。母者，處內而成德者也。鳴鶴在陰，則其子和之，立誠於闇，闇亦應之，故其初「愁如」，履貞不回，則乃受茲大福于其王母也。（頁87）

孔穎達《正義》：

六二進而无應於上，其德不見昭明，故曰「晉如，愁如」，憂其不昭也。「貞吉」者，然履順居於中正，不以无應而不脩其德，正而獲吉，故曰「貞吉」也。「受茲介福于其王母」者，介者，大也。母者，處內而成德者也。初雖「愁如」，但守正不改，終能受此大福於其所脩，故曰「受茲介福，於其王母」。（頁87）

朱熹《易本義》：

六二中正，上無應援，故欲進而愁。占者如是，而能守正則吉，而
受福於王母。王母，指六五，蓋享先妣之吉占，而凡以陰居尊者，
皆其類也。（頁 144）

南懷瑾、徐芹庭《周易今註今譯》：

本爻有既前進，又有憂愁的樣子。能守正，就能吉利，並能接受宏
大的福氣，從他王母那裡。（頁 231）

玉姍案：「王母」，朱熹以爲指六五，以其柔而居尊位也；此從之。六二
以柔而居中得位，但進而无應，其德不昭，故曰「晉如，愁如」。但處晦而能
致誠脩德，得貞正之吉，而受福於六五王母。學者多由此立說，此亦從之。

今本「六二：晉如，愁如，貞吉。受茲介福，于其王母。」意思是：六二
進而无應，有進而憂愁之象。但居中得位，有貞正之吉，而受福於六五王母。

帛書本作「六二：潛如，<u>愁</u>如，貞吉。受<u>茲介福，于</u>其王母。」意思與
今本同。

1. 上博《周易》：【缺簡】
2. 阜陽《周易》：六三：眾允，悔亡。
3. 帛書《周易》：六三：眾允，悔亡。
4. 今本《周易》：六三：眾允，悔亡。

【文字考釋】

阜陽本六三爻辭殘，據今本補。

【爻辭釋讀】

〈象〉曰：

眾允之志，上行也。（頁 87）

孔穎達《正義》：

六三處非其位，有悔也。志在上行，與眾同信，順而麗明，故得其
悔亡。（頁 87）

朱熹《易本義》：

三不正中，疑有悔者，以其與下二陰皆欲上進，是以爲眾所信而悔
亡也。（頁 144）

南懷瑾、徐芹庭《周易今註今譯》：

六三有大家都相信他能上升的象徵，他是沒有後悔的。（頁 232）

玉姍案：「允」，信也。六三以陰居陽，處非其位。然其志在上，行與眾同而爲眾所信任，公正昭明，故能無悔。學者多由此立說，此亦從之。

今本「六三：眾允，悔亡。」意思是：六三處非其位，然其志在上，能得眾人信任，故無悔。

帛書本作「六三：眾允，悔亡。」意思與今本同。

1. 上博《周易》：【缺簡】
2. 阜陽《周易》：九四：晉如鼫鼠，貞厲。
3. 帛書《周易》：九四：溍如炙鼠，貞厲。
4. 今本《周易》：九四：晉如鼫鼠，貞厲。

【文字考釋】

阜陽本九四爻辭殘，據今本補。

（一）今本「鼫鼠」之「鼫」，帛書本作「炙」。

張立文《周易帛書今注今譯》：

「炙」假借爲「鼫」。周易正義孔穎達疏：鼫鼠，有五能而不成伎之蟲也。……本草經云：『螻蛄一名鼫鼠』。謂此也。」……帛書周易作「炙鼠」。炙鼠即「螻蛄」，亦即「鼫鼠」。廣雅釋蟲：「炙鼠，螻蛄也。」〔註60〕

玉姍案：今本「鼫鼠」，帛書本作「炙鼠」。張立文引經典以爲「鼫鼠」與「炙鼠」實則一物。「鼫」上古音禪紐鐸部，「炙」上古音章紐鐸部，二者韻同，聲紐皆爲舌音，故可通假。《說文》：「鼫，五技鼠也。能飛不能過屋，能緣不能窮木，能游不能度谷，能穴不能掩身，能走不能先人。」

【爻辭釋讀】

〈象〉曰：

鼫鼠貞厲，位不當也。（頁 87）

王弼《注》：

履非其位，又負且乘。无業可安，志无所據，以斯爲進，正之危也，

〔註60〕張立文（張憲江）：《周易帛書今注今譯》（台北：臺灣學生書局，1991 年），頁 603。

進如鼫鼠，无所守也。（頁 87）

孔穎達《正義》：

「晉如鼫鼠」者，鼫鼠有五能而不成伎之蟲也。九四履非其位，上承於五，下據三陰，上不許其承，下不許其據，以斯為進，无業可安，无據可守，事同鼫鼠，无所成功也。以斯為進，正之危也，故曰「晉如鼫鼠，貞厲也」。（頁 87）

朱熹《易本義》：

不中不正，以竊高位，貪而畏人，蓋危道也。故為「鼫鼠」之象。占者如是，雖正亦危也。（頁 145）

南懷瑾、徐芹庭《周易今註今譯》：

九四以陽居陰，而居昇晉之時，有進如碩鼠，不能洽意的象徵。雖正，亦危厲。（頁 233）

玉姍案：九四以陽居陰，履非其位，上為六五，下據三陰爻，進退失據，有如鼫鼠難以成功。以此道而進，雖貞正而有危厲。學者多由此立說，此亦從之。

今本「九四：晉如鼫鼠，貞厲。」意思是：九四履非其位，進退失據，有如鼫鼠難以成功。以此道而進，雖貞正而有危厲。

帛書本作「九四：潛如炙鼠，貞厲。」意思與今本同。

1. 上博《周易》：【缺簡】
2. 阜陽《周易》：六五：悔亡，失得勿恤，往吉，无不利。
3. 帛書《周易》：六五：悔亡，矢得勿血，往吉，无不利。
4. 今本《周易》：六五：悔亡，失得勿恤，往吉，无不利。

【文字考釋】

阜陽本六五爻辭殘，皆據今本補。

（一）今本「失得勿恤」之「失」，帛書本作「矢」。

玉姍案：今本「失得勿恤」之「失」，《周易程氏傳》、《周易本義》均作「失」，然《周易集解》作「矢」，《釋文》：「『失』，孟、馬、鄭、虞、王肅本作『矢』。」帛書本作「矢」，則《周易集解》及《釋文》之記載有其根據。

張立文以爲「漢本均作『矢』，後轉寫誤爲『失』」。〔註61〕筆者以爲先秦之時「失」作 𨙨（楚.包 80）、半（秦.詛楚文），「矢」作 夨（晉.璽彙 1071）、夨（晉.璽彙 1137），不易混淆；漢隸之後「失」作 夫（漢.武威簡.服傳 31）、「矢」作 矢（漢.武威簡.燕禮 51）形近而有訛誤之可能，故張說可從。

【爻辭釋讀】

〈象〉曰：

失得勿恤，往有慶也。（頁 87）

《周易集解》引荀爽云：

陰居尊位，故有悔也。以中盛明，光照四海，故「悔亡勿恤，吉无不利」也。

又《周易集解》引虞翻云：

動之乾乾，爲慶也。矢古誓字。誓，信也。勿，无。恤，憂也。五變得正，坎象不見，故「誓得勿恤，往有慶也」。（頁 340）

王弼《注》：

柔得尊位，陰爲明主，能不用柔，不代下任也。故雖不當位，能消其悔。「失得勿恤」，各有其司，術斯以往，「无不利」也。（頁 87～88）

孔穎達《正義》：

「悔亡。失得勿，恤往吉，无不利」者，居不當位，悔也。「柔得尊位，陰爲明主」，能不自用其明，以事委任於下，故得「悔亡」。既以事任下，委物責成，失之與得，不須憂恤，故曰「失得勿恤」也。能用此道，所往皆吉而无不利，故曰「往吉，无不利」也。（頁 88）

朱熹《易本義》：

以陰居陽，宜有悔矣；以大明在上而下皆順從，故占者得知，則其悔亡。又一切去其計功謀利之心，則往吉而无不利也。然亦必有其德，乃應其占耳。（頁 145）

南懷瑾、徐芹庭《周易今註今譯》：

本爻以柔處尊位，沒有悔吝的，得失不要憂恤，前往必吉利，沒有不利的。（頁 233）

〔註61〕張立文（張憲江）：《周易帛書今注今譯》（台北：臺灣學生書局，1991 年），頁 604。

玉姍案：六五以柔爻居尊位，但能不自用其明，以事委任於下，故得無悔。既以事任下，委物責成，失之與得，不須憂恤。能用此道，所往皆吉而无不利。帛書本作「矢得勿血（恤）」，虞翻以爲「矢」爲古「誓」字；誓，信也。「矢（誓）得勿血（恤）」即以事任下，委物責成，信任而有得，不須憂恤。

今本「六五：悔亡，失得勿恤，往吉，无不利。」意思是：六五以柔爻居尊位，但能不自用其明，以事委任於下，故得無悔。既以事任下，失之與得，不須憂恤。所往皆吉，而无不利。

帛書本作「六五：悔亡，矢得勿血，往吉，无不利。」意思是：六五以柔爻居尊位，但能不自用其明，以事委任於下，故得無悔。既以事任下，委物責成，信任而有得，不須憂恤。所往皆吉，而无不利。

1. 上博《周易》：【缺簡】
2. 阜陽《周易》：上九：晉其角，維用伐邑，厲吉无咎，貞吝。
3. 帛書《周易》：尚九：溍其角，維用伐邑，厲吉无咎，貞閵。
4. 今本《周易》：上九：晉其角，維用伐邑，厲吉无咎，貞吝。

【文字考釋】

阜陽本上九爻辭殘，據今本補。

【爻辭釋讀】

〈象〉曰：

　　維用伐邑，道未光也。（頁 88）

王弼《注》：

　　處進之極，過明之中，明將夷焉。已在乎角，而猶進之，非亢如何？
　　失夫道化无爲之事，必須攻伐，然後服邑，危乃得吉，吉乃无咎。（頁 88）

孔穎達《正義》：

　　西南隅也，上九處晉之極，過明之中，其猶日過於中，已在於角，而猶進之，故曰「晉其角」也。在角猶進，過亢不已，不能端拱无爲，使物自服，必須攻伐其邑，然後服之，故云「維用伐邑」也。兵者凶器，伐而服之，是危乃得吉，吉乃无咎，故曰「厲吉无咎」。以此爲正，亦以賤矣，故曰「貞吝」也。（頁 88）

朱熹《易本義》：

> 角，剛居而上，上九剛進之極，有其象矣。占者得知，而以伐其私邑，
> 則雖危而吉且無咎。然以極剛治小邑，雖得其正，亦可吝矣。（頁 145）

南懷瑾、徐芹庭《周易今註今譯》：

> 本爻處晉之極點，有前進其角，而無所可容的樣子。唯能用以討不服
> 的城邑，這是先危屬，而後吉無咎的。但其道未光，故雖不正亦鄙吝
> 不堪。象辭上說：「惟用伐邑」是因其道未能光明正大之故。（頁 234）

　　玉姍案：上六處晉之極，猶如日過於中，已在於角。在角猶進，過亢不已；
象徵於人事，則如无法以德令人自動歸降，而必須經過攻伐其邑，對方才降服。
然兵者凶器，透過戰爭而征服之，是危而得吉，雖得其正，亦可吝矣。

　　今本作「上九：晉其角，維用伐邑，厲吉无咎，貞吝。」意思是：上六
處晉之極，猶如日過於中，已在於角。在角猶進，過亢不已，象徵於人事，
則如攻伐其邑，對方才願降服。然透過戰爭而使對方順服，是危屬而得吉，
雖无咎而得其正，亦有悔吝。

　　帛書本作「尙九：瑨其角，維用伐邑，厲吉无咎，貞閵。」意思與今本同。

第三十六節　明夷卦

一、卦名釋義

　　《說文》：「明，照也。從月囧。」（頁 317）又《說文》：「夷，東方之人也。
從大從弓。」（頁 498）季師《說文新證・夷》：「本義：平也。假借爲東夷之人。
段注刪『平也』，不可從。……甲骨文從矢，上有繩韋纏束，或因以求矢之平
正。……『矢』形近『大』，《說文》因誤釋爲『從大、從弓』。」〔註62〕段《注》：
「凡注家云：『夷，傷也』者，謂『夷』即『痍』之假借也。」（頁 498）玉姍
案：「夷」本義爲以繩韋纏束於「矢」以求矢之平正之合體象形字，故「夷」有
「平」義；假借爲「痍」，爲「傷」義。孔穎達《正義》：「明夷，卦名。夷者，
傷也。此卦日入地中，明夷之象。」（頁 88）

　　〈序卦〉曰：「進必有傷，故受之以明夷。夷，傷者。」（頁 188）凡人勇
於前進必然容易受傷，故明夷卦在晉卦之後。

〔註62〕季師旭昇：《說文新證・下》（台北：藝文印書館，2004 年 11 月），頁 117。

明夷卦今本卦畫作「䷣」，下離火，上坤地。〈象〉曰：「明入地中，明夷；君子以蒞眾，用晦而明。」（頁 88）《周易集解》引《九家易》：「日在坤下，其明傷也。言進極當降，復入於地，故曰『明夷』也。」（頁 343）玉姍案：明夷卦下離火，上坤地，象徵日在地下，光明受到朦蔽。君子觀此而領悟有明德者因遭亂世而抑在下位；此時處境艱難，故宜守貞正之德，以避禍也。

二、卦爻辭考釋

（一）卦辭考釋

1. 上博《周易》：【缺簡】

2. 阜陽《周易》：明夷：利艱貞。

3. 帛書《周易》：明夷：利根貞。

4. 今本《周易》：明夷：利艱貞。

【文字考釋】

阜陽本卦辭殘，據今本補。

【卦辭釋讀】

〈象〉曰：

明入地中，明夷。內文明而外柔順，以蒙大難，文王以之。利艱貞，晦其明也。內難而能正其志，箕子以之。（頁 88）

《周易集解》引鄭玄云：

夷，傷也。日出地上，其明乃光。至其入地，明則傷矣，故謂之明夷。日之明傷，猶聖人君子有明德，而遭亂世。抑在下位，則宜自艱，无幹事政，以避小人之害也。（頁 343）

孔穎達《正義》：

明夷，卦名。夷者，傷也。此卦日入地中，明夷之象。施之於人事，闇主在上，明臣在下，不敢顯其明智，亦明夷之義也。時雖至闇，不可隨世傾邪，故宜艱難堅固，守其貞正之德。故明夷之世，利在艱貞。（頁 88）

朱熹《易本義》：

夷，傷也。爲卦下離上坤，日入地中，明而見傷之象，故謂「明夷」。

又其上六爲暗之主，六五近之，故占者利於艱難以守正，而自晦其明也。（頁 146）

南懷瑾、徐芹庭《周易今註今譯》：

明夷，在光明被傷之時，是利在艱難中守著正道的。（頁 235）

玉姍案：明夷下離火，上坤地，象徵日在地下、光明受到矇蔽。有如明德者遭亂世而抑在下位；此時雖處境艱難而宜守貞正之德。

今本作「明夷：利艱貞。」意思是：明夷象徵光明受到矇蔽。明德者雖處境艱難，而利於堅守貞正之德。

帛書本作「明夷：利根貞。」意思與今本同。

（二）爻辭考釋

1. 上博《周易》：【缺簡】

2. 阜陽《周易》：初九：明夷于飛，垂其翼；君子于行，三日不食。有攸往，主人有言。

3. 帛書《周易》：初九：明夷于蜚，垂其左翼；君子于行，三日不食。有攸往，主人有言。

4. 今本《周易》：初九：明夷于飛，垂其翼；君子于行，三日不食。有攸往，主人有言。

【文字考釋】

阜陽本初九爻辭殘，據今本補。

（一）今本「垂其翼」，帛書本作「垂其左翼」。

玉姍案：今本「垂其翼」，帛書本作「垂其左翼」。上博本初九爻辭全殘，阜陽本初九爻辭「其」字後殘，無法判定是否有「左」字。《左傳·昭公五年》引易：「日之謙當鳥，故曰『明夷于飛』，明之未融，故曰『垂其翼。』亦無「左」字。張立文以爲「當以帛書爲是。其一，詩鴛鴦：『鴛鴦在樑，戢其左翼。』與『』明夷于蜚，垂其左翼」句近。其二，有『左』字，語句整齊，且又與六二『夷于左股』、『夷于左腹』相應。」〔註63〕然若探查詩句本意，鄭玄《箋》：「梁，石。絕水之梁。戢，斂也。鴛鴦休息於梁。明王之時，人

〔註63〕張立文（張憲江）：《周易帛書今注今譯》（台北：臺灣學生書局，1991 年），頁 466。

不驚駭，斂其左翼，以右翼掩之，自若無恐懼。」可知詩中之鴛鴦自在地棲於水梁之上，斂其左翼，以右翼掩之。與本卦初九爻辭：「明夷于飛，垂其翼」狀況不同。鳥類棲止之時可斂其左翼，然依自然界常理而言，鳥飛時當平均震動雙翼，只垂左翼將失去平衡，故筆者以爲今本「垂其翼」應較爲合理。帛書本「垂其左翼」可能是受到「六二：明夷，夷于左股」「六四：明夷，夷于左腹」影響而生之衍文。

【爻辭釋讀】

〈象〉曰：

君子于行，義不食也。（頁 88）

王弼《注》：

明夷之主，在於上六。上六爲至闇者也。初處卦之始，最遠於難也。遠難過甚，「明夷」遠遯，絕跡匿形不由軌路。故曰「明夷于飛」。（頁 88）

孔穎達《正義》：

明夷是至闇之卦。上六既居上，爲明夷之主。云「飛」者，借飛鳥爲喻，如鳥飛翔也。初九處於卦始，去上六最遠，是最遠於難。遠難過甚，明夷遠遯，絕跡匿形，不由軌路，故曰「明夷于飛」。飛不敢顯，故曰「垂其翼」也。尚義而行，故曰「君子于行」。志急於行，饑不遑食，故曰「三日不食」。殊類過甚，以此適人，人必疑怪而有言，故曰「有攸往，主人有言」。（頁 88）

朱熹《易本義》：

飛而垂翼，見傷之象。占者行而不食，所如不合，時義當然，不得而避也。（頁 146）

南懷瑾、徐芹庭《周易今註今譯》：

初九有飛時，翼被傷而下垂的象徵。君子居明傷之初，如有行的話，會有三日無物可食之災。以此而有所往，必遭主人之閒言。（頁 236）

玉姍案：初九處明夷卦之始，離難最遠，象徵亂世中能遠遯絕跡，如鳥高飛，懷懼不敢顯其行而垂其翼。然君子仍當尚義而行，志急於行，飢不遑食，故三日不食。然君子於亂世中爲殊類，以義適人，卻遭懷疑。「垂其翼」，王、孔以爲懷懼而行，行不敢顯；朱熹、南懷瑾以爲飛而垂翼，見傷之象。

審其文義，既謂初九處明夷卦之始，離難最遠，當尚不致於見傷，故從王、孔之說。

今本「初九：明夷于飛，垂其翼；君子于行，三日不食。有攸往，主人有言。」意思是：初九離難最遠，象徵如鳥絕跡高飛，懷懼而垂其翼。然君子仍當尚義而行，甚至三日飢而忘食。但君子以義適人，卻遭主人懷疑之言。

帛書本作「初九：明夷于蜚，垂其左翼；君子于行，三日不食。有攸往，主人有言。」意思是：初九離難最遠，象徵如鳥絕跡高飛，懷懼而垂其左翼。然君子仍當尚義而行，三日飢而忘食。但君子以義適人，卻遭主人懷疑之言。

1. 上博《周易》：【缺簡】
2. 阜陽《周易》：六二：明夷，夷于左股，用拯馬，壯吉。
3. 帛書《周易》：六二：明夷，夷于左股，用撜馬，牀吉。
4. 今本《周易》：六二：明夷，夷于左股，用拯馬，壯吉。

【文字考釋】

阜陽本六二爻辭殘，皆據今本補。

（一）今本「用拯馬，壯吉」，帛書本作「用撜馬，牀吉」。

玉姍案：今本「用拯馬，壯吉」，帛書本作「用撜馬，牀吉」。「拯」古音照紐蒸部，「撜」從登得聲，古音端紐蒸部，韻部相同，聲紐均爲舌音，故可通假。如銀雀山《孫臏兵法・擒龐涓》：「都大夫」，施謝捷《都大夫新解》以爲「都」（端紐魚部）讀爲「諸」（照紐魚部）。

「壯」古音莊紐陽部，「牀」古音牀紐陽部，聲紐均爲正齒音，韻部相同，可通假。如陰墟甲骨文常見「大撇葦（風）」，于省吾《甲骨文詁林》謂「撇」（莊紐侯部）應讀如「驟」（牀紐侯部）。「大撇風」即「大驟風」。

【爻辭釋讀】

〈象〉曰：

六二之吉，順以則也。（頁89）

《周易集解》引《九家易》云：

左股，謂初爲二所夷也。離爲飛鳥，蓋取小過之義，鳥飛舒翼而行。

夷者，傷也。今初傷，垂翼在下，故曰「明夷于左股」矣。（頁345）

王弼《注》：

「夷于左股」，是行不能壯也。以柔居中，用夷其明，進不殊類，退
不近難，不見疑憚，「順以則」也，故可用拯馬而壯吉也，不垂其翼，
然後乃免也。（頁89）

孔穎達《正義》：

「明夷，夷于左股」者，左股被傷，行不能壯。六二「以柔居中，
用夷其明」，不行剛壯之事者也，故曰「明夷，夷于左股」。莊氏云
「言左者，取其傷小」，則比夷右未爲切也。「夷于左股」，明避難不
壯，不爲闇主所疑，猶得處位，不至懷懼而行，然後徐徐用馬，以
自拯濟而獲其壯吉也，故曰「用拯馬壯，吉」也。（頁89）

朱熹《易本義》：

傷而未切，救之速則免矣。故其象占如此。（頁147）

南懷瑾、徐芹庭《周易今註今譯》：

六二以柔居內卦之中，當明夷之時，有傷於左股的象徵，能用強壯
之馬，有利的後援，去拯救，則吉。（頁237）

玉姍案：六二以柔居中，象徵明曉避難之際，不宜行剛壯之事。當明夷
之時，六二相當於傷於左股，雖受傷而未有致命之急切，救之速則能免於難。
故用馬以自拯濟，而獲其壯吉。學者皆由此立說，此亦從之。

今本作「六二：明夷，夷于左股，用拯馬，壯吉。」意思是：六二以柔
居中，當明夷之時，象徵傷於左股，未有致命之急，故用馬以自拯濟，而獲
其壯吉。

帛書本作「六二：明夷，夷于左股，用撜馬，牀吉。」意思與今本同。

1. 上博《周易》：【缺簡】

2. 阜陽《周易》：　九三：明夷于南狩，得其大首；不可疾貞。

3. 帛書《周易》：九三：明夷，夷于南守，得其大首；不可疾貞。

4. 今本《周易》：九三：明夷于南狩，得其大首；不可疾貞。

【文字考釋】

阜陽本九三爻辭殘，據今本補。

（一）今本「明夷于南狩」，帛書本作「明夷，夷于南守」。

玉姍案：今本「明夷于南狩」，帛書本作「明夷，夷于南守」。兩種版本

於文義皆可通。高亨《周易古經今注》：以爲「『于』下疑當有『飛』字，作『明夷于飛，南狩得其大首』」。然《詩經》中常見「于飛」一詞，前必爲鳥名，意指某種鳥類正在飛翔，如《周南・葛覃》：「黃鳥于飛。」《邶風・燕燕》：「燕燕于飛。」《邶風・雄雉》：「雄雉于飛。」《豳風・東山》：「倉庚于飛。」《小雅・鴻雁之什・鴻雁》：「鴻雁于飛。」《小雅・甫田之什・鴛鴦》：「鴛鴦于飛。」《大雅・生民之什・卷阿》：「鳳皇于飛。」《周頌・臣工之什・振鷺》：「振鷺于飛。」《魯頌・駉之什・有駜》：「鷺于飛。」「明夷」非鳥名，不符《詩經》體例，故此不從高說。

【爻辭釋讀】

〈象〉曰：

南狩之志，乃得大也。（頁 89）

王弼《注》：

處下體之上，居文明之極，上爲至晦，入地之物也。故夷其明，以獲南狩，得大首也。「南狩」者，發其明也，既誅其主，將正其民，民之迷也其日固已久矣，化宜以漸，不可速正，故曰「不可疾貞」。（頁 89）

孔穎達《正義》：

南方，文明之所。狩者，征伐之類。「大首」謂闇君。初藏明而往，託狩而行，至南方而發其明也，九三應於上六，是明夷之臣發明以征闇君，而得其大首，故曰「明夷于南狩，得其大首」也。既誅其主，將正其民，民迷日久，不可卒正，宜化之以漸，故曰「不可疾貞」。（頁 89）

朱熹《易本義》：

以剛居剛，又在明體之上，而屈於至闇之下。正遇上六闇主爲應，故有向明除害，得其首惡之象。然不可以亟也，故有不可疾貞之戒。成湯起於夏臺，文王興於羑里，正合此爻之意，而小事亦有然者。（頁 147）

南懷瑾、徐芹庭《周易今註今譯》：

九三居明夷之時，在内卦之上，陽剛當位，有南狩獵而獲其大首的象徵。以人事言之，即武王的革命，滅除紂王。居此時，不可急切的就匡復正道，當漸漸的改革。（頁 237）

玉姍案：九三以剛居剛，居內卦之上，而相應於上六，象徵明夷之臣發明以征闇君，而得其大首。既誅其主，將正其民，但民迷日久，不可卒正，宜化之以漸。學者皆由此立說，此亦從之。朱熹引成湯、文王爲喻；南、徐引武王爲喻，皆爲明臣征伐闇君之例，可聊備一說。

今本「九三：明夷于南狩，得其大首；不可疾貞。」意思是：九三象徵明夷之臣發明以南征上六闇君，而得其大首。然人民被矇昧日久，雖欲匡復正道亦不可過急，宜漸進以化民。

帛書本作「九三：明夷，夷于南守，得其大首；不可疾貞。」意思是：九三象徵明夷之臣南征上六闇君，雖在南征時受傷，但終得其大首。然人民被矇昧日久，雖欲匡復正道亦不可過急，宜漸進而化民。

1. 上博《周易》：【缺簡】
2. 阜陽《周易》：六四：入于左腹，獲明夷之心，于出門庭。
3. 帛書《周易》：六四：明夷，夷于左腹，獲明夷之心，于出門廷。
4. 今本《周易》：六四：入于左腹，獲明夷之心，于出門庭。

【文字考釋】

阜陽本六四爻辭殘，據今本補。

（一）今本「入于左腹」，帛書本作「明夷，夷于左腹」。

玉姍案：今本「入于左腹」，帛書本作「明夷，夷于左腹」。二說略有不同，但文義皆可通。

【爻辭釋讀】

〈象〉曰：

入于左腹，獲心意也。（頁89）

王弼《注》：

左者，取其順也。入于左腹，得其心意，故雖近不危，隨時辟難，門庭而已，能不逆忤也。（頁89）

孔穎達《正義》：

凡右爲用事也，從其左，不從其右，是卑順不逆也。「腹」者，事情之地。六四體柔處坤，與上六相近，是能執卑順「入于左腹」，獲明夷之心意也。「于出門庭」者，既得其意，雖近不危，隨時避難，門

庭而已，故曰「于出門庭」。（頁 89）

朱熹《易本義》：

> 此爻義未詳。竊疑「左腹」者，幽隱之處。「獲明夷之心，于出門庭」
> 者，得意於遠去之義。言筮而得此者，其自處當如是也。蓋離體爲
> 至明之德，坤體爲至闇之地，下三爻明在闇外，故隨其遠進高下而
> 處之不同。六四以柔正居闇地而尚淺，故猶可以得意於遠去。五以
> 柔中居闇地而已迫，故爲內難正志以晦其明之象。上則疾乎闇矣，
> 故爲自傷其明以至於闇，而又足以傷人之明。蓋下五爻皆爲君子，
> 獨上一爻爲闇君也。（頁 147～148）

南懷瑾、徐芹庭《周易今註今譯》：

> 六四以陰爻居陰位，在明夷之時，有進入左腹，深知將傷害明德之
> 心意，即離開門庭，以避免災難。（頁 238）

玉姍案：「左腹」爲人體重要部位，與六二「左股」相較，更近於心也。
王弼、孔穎達以爲六四體柔處坤，象徵能執卑順，與上六相近而得上六之心
意也，故曰「入于左腹」。既得上六之意，雖近不危，故不需遠遁絕跡入于山
林，而能放心進出於自家門庭。朱熹以爲六四以柔正居闇地而尚淺，故猶可
以得意於遠去。南懷瑾以爲六四有進入左腹，深知將傷害明德之心意，即離
開門庭，以避免災難。三說出入甚大，但文義皆可通。此暫從王弼、孔穎達
之說。

今本「六四：入于左腹，獲明夷之心，于出門庭。」意思是：六四能執
卑順，入于左腹而近上六之心意，象徵光明遭到遮蔽的亂世之時，雖近闇主
而不危，不需遠遁山林，而能放心進出於自家門庭。

帛書本作「六四：明夷，夷于左腹，獲明夷之心，于出門廷。」意思是：
六四象徵明夷之臣，原本有傷於左腹之危，但因體柔處坤，能執卑順，而得
上六之心意，故雖近闇主而不危，能放心進出於自家門庭。

1. 上博《周易》：【缺簡】

2. 阜陽《周易》：六五：箕子之明夷，利貞。

3. 帛書《周易》：六五：箕子之明夷，利貞。

4. 今本《周易》：六五：箕子之明夷，利貞。

【文字考釋】

阜陽本六五爻辭殘，據今本補。

【爻辭釋讀】

〈象〉曰：

　　箕子之貞，明不可息也。（頁 89）

《周易集解》引馬融云：

　　箕子，紂之諸父，明于天道、《洪範》之九疇。德可以王，故以當五，知紂之惡，无可奈何。同姓恩深，不忍棄去，被髮佯狂，以明爲暗。故曰「箕子之明夷」。卒以全身，爲武王師，名傳无窮，故曰「利貞」矣。（頁 348）

王弼《注》：

　　最近於晦，與難爲比，險莫如茲。而在斯中，猶闇不能沒，明不可息，正不憂危，故「利貞」也。（頁 89）

孔穎達《正義》：

　　「箕子之明夷」者，六五最比闇君，似箕子之近殷紂，故曰「箕子之明夷」也。「利貞」者，箕子執志不回，「闇不能沒，明不可息，正不憂危」，故曰「利貞」。（頁 89）

朱熹《易本義》：

　　居至闇之地，近至闇之君，而能正其志，箕子之象，貞之至也。「利貞」，以戒占者。（頁 148）

南懷瑾、徐芹庭《周易今註今譯》：

　　六五有如箕子處紂傷明之時，藏著他的明德而不露的象徵。這利於守正道。（頁 238）

　　玉姍案：《史記・宋微子》：「箕子者，紂親戚也。紂始爲象箸，箕子歎曰：『彼爲象箸，必爲玉梧；爲梧，則必思遠方珍怪之物而御之矣。輿馬宮室之漸自此始，不可振也。』紂爲淫洪，箕子諫，不聽。人或曰：『可以去矣。』箕子曰：『爲人臣諫不聽而去，是彰君之惡而自說於民，吾不忍爲也。』乃被髮佯狂而爲奴。遂隱而鼓琴以自悲。」六五以柔居陰，最親比于闇君，似箕子以宗親身分之近於商紂王。紂爲淫洪，箕子諫而不聽。曰：「爲人臣諫不聽而去，是彰君之惡而自說於民，吾不忍爲也。」〔註 64〕箕子之執志不去者，

────────────

〔註 64〕　（漢）司馬遷撰，（南朝宋）裴駰集解，（唐）司馬貞索隱，（唐）張守節正義：

是能貞正其志也。學者多由此立說，此亦從之。

今本作「六五：箕子之明夷，利貞。」意思是：六五最親比於上六闇君，似箕子之近於商紂而執志不去；這是有利而貞正的。

帛書本作「六五：箕子之明夷，利貞。」意思與今本同。

1. 上博《周易》：【缺簡】
2. 阜陽《周易》：上六：不明，晦；初登于天，後入于地。
3. 帛書《周易》：尚六：不明，海；初登于天，後人于地。
4. 今本《周易》：上六：不明，晦；初登于天，後入于地。

【文字考釋】

阜陽本上六爻辭殘，據今本補。

（一）今本「晦」，帛書本作「海」。

玉姍案：今本「晦」，帛書本作「海」。「海」、「晦」皆從「每」得聲，故可通。《老子》：「澹兮其若海。」釋文：「海，本作晦。」

【爻辭釋讀】

〈象〉曰：

初登于天，照四國也。後入于地，失則也。（頁89）

王弼《注》：

處明夷之極，是至晦者也。本其初也，在乎光照，轉至於晦，遂入于地。（頁89）

孔穎達《正義》：

上六居明夷之極，是至闇之主，故曰「不明而晦」。本其初也，其意在於光照四國，其後由乎不明，遂入於地，謂見誅滅也。（頁89）

朱熹《易本義》：

以陰居坤之極，不明其德以至於晦。始則處高位以傷人之明，終必至於自傷而墜厥命。故其象如此，而占亦在其中矣。（頁148）

南懷瑾、徐芹庭《周易今註今譯》：

上六居明傷之極點，不明白在此時當含藏收斂，因此初則鋒芒露，如登於天之得意；後則失敗，如入于地之不幸。（頁238～239）

《新校本史記三家注并附編二種》（台北：鼎文書局，1993年），頁1609。

玉姍案：上六以陰居明夷之極，象徵至闇之主，不明而晦。闇主在上，其本意欲光照四國，然因昏昧不明而失敗，如光之入於地，終至晦闇也。學者多由此立說，此亦從之。

今本「上六：不明，晦；初登于天，後入于地。」意思是：上六以陰居明夷之極，象徵至闇之主，不明而昏晦。初雖欲如日登天、光照四國，然終將失敗，如光之入於地而晦闇也。

帛書本作「尚六：不明，海；初登于天，後人于地。」意思與今本同。

第三十七節　家人卦

一、卦名釋義

《說文》：「家，尻也。從宀、豭省聲。」（頁 341）又《說文》：「人，天地之性最貴者也。」（頁 369）「家人」即一室共居之親人。孔穎達《正義》：「『家人』者，卦名也。明家內之道，正一家之人，故謂之家人。」（頁 89）

〈序卦〉曰：「夷者，傷也。傷於外者，必反於家。故受之以家人。」（頁 188）《周易集解》引韓康伯《注》：「傷於外者，必反諸內也。」（頁 349）凡人自外受挫必返於家中尋求家人撫慰，故家人卦在明夷卦之後。

家人卦今本卦畫作「䷤」，下離火，上巽風。〈象〉曰：「風自火出，家人。君子以言有物而行有恆。」（頁 89）孔穎達《正義》曰：「巽在離外，是風從火出，火出之初，因風方熾，火既炎盛，還復生風，內外相成，有似家人之義。故曰『風自火出，家人也』。」《周易集解》引馬融曰：「木生火。火以木為家，故曰『家人』。火生於木，得風而盛，猶夫婦之道，相須而成。」（頁 373）玉姍案：家人卦下離火，上巽風，風火相成而熾盛。君子觀此卦而領悟家人須各持己道，言行都要遵守法則並持之以恆。

二、卦爻辭考釋

（一）卦辭考釋

1. 上博《周易》：【缺簡】

2. 阜陽《周易》：家人：利女貞。

3. 帛書《周易》：家人：利女貞。

4. 今本《周易》：家人：利女貞。

【文字考釋】

　　阜陽本卦辭殘，據今本補。

【卦辭釋讀】

　　〈彖〉曰：

　　　家人，女正位乎內，男正位乎外。男女正，天地之大義也。家人有
　　　嚴君焉，父母之謂也。父父、子子、兄兄、弟弟、夫夫、婦婦而家
　　　道正，正家，而天下定矣。（頁89）

　　《周易集解》引王肅云：

　　　凡男女所以能各得其正者，由家人有嚴君也。家人有嚴君，故父子
　　　夫婦各得其正。家家咸正，而天下之治大定矣。（頁350）

　　王弼《注》：

　　　家人之義，各自脩一家之道，不能知家外他人之事也。統而論之，
　　　非元亨利君子之貞，故利女貞，其正在家內而已。（頁89）

　　孔穎達《正義》：

　　　明家內之道，正一家之人，故謂之「家人」。既修家內之道，不能知
　　　家外他人之事，統而論之，非君子丈夫之正，故但言「利女貞」。（頁
　　　89）

　　朱熹《易本義》：

　　　家人者，一家之人。卦之九五、六二，外內各得其正，故為家人。「利
　　　女貞」者，欲先正乎內也，內正則外無不正矣。（頁149）

　　南懷瑾、徐芹庭《周易今註今譯》：

　　　家人，女守著正道，居於家內，處理家務；男守著正道，處理外務，
　　　男女各守著正道，皆各得其正，這是天地間的大道理。家人之中有
　　　全家之主，如一國之嚴君，就是父母呀！父母子女兄弟夫婦，各盡
　　　其本分，各守著正道，則家道就正了，所有的家都正，則天下也就
　　　安定了。（頁240）

　　玉姍案：家人卦義在於一家之人各安其道、各守其職。婦女守婦道於內，
尊卑有序，為家道之正，故曰「家人：利女貞。」學者皆由此立說，此亦從之。
　　今本作「家人：利女貞。」意思是：家人，有利於婦女執守正道。

帛書本作「家人：利女貞。」意思與今本同。

（二）爻辭考釋

1. 上博《周易》：【缺簡】
2. 阜陽《周易》：初九：⬚有家，悔亡。
3. 帛書《周易》：初九：門有家，悔亡。
4. 今本《周易》：初九：閑有家，悔亡。

【文字考釋】

阜陽本初九爻辭殘，據今本補。

（一）今本「閑有家」之「閑」，阜陽本作「閒」，帛書本作「門」。

玉姍案：今本「閑有家」之「閑」，阜陽本作「閒」，帛書本作「門」。阜陽本「閒」上古音見紐元部，今本「閑」上古音匣紐元部，二字韻同，聲紐皆爲牙音，故「閑」、「閒」可相通假。如馬王堆帛書《老子》乙本卷前古佚書《經法·道法》：「虛無有，秋稿成之，必有刑（形）名。」「稿」（見紐）讀爲「毫」（匣紐），此爲牙、喉音近相通之例。帛書本「門」上古音明紐文部，與「閑」（匣紐元部）聲韻皆遠，無法通假。張立文以爲「閑」、「門」皆有防守之義，〔註65〕義近可通，此從之。

【爻辭釋讀】

〈象〉曰：

閑有家，志未變也。（頁89）

王弼《注》：

凡教在初，而法在始，家瀆而後嚴之，志變而後治之，則悔矣。處家人之初，爲家人之始，故宜必以「閑有家」，然後「悔亡」也。（頁89）

孔穎達《正義》：

治家之道，在初即須嚴正，立法防閑。若黷亂之後，方始治之，即有悔矣。初九處家人之初，能防閑有家，乃得悔亡（頁89）

朱熹《易本義》：

〔註65〕張立文（張憲江）：《周易帛書今注今譯》（台北：臺灣學生書局，1991年），頁732。

初九以剛陽處有家之始，能防閑之，其悔亡矣。戒占者當如是也。
志未變而豫防之。（頁149）

南懷瑾、徐芹庭《周易今註今譯》：

初九以陽爻居陽位，在家人之初，它有以正道防閑其家的象徵。能
這樣做，是沒有悔吝的。（頁241）

玉姍案：初九以陽爻居陽位，在家人之初，象徵能行正道於其家，防微
杜漸，乃得悔亡。學者多由此立說，此亦從之。

今本作「初九：閑有家，悔亡。」意思是：初九以陽剛居家人之初，象
徵能行正道於其家，防微杜漸，乃得無悔。

阜陽本作「初九：閑有家，悔亡。」帛書本作「初九：門有家，悔亡。」
意思與今本同。

1. 上博《周易》：【缺簡】

2. 阜陽《周易》：六二：无攸遂，在中貴，貞吉。

3. 帛書《周易》：六二：无攸遂，在中貴，貞吉。

4. 今本《周易》：六二：无攸遂，在中饋，貞吉。

【文字考釋】

阜陽本六二爻辭殘，據今本補。

（一）今本「中饋」之「饋」，阜陽本與帛書本皆作「貴」。

玉姍案：「饋」以「貴」爲聲符，二字音近可通。

【爻辭釋讀】

〈象〉曰：

六二之吉，順以巽也。（頁89）

《周易集解》引荀爽云：

六二處和得正。得正有應，有應有實，陰道之至美者也。坤道順從，
故无所得遂。供肴中饋，灑食是議，故曰「中饋」。居中守正，永貞
其志，則「吉」，故曰「貞吉」也。（頁352～353）

王弼《注》：

居內處中，履得其位，以陰應陽，盡婦人之正。義無所必，遂職乎
中饋。巽順而已，是以「貞吉」也。（頁89）

孔穎達《正義》：

　　六二履中居位，以陰應陽，盡婦人之義也。婦人之道，巽順爲常，
　　無所必遂，其所職主，在家中饋食供祭而已。得婦人之正吉，故曰
　　「无攸遂，在中饋，貞吉也」。（頁 89）

朱熹《易本義》：

　　六二柔順中正，女之中位乎内者也。故其象占如此。（頁 150）

南懷瑾、徐芹庭《周易今註今譯》：

　　六二以陰爻居内卦之中，它象徵著在外沒有事情可以完成。唯有可
　　以主持家中饋食的事務，這是正而且吉利的。（頁 242）

　　玉姍案：六二以柔順居陰爻，得位而中正，象徵柔順的女德。象徵家中
婦女負責主掌廚中饋食事務，以供饗宴祭祀，能守婦女正道，這是吉利的。

　　今本作「六二：无攸遂，在中饋，貞吉。」意思是：六二象徵柔順的女
德。婦女沒有需要成就的功業，只需負責主掌廚房中的事務，以供饗宴祭祀，
這是吉的。

　　阜陽本作「六二：无[攸遂]，在[中饋，貞[吉]。]」帛書本作「六二：无攸遂，
在中饋，貞吉。」意思與今本同。

1. 上博《周易》：【缺簡】
2. 阜陽《周易》：[九三：家人嗃嗃，悔厲吉。婦子嘻嘻，終吝。]
3. 帛書《周易》：九三：家人欒欒，悔厲吉。婦子裏裏，終閵。
4. 今本《周易》：九三：家人嗃嗃，悔厲吉。婦子嘻嘻，終吝。

【文字考釋】

　　阜陽本九三爻辭殘，據今本補。

（一）今本「家人嗃嗃」之「嗃嗃」，帛書本作「欒欒」。

　　玉姍案：今本「家人嗃嗃」之「嗃」，帛書本作「**欒**」。張立文以爲「欒
疑爲樂。」〔註66〕此字今未見，有可能爲從火、樂省聲之字。「嗃」上古音曉
紐藥部，「樂」上古音疑紐藥部，聲皆牙音，韻部相同，故可通假。

（二）今本「婦子嘻嘻」之「嘻嘻」，帛書本作「裏裏」。

〔註66〕張立文（張憲江）：《周易帛書今注今譯》（台北：臺灣學生書局，1991 年），
　　　　頁 734～735。

玉姍案：今本「婦子嘻嘻」之「嘻」，帛書本作「裏」。「嘻」上古音曉紐之部，「裏」上古音來紐之部，韻部相同，聲部分屬牙音、舌音；然牙音、舌音亦有相通之例，如銀雀山竹簡0148「馬汁（協）險（曉紐談部）正齊周均」，《淮南子‧覽冥》作「馬爲整齊而斂（來紐談部）諧，頭足調勻」。

【爻辭釋讀】

〈象〉曰：

> 家人嗃嗃，未失也。婦子嘻嘻，失家節也。（頁89）

《周易集解》引侯果云：

> 嗃嗃，嚴也。嘻嘻，笑也。（頁353）

王弼《注》：

> 以陽居陽，剛嚴者也。處下體之極，爲一家之長者也。行與其慢，寧過乎恭；家與其瀆，寧過乎嚴。是以家人雖嗃嗃，悔厲猶得其道也。「婦子嘻嘻」，乃失其節也。（頁89）

孔穎達《正義》：

> 九三處下體之上，爲一家之主，以陽處陽，行剛嚴之政，故「家人嗃嗃」。雖復嗃嗃傷猛，悔其酷厲，猶保其吉，故曰「悔厲，吉」。若縱其婦子慢瀆，嘻嘻喜笑而無節，則終有恨辱。（頁89）

朱熹《易本義》：

> 以剛居剛而不中，過乎剛者也，故有「嗃嗃」嚴厲之象。如是，則雖有悔吝而吉也。「嘻嘻」者，「嗃嗃」之反，吝之道也。（頁150）

南懷瑾、徐芹庭《周易今註今譯》：

> 九三以陽爻居陽位，有剛強之風，故治家嚴酷，使家人不免嗃嗃恐懼。這是有悔且厲，然而能剛能正，所以雖厲也吉利。如果違背這個原則，婦人子女不莊雅，乃有喜笑不正之風，是終於有鄙吝的。（頁242～243）

玉姍案：「嗃嗃」，嚴酷之意也。「嘻嘻」，喜笑之貌也。九三以陽爻居剛位，象徵能以剛強手段治家，雖然治家太嚴，然而與其治家太過鬆散而導致家人行爲怠慢無節，寧可一開始就要求嚴格恭謹，故即使過於嚴厲仍能得吉。

今本「九三：家人嗃嗃，悔厲吉。婦子嘻嘻，終吝。」意思是：九三以剛強手段治家，雖悔於太過嚴厲，但仍能得吉。若治家太過鬆散，而導致家

人怠慢無節，最後一定有恨吝。

　　帛書本作「九三：家人嗃嗃，悔厲吉。婦子嘻嘻，終吝。」意思與今本同。

　　1. 上博《周易》：【缺簡】

　　2. 阜陽《周易》：六四：富家，大吉。

　　3. 帛書《周易》：六四：富家，大吉。

　　4. 今本《周易》：六四：富家，大吉。

【文字考釋】

　　阜陽本六四爻辭殘，據今本補。

【爻辭釋讀】

　　〈象〉曰：

　　　　富家大吉，順在位也。（頁89）

王弼《注》：

　　　　能以其富順而處位，故大吉也。若但能富其家，何足為大吉？體柔
　　　　居巽，履得其位，明於家道，以近至尊，能富其家也。（頁90）

孔穎達《正義》：

　　　　富謂祿位昌盛也，六四體柔居巽，得位承五，能富其家者也。尤其
　　　　體巽承尊，長保祿位，吉之大者也。故曰「富家大吉」。（頁90）

朱熹《易本義》：

　　　　陽主義，陰主利，以陰居陰而在上位，能富其家者也。（頁150）

南懷瑾、徐芹庭《周易今註今譯》：

　　　　六四居陰陽的正位，在家人的時節，它有「富厚美滿」的家的象徵，
　　　　它是大吉的。（頁243）

　　玉姍案：六四以陰爻居柔位，履得其位，體柔居順而上承九五。象徵能體
巽承尊，故能富其家而長保祿位，吉之大者也。學者多由此立說，此亦從之。

　　今本「六四：富家，大吉。」意思是：六四履得其位，能富其家，這是
大吉。

　　帛書本作「六四：富家，大吉。」意思與今本同。

　　1. 上博《周易》：【缺簡】

　　2. 阜陽《周易》：九五：王假有家，勿恤吉。

3. 帛書《周易》：九五：王叚有家，勿血吉。

4. 今本《周易》：九五：王假有家，勿恤吉。

【文字考釋】

　　阜陽本九五爻辭殘，據今本補。

【爻辭釋讀】

　　〈象〉曰：

　　　　王假有家，交相愛也。（頁90）

《周易集解》引陸績云：

　　　　假，大也。五得尊位，據四應二，以天下爲家，故曰「王大有家」。

　　　　天下正之，故无所憂則吉。（頁354）

王弼《注》：

　　　　居於尊位而明於家道，則下莫不化矣。父父、子子、兄兄、弟弟、

　　　　夫夫、婦婦，六親和睦，交相愛樂而家道正，正家而天下定矣。（頁

　　　　90）

孔穎達《正義》：

　　　　假，至也。九五履正而應，是以能尊貴巽接於物，王至此道，以有

　　　　其家，故曰「王假有家」也。「勿恤吉」也，居於尊位而明於家道，

　　　　則下莫不化之矣。不需憂恤而得吉也。故曰「勿恤吉」也。（頁90）

朱熹《易本義》：

　　　　假，至也。如假於太廟之假。有家，猶言有國也。九五剛健中正，

　　　　下應六二之柔順中正，王者以是至於其家，則勿用憂恤而吉可必矣。

　　　　蓋聘納后妃之吉占，而凡有士德者遇之，皆吉也。（頁150）

南懷瑾、徐芹庭《周易今註今譯》：

　　　　假，大的意思。九五居中得正，處家人的尊位，它有「王大有其家，

　　　　平定其家，海內一家」的象徵，這是不要憂恤即得吉利的。（頁243）

　　玉姍案：「假」，陸績、南懷瑾以爲「大也」；王弼、孔穎達、朱熹以爲「至
也」。二說於文義均可通，筆者以爲「王假有家」與萃卦卦辭「王假有廟」句
型相似可做比對。今本萃卦「王假有廟」之「假」，上博本作 （畧），濮
茅左以爲「畧」從「各」得聲，讀爲「格」，有「至」、「達」的意思。〔註67〕

〔註67〕馬承源主編：《上海博物館藏戰國楚竹書（三）》（上海：上海古籍出版社，2003

故此仍應從王、孔之說較佳。九五居中得正，能至其道而有其家。處於尊位而明於家道，則下民受其化育而六親和睦，交相愛樂而家道正，家正而天下定矣。不需憂恤，必能得吉。

今本作「九五：王假有家，勿恤吉。」意思是：九五處尊，能至中正之道。下民受其化育，六親和睦而家道正，家正而天下定。故不需憂恤，必能得吉。

帛書本作「九五：王叚有家，勿血吉。」意思與今本同。

1. 上博《周易》：【缺簡】
2. 阜陽《周易》：　上九：有孚，威如，冬吉。卜……。
3. 帛書《周易》：尚九：有復，委如，終吉。
4. 今本《周易》：上九：有孚，威如，終吉。

【文字考釋】

阜陽本上九爻辭殘，據今本補。

（一）今本「威如」之「威」，帛書本作「委」。

玉姍案：「威」、「委」二字上古音皆影紐微部，聲韻皆同故可通。

【爻辭釋讀】

〈象〉曰：

威如之吉，反身之謂也。（頁90）

王弼《注》：

處家人之終，居家道之成。刑於寡妻，以著於外者也，故曰「有孚」。凡物以猛爲本者，則患在寡恩；以愛爲本者，則患在寡威。故家人之道，尚威嚴也。家道可終，唯信與威。身得威敬，人亦如之，反之於身，則知施於人也。（頁90）

孔穎達《正義》：

上九處家人之終，家道大成。刑於寡妻，以著於外，信行天下，故曰「有孚」也。威被海內，故曰「威如」。威信並立，上得終於家道，而吉從之。故曰「有孚，威如，終吉。」（頁90）

朱熹《易本義》：

上九以剛居上，在卦之終，故言正家久遠之道。占者必有誠信嚴威，

則終吉也。謂非作威也，反身自治，則人畏服之矣。（頁 151）

南懷瑾、徐芹庭《周易今註今譯》：

上九以陽爻居家人之上，它有孚信於威嚴肅穆的象徵，其終是吉利的。（頁 244）

玉姍案：上九以陽爻居陰位，又居家人之極，象徵能以威信治家，但非作威作福，家人皆敬畏而順服，故終能得吉。

今本作「上九：有孚，威如，終吉。」意思是：上九以陽剛居家人之極，象徵以威嚴誠信治家，家人皆敬畏而順服，故終能得吉。

帛書本作「尚九：有復，委如，終吉。」意思與今本同。

第三十八節　睽　卦

一、卦名釋義

《說文》：「睽，目不相聽也。」段玉裁《注》：「聽猶順也。二女志不同行，猶二目不同視也，故卦曰『睽』。」（頁 133）孔穎達《正義》：「睽者，乖異之名。物情乖異，不可大事。」（頁 91）故睽卦之「睽」有「乖離」之義。

〈序卦〉曰：「家道窮必乖，故受之以睽。睽者，乖也。」（頁 188）《周易集解》引崔憬曰：「婦子嘻嘻，過在失節。失節則窮，窮則乖，故曰家道窮必乖」。（頁 326）家人過於親暱則容易失去節度而生乖離之心，故睽卦居家人卦之後。

睽卦，今本卦畫作「䷥」，上離火，下兌澤。〈象〉曰：「上火下澤，睽。君子以同而異。」（頁 91）火在上而不能薰澤，澤在下而不能濟火，火澤同處但卻有睽違之象。君子當體察此現象，治天下求同一事理，而能分工異職，各有職掌。

二、卦爻辭考釋

（一）卦辭考釋

1. 上博《周易》：楑：少事吉。

2. 阜陽《周易》：睽：小事吉。大事敗。

3. 帛書《周易》：乖：小事吉。

4. 今本《周易》：睽：小事吉。

【文字考釋】

阜陽本卦辭殘，據今本補。

（一）阜陽本比他本多「大事敗」等文字。

玉姍案：阜陽本比他本多出「大事敗」等字。「大事敗」與「小事吉」相對，指若爲大事則無法成功。

（二）今本「睽」，上博本作「楑」，帛書本作「乖」。

玉姍案：今本「睽」，上博本作「楑」，帛書本作「乖」。「睽」、「楑」皆從癸得聲，可以通假。「睽」、「乖」二字義同而通。《莊子‧天運》：「下睽山川之精。」《釋文》：「睽，乖也。」《集韻》：「乖，睽也。」

【卦辭釋讀】

〈彖〉曰：

睽，火動而上，澤動而下。二女同居，其志不同行。說而麗乎明，柔進而上行，得中而應乎剛，是以「小事吉」。天地睽而其事同也。男女睽而其志通也，萬物睽而其事類也。睽之時用大矣哉！（頁 91）

〈象〉曰：

上火下澤，睽。君子以同而異。（頁 91）

孔穎達《正義》：

「睽」者，乖異之名，物情乖異，不可大事。大事謂與役動眾，必須大同之世，方可爲之。小事謂飲食衣服，不待眾力，雖乖而可，故曰「小事吉」也。（頁 91）

朱熹《易本義》：

睽，乖異也，爲卦上火下澤，性相違異，中女少女，志不同歸，故爲睽。然以卦德言之，内說而外明。以卦變言之，則自離來者，柔進居三，自中孚來者，柔進居五，自家人來者兼之。以卦體言之，則六五得中而下應九二之剛，是以其占不可大事，而小事尚有吉之道也。（頁 151）

南懷瑾、徐芹庭《周易今註今譯》：

睽卦，在天下睽違之時，有「做小事是吉利」的象徵。（頁245）

玉姍案：睽卦上為離火，下為兌澤，有乖離之兆。〈象〉以為睽卦又象徵中女、少女同居，表現出不同的行為。故觀察天地男女，雖外形睽異，但萬物的原則其實相類，男女的心志也是相通的，雖異而共存共榮，才能有生生不息之象。孔穎達以為「睽者，乖異之名，物情乖異，不可大事。……小事謂飲食衣服，不待眾力，雖乖而可，故曰『小事吉也』。」學者多從此立說，此亦從之。

今本作「睽：小事吉。」意思皆為：睽卦有做小事能得到吉利的象徵。

上博本作「楑：少事吉。」帛書本作「乖：小事吉。」其義與今本同。

1. 上博《周易》：初九：愳喪馬勿由，自遨。見晉人，亡咎。
2. 阜陽《周易》：初九：每亡。喪馬勿逐，自復。見惡人，无咎。
3. 帛書《周易》：初九：愳亡。亡馬勿遂，自復。見亞人，无咎。
4. 今本《周易》：初九：悔亡。喪馬勿逐，自復。見惡人，无咎。

【文字考釋】

阜陽本初九爻辭殘，據今本補。

（一）今本「悔亡。喪馬勿逐」，上博《周易》「愳🔸馬勿由」。

玉姍案：「🔸」，濮茅左以為是「亡、喪」合文。〔註68〕黃錫全以為🔸釋為「喪」，並以為「喪字原本從『桑』，後來變從『亡』聲。」〔註69〕陳惠玲以為「喪字甲骨文作🔸（《後下》35.1），金文作🔸（毛公鼎），楚系文字作🔸（《郭·老丙》8）、🔸（《郭·老丙》9）、🔸（《郭·老丙》10）、🔸（《郭·語一》98），季師旭昇在《說文新證·上》云：『……如果接受＊s m複聲母，則『亡』可以作聲符，但也可以看作義符，聲義兩兼。』〔註70〕『喪』本有亡失之義，『喪』是由『桑』假借而來，所以上古音為心紐陽部，後來又加上『亡』表義且表聲，因此『喪』字成了雙重音符的字，可視為微紐陽部字。」〔註71〕黃錫全、

〔註68〕馬承源主編：《上海博物館藏戰國楚竹書（三）》（上海：上海古籍出版社，2003年12月），頁180。

〔註69〕黃錫全：〈讀上博《戰國楚竹書（三）》箚記六則〉，簡帛研究網站 2004 年 4 月 29 日。

〔註70〕季師旭昇：《說文新證·上》（台北：藝文印書館，2002 年 10 月），頁94。

〔註71〕陳惠玲：《《上海博物館藏戰國楚竹書（三）·周易》研究》（臺灣師範大學國文教學所碩論，2005 年 8 月），頁445～446。

陳惠玲之說可從，「喪」從「亡」聲，「𣥂」爲「亡，喪」重文，「=」是重文
符號，而非濮說之合文符。「喪」、「亡」義近，聲系亦同，可通。

（二）今本「喪馬勿逐」之「逐」，上博本作「由」，帛書本作「遂」。

玉姍案：「由」、「遂」、「逐」通假之由請見本論文第二章第二十六節大畜
卦六三爻辭【文字考釋】。

（三）今本「見惡人」，上博本作「見晉人」，帛書本作「見亞人」。

玉姍案：今本「見惡人」，上博本作「見晉人」，帛書本作「見亞人」。「晉」、
「惡」，皆爲從「亞」得聲字，故「晉」、「惡」、「亞」可相通假。

【爻辭釋讀】

〈象〉曰：

　　「見惡人」，以辟咎也。（頁91）

王弼《注》：

　　馬者，必顯之物。處物之始，乖而喪其馬，物莫能同，其私必相顯
　　也，故「勿逐」而「自復」也。時方乖離，而位乎窮下，上无應可
　　援，下无權可恃，顯德自異，爲惡所害，故「見惡人」，乃得免咎也。
　　（頁91）

孔穎達《正義》：

　　初九處睽離之初，「居下體之下，无應獨立」，所以悔也。四亦處下，
　　无應獨立，不乖於己，與己合志，故得「悔亡」。時方睽離，觸目乖
　　阻。馬之爲物，難可隱藏，時或失之，不相容隱，不須尋求，勢必
　　「自復」，故曰「喪馬勿逐，自復」也。處於窮下，上无其應，无應
　　則无以爲援，窮下則无權可恃。若標顯自異，不能和光同塵，則必
　　爲惡人所害，故曰「見惡人无咎」。「見」，謂遜接之也。（頁91）

朱熹《易本義》：

　　上无正應，有悔也。而居睽之時，同德相應，其悔亡矣。故有喪馬
　　逐而自復之象。然亦必見惡人，然後可以辟咎，如孔子之於陽貨也。
　　（頁152）

南懷瑾、徐芹庭《周易今註今譯》：

　　初九以陽剛居睽違之初，它是沒有悔咎的，它有「喪失了馬，雖不
　　追及，亦自能回來」的象徵。在睽乖之時，惡人當道，雖見他，也

沒災咎。（頁 247）

玉姍案：「見」，孔穎達作「遜見（謙遜接見）」，其餘學者則未特別說明。若以爻辭「喪馬勿逐」表示不須主動而言，「接見」似乎比「往見」更有被動之義，故從孔說。初九能與九四合志，因此無悔；有如亡失了馬，不必追逐，馬也會自己回來。能以謙遜待人，即使所見者爲惡人，也能無災咎。

今本「初九：悔亡。喪馬勿逐，自復。見惡人，无咎。」意思是：初九能與九四合志，因此沒有悔吝。有遺失了馬，不必去尋找，馬就能自己回來的象徵。若能以謙遜的態度接見惡人，就會免於災咎。

上博本作「初九：悬喪馬勿由，自逤。見𣉻人，亡咎。」帛書本作「初九：悬亡。亡馬勿遂，自復。見亞人，无咎。」其義與今本同。

1. 上博《周易》：九二：遇宔于䢔，亡咎。
2. 阜陽《周易》：九二：遇主于巷，无咎。……屬不得。
3. 帛書《周易》：九二：愚主于巷，无咎。
4. 今本《周易》：九二：遇主于巷，无咎。

【文字考釋】

阜陽本九二爻辭殘，據今本補。

（一）今本「遇主于巷」之「巷」，上博本作「䢔」。

玉姍案：季師《說文新證·巷》以爲巷字字形可分兩類，〔註72〕第一類從行（或辵），𦫵聲（𦫵從巾〔或市〕、共省聲，爲帆字之省）；秦文字下加廾，似可視爲「共」形的離析，即廿形在上，廾形在下，中間插入「巾」形；魯峻碑則省「巾」形。如𤲬（《包》2.142）、𧗳（《包》2.144）、𧗈（《郭》3.1）、𧗆（《上博一·緇衣》）、𧗅（《秦封泥》1.2.53.1）、𧗇（《秦封泥》1.2.54.1）、𧗊（東漢·魯峻碑）。第二類從邑、共聲；秦漢文字「邑」形訛爲「阝」形，後世楷字所承，即爲此形。如𨛜（晉·八年相邦劍）、𨝍（《秦·古陶》87）、𨜌（《璽彙》1882）、𨝋（《秦》·睡49.28）、𨜑（《西漢·官印徵存》277）、𨝌（《漢·古封泥集成》366）、巷（西漢·倉頡篇）、巷（東漢·曹全碑）。上博本「䢔」爲第一類，即今之「巷」字無誤。

〔註72〕季師旭昇：《說文新證·上》（台北：藝文印書館，2002 年 10 月），頁 530～531。

【爻辭釋讀】

〈象〉曰：

「遇主于巷」，未失道也。（頁91）

王弼《注》：

處睽得援，雖失其位，未失道也。（頁91）

孔穎達《正義》：

九二處睽之時而失其位，將无所安。五亦失位，與己同黨，同趣相求，不假遠涉而自相遇，適在於巷。言遇之不遠，故曰「遇主於巷」。「主」謂五也。處睽得援，咎悔可亡，故「无咎」也。（頁91）

朱熹《易本義》：

二五陰陽正應，居睽之時，乖戾不合，必委曲相求而得會遇，乃爲无咎。故其象占如此。（頁153）

南懷瑾、徐芹庭《周易今註今譯》：

九二居內卦之中，當睽離之時，應於六五，所以有「遇主人于街巷之中」的象徵，它是沒有災咎的。（頁248）

玉姍案：九二以剛爻居陰，有失位之虞。但上有六五相應，有如「遇主于巷」，雖失位，但未失道，故能無咎。

今本「九二：遇主于巷，无咎。」意思是：九二失位，但與六五相應，有遇主於窄巷之中的象徵，因此沒有災咎。

上博本作「九二：遇宝于竆，亡咎。」帛書本作「九二：愚主于巷，无咎。」其義與今本同。

1. 上博《周易》：六晶：見車轍，丌牛攸。丌人天寠劓，亡初又冬。
2. 阜陽《周易》：六三：見車涞，其牛絜。其人天且劓，无初有終。
3. 帛書《周易》：六三：見車恝，其牛諲。亓人天且劓，无初有終。
4. 今本《周易》：六三：見輿曳，其牛掣。其人天且劓，无初有終。

【文字考釋】

上博本、阜陽本、帛書本六三爻辭殘，據今本補。

（一）今本「見輿曳」之「曳」，上博本作「**邉**」，阜陽本作「涞」，帛書本作「恝」。

玉姍案：上博本「」，濮茅左隸定爲「遏」。〔註73〕徐在國釋爲（）當分析爲從「辵」，「tian」聲、「呂」聲，釋爲「轍」。「轍」，車迹。〔註74〕陳惠玲整理楚簡中有「」形的字如：

《郭店‧緇衣40》「茍有車，必見其□，茍有衣，必見其敝，人茍有言，必聞其聲，茍有行必見其成。」

《上博（一）‧緇衣20》：文例同《郭店‧緇衣》。

《郭店‧語叢四10》：「車□之莖醻，不見江湖之水。」

《楚帛書丙6》：「武……（缺）其□」

《馬王堆漢墓帛書》

以爲「張富海《郭店楚簡〈緇衣〉篇研究》〔註75〕提到《古文四聲韻‧薛韻》所引古《老子》（）和《義雲章》（）之『轍』字右所從與此字左旁形近，疑『歃』就應釋爲『散』；徐在國先生〈釋楚簡「散」及相關字〉贊同張說。徐分析此字爲從『攴』、從『呂』、從『囟』，『呂』、『囟』二旁都是聲符，字音和『徹』音有關，釋爲『散』。〔註76〕……故《上三‧周易‧楑卦》『』字，本文從張富海、徐在國之說，讀爲『轍』。」〔註77〕陳惠玲分析可從。本文接受陳氏結論，暫從徐在國之說讀爲「轍」。「轍」古音定紐月部，今本「曳」古音喻四月部，韻部同爲月部字，喻四古歸定，如從「兌」（定紐月部）得聲之字如「悅」、「銳」皆爲喻四月部。故「轍」、「曳」可通假。

阜陽本「渫（渫）」上古音心紐月部，今本「曳」上古音喻紐月部。韻部相同，喻紐與心紐可通，如郭店《老子乙》簡十六：「攸其身」，帛書《老子》及王弼本「攸」（喻紐幽部）作「修」（心紐幽部）。

今本「見輿曳」之「曳」，帛書本作「恝」。「曳」（喻紐月部）「恝」從韧得聲，上古音溪紐月部，韻部相同，喻紐與溪紐可通，如《穀梁傳‧襄公二十六年》：「衛侯衎復歸于衛」，《釋文》：「衎（溪紐元部）本作衍（喻紐元部）。」

〔註73〕馬承源主編：《上海博物館藏戰國楚竹書（三）》（上海：上海古籍出版社，2003年12月），頁180。

〔註74〕徐在國：〈上博三《周易》釋文補正〉，簡帛研究網站2004年4月24日。

〔註75〕張富海：《郭店楚簡〈緇衣〉篇研究》，（北京大學碩士論文）。

〔註76〕徐在國：〈釋楚簡「散」兼及相關字〉，《「中國南方文明」學術研討會／慶祝中央研究院歷史語言研究所成立七十五週年》，（台北：中研院史語所主辦，2003年12月19～20日）。

〔註77〕陳惠玲：《《上海博物館藏戰國楚竹書（三）‧周易》研究》（臺灣師範大學國文教學所碩論，2005年8月），頁451～455。

（二）今本「其牛掣」之「掣」，上博本作「攸」，〔註78〕帛書本作「讘」，阜
　　陽本作「絜」。

　　玉姍案：今本「掣」上古音穿紐月部，上博本「攸」上古音見紐月部，二
字韻同，穿、見二紐有相通之例，如阜陽漢簡《詩經》：「予有苴（穿紐之部）
造旆」，今本《詩・鄭風・緇衣》：「敝予又改（見紐之部）造兮」，故二字可通。

　　帛書本作「讘」，「讘」由「世」得聲。「世」上古音審紐月部，「掣」上
古音穿紐月部，二字韻同，穿、審皆爲透之變聲，聲近可以相通。

　　但韓自強以爲帛書本「既濟卦初九『曳其輪』，帛書『曳』作『抴』。證
之阜易，帛書『見車恝其牛讘』句中的『恝』『讘』二字顯係前後顛倒。」又
指出「今本《井》卦九三『井渫不食』，帛書『渫』作『芷』。『芷』與『迣』
是同字。……《玉篇》：『迣，超踰也。』『曳』有牽引超踰之義與『迣』同。
阜易作『渫』，帛書作『芷（迣）』，音曳故通。『讘』從言從芷，可能是『迣』
的別體，亦讀爲『曳』。『渫（渫）』、『讘』均從世聲，故可通。『世』、『曳』
皆月部字，故亦通」。〔註79〕

　　筆者以爲韓說相當合理，「其牛掣」之「掣」，漢代諸本皆作「恝」、「挈」、
「契」。阮元《校勘記》曰：「石經、岳本、閩、監、毛本同。《釋文》：掣，
鄭作挈，子夏作契，劉本從說文作挈。」帛書本「恝」字若放在「其牛＊」
的位置上也相當符合漢代諸本作「恝」、「挈」、「契」、「挈」、「絜」等從「刧」
之字的規則。「絜」、「恝」從「刧」得聲，「刧」上古音溪紐月部，「掣」上古
音穿紐月部，穿、溪二紐有通假之例，故「樞」（穿紐侯部）從「區」（溪紐
侯部）得聲。典籍中常有從「刧」之字與從「掣」之字通假之例，如《玉篇》：
「掣又同瘛。」《集韻》：「挈通作掣。」可證。又由由韓自強所提出的今本井
卦九三「井渫不食」，帛書「渫」作「芷」及「渫（渫）」、「讘」均從世聲，「世」、
「曳」皆月部字等證據看來，確有此可能。

【爻辭釋讀】

　　〈象〉曰：

〔註78〕上博本六晶爻「牛攸。丌人天夐剄，亡初又冬」十一字，見於香港中文大學
　　　　中國文化研究所所藏殘簡。見饒宗頤〈在開拓中的訓詁學〉，《第一屆國際訓
　　　　詁學研討會論文集》，（國立中山大學中國文學系、中國訓詁學會，1997 年 4
　　　　月 19～20 日）。
〔註79〕韓自強：《阜陽漢簡《周易》研究》（上海：上海古籍出版社，2004 年 7 月），
　　　　頁 135。

「見輿曳」，位不當也。「无初有終」，遇剛也。（頁 91）

王弼《注》：

「輿曳」者，履非其位，失所載也。「其牛掣」者，滯隔所在，不獲
進也。「其人天且劓」者，四從上取，二從下取，而應在上九，執志
不回，初雖受困，終獲剛助。（頁 91）

孔穎達《正義》：

處睽之時，履非其位，以陰居陽，以柔乘剛，志在上九，不與四合，
二自應五，又與己乖，欲載，其輿被曳，失己所載也。欲進其牛，
被牽滯隔，所在不能得進也，故曰「見輿曳，其牛掣」也。其人天
且劓，无初有終者，黥額爲天，截鼻爲劓，既處二四之間，皆不相
得，其爲人也，四從上刑之，故黥其額，二從下刑之，又截其鼻，
故曰「其人天且劓」。而應在上九，執志不回，初雖受困，終獲剛助，
故曰「无初有終。」（頁 91）

朱熹《易本義》：

六三、上九正應，而三居二陽之間，後爲二所曳，前爲四所掣，而
當睽之時，上九猜很方深，故又有髡劓之傷。然邪不勝正，終必得
合。故其象占如此。（頁 153）

南懷瑾、徐芹庭《周易今註今譯》：

六三當睽違之時，應於上九，但乘九二陽剛之上，又承於九四陽剛
之下，乘承皆不正，所以遇到九二後拖其車，九四前挽其牛；於是
憤怒，如被人刻面割鼻一樣的痛憤不已，雖然開始時即遇到如此的
患難，但卻可以得其善終的。（頁 248）

　　玉姍案：「其人天且劓」，由字面上可以判斷「天」與「劓」辭意應相近，
當爲古代肉刑。孔穎達以爲「黥額爲天，截鼻爲劓」，朱熹以爲是「髡劓之傷」，
《說文》：「髡，髠髮也。」（頁 432）是指剃去罪犯的頭髮，作爲處罰。《三國
演義·六十三回》：「此公乃廣漢人，姓彭，名羕，字永言，蜀中豪傑也。因
直言觸忤劉璋，被璋髡鉗爲徒隸，因此短髮。」就記錄了這種刑罰。若以「黥
額」與「剃髮」相較，「黥額」是在額頭上刺字，終身留下犯罪記號，與剃髮
相比顯然是更嚴重的刑罰，對人體及心靈所造成的傷害也與「截鼻（劓）」相
當，故此採孔穎達「黥額爲天」之說。

　　六三以陰爻居陽，有失位之虞，上不與九四相合，下不與九二相應，有

如一台牛車，車身被拉曳佳、牛也被牽制住而無法順利向前。也像一個人受到黥額截鼻的刑罰而無法掙脫身上的犯罪記號。幸好六三能與上六相應，因此只要堅持理想，就算初始不順利，最後仍會得到善終。

今本「六三：見輿曳，其牛掣。其人天且劓，无初有終。」意思是：六三失位，象徵牛車的車身被拖曳佳、牛也被牽制住而無法順利向前。也如同人受到黥額截鼻的刑罰不能擺脫。但其志應於上九，雖最初受困，但最後仍會得到善終。

上博本作「六晶：見車轍，丌牛攸，丌人天寷劓，亡初又冬。」意思可能是：六三失位，有如雖然看見地上有車迹，但拖車的牛卻被牽制住而無法順利向前，就如同人受到黥額截鼻的刑罰不能擺脫。但其志應於上九，雖然最初受困，但最後仍會得到善終。

阜陽本作「六三：見車渫，其牛絜。其人天且劓，无初有終。」帛書本作「六三：見車掣，其牛讒。亓人天且劓，无初有終。」其意均與今本同。

1. 上博《周易》：九四：樸佤，遇元夫，交孚，礪，亡咎。
2. 阜陽《周易》：九四：睽孤，遇元夫。交孚，厲，无咎。
3. 帛書《周易》：九四：乖苽，愚元夫，交復，厲，无咎。
4. 今本《周易》：九四：睽孤，遇元夫，交孚，厲，无咎。

【文字考釋】

上博本九四爻「九」字，據香港中文大學中國文化研究所所藏殘簡補。阜陽本九四爻辭殘，據今本補。

（一）今本「睽孤」之「孤」，上博本作「佤」，帛書本作「苽」。

玉姍案：今本「睽孤」之「孤」，上博本作「佤」，帛書本作「苽」。「孤」、「佤」、「苽」皆以「瓜」為聲符，可以通假。濮茅左以為「佤」可釋讀為「乖」、「華」或「孤」，〔註80〕其實只要依爻辭當為「孤」字即可。

【爻辭釋讀】

〈象〉曰：
「交孚」、「无咎」，志行也。（頁91）

〔註80〕馬承源主編：《上海博物館藏戰國楚竹書（三）》（上海：上海古籍出版社，2003年12月），頁180。

王弼《注》：

无應獨處，五自應二，三與己睽，故曰「睽孤」也。初亦无應特立。
處睽之時，俱在獨立，同處體下，同志者也。而己失位，比於三五，
皆與己乖，處无所安，故求其疇類而自託焉，故曰「遇元夫」也。
同志相得而无疑焉，故曰「交孚」也。雖在乖隔，志故得行，故雖
危无咎。（頁91）

孔穎達《正義》：

「元夫」謂初九也。處於卦始，故云「元」也。初、四俱陽而言「夫」
者，蓋是丈夫之夫，非夫婦之夫也。（頁91）

朱熹《易本義》：

夫，如字。「睽孤」，謂无應。「遇元夫」，謂得初九。「交孚」，謂同
德相信。然當睽時，故必危厲，乃得无咎。占者亦如是也。（頁153）

南懷瑾、徐芹庭《周易今註今譯》：

九四據睽乖之時，前後皆陰，孤立無援，故有睽乖之象。但最後能
遇到陽剛的大人，互相的孚信，雖危厲於初，但無咎。（頁249）

玉姍案：九四以陽居陰，與六三、六五爻皆無應，孤立無援（睽
孤）。只有初九（元夫）和九四相得誠信，其志得行。因此雖危無咎。王弼以下學者
多由此立說，此亦從之。

今本「九四：睽孤，遇元夫，交孚，厲，无咎。」意思是：九四孤立無
援，只與初九相應，能互相信任；因此雖然處境危厲，但最終仍無災咎。

上博本作「九四：樸𤓰，遇元夫，交孚，礪，亡咎。」帛書本作「九四：
乖苽，愚元夫，交復，厲，无咎。」其意均與今本同。

1. 上博《周易》：六五：悞亡，隥宗醫肤，致可咎。

2. 阜陽《周易》：六五：悔亡，厥宗筮膚，往何咎。

3. 帛書《周易》：六五：悞亡，登宗筮膚，往何咎。

4. 今本《周易》：六五：悔亡，厥宗噬膚，往何咎。

【文字考釋】

阜陽本六五爻辭殘，據今本補。

（一）今本「厥宗噬膚」之「厥」，上博本作「𨑨（隥）」，帛書本作「登」。

陳惠玲《《上海博物館藏戰國楚竹書（三）・周易》研究》：

楚簡本「隥」字，上古音爲審三蒸部，帛書本作「登」，上古音爲端紐蒸部，同爲舌音蒸部，「升」和「登」亦爲同源字。〔註81〕《呂氏春秋》：「農乃升麥」《禮記‧月令》：「農乃登麥」。故楚簡本作「隥」與帛書本作「登」，聲義俱近，可通假。〔註82〕

玉姍案：今本「厥宗噬膚」之「厥」，上博本作「（隥）」，帛書本作「登」。上博本作「（隥、陞）」與「登」音義接近，張立文以爲「登，升也。」〔註83〕可通假。但今本「厥」字之形音義皆與「登」、「（陞）」差異甚大。季師以爲「」即爲「隥」，簡寫成「升」，再訛成「乑」，「乑」、「厥」爲古今字：

「」當即「隥」，又見《上博二‧容成氏》簡39作「」，原考釋亦隸「陞」。楚系文字從「呈（或隸作岸）」之字或訛從「升」，如《包山》「阩」字於簡128作「遉（遉）」，「岸（呈、徵）」、「升」形音義俱近，可以互用，因此「隥（隥）」也有可能是「陞」的誤寫或異體。「厥」字古用「乑」，甲骨文作「」，春秋金文作「」楚系文字作「」；「升」字甲骨文作「」、春秋金文作「」、楚文字從「升」之「阩」字作「」（參《說文新證下》195、255頁），因此「隥」、「陞」可能簡寫成「升」，「升」訛成「乑」，「乑」再寫成今本的「厥」。「隥（隥）」當讀爲「徵」或「登」。〔註84〕

季師以爲在文字傳抄過程中「陞」被簡寫爲「（升）」，又被訛寫爲「（乑）」，「乑」、「厥」爲古今字，於是今本《周易》作「厥」字。這種推測非常合理，也能契合上博本作「（隥）」，帛書本作「登」，今本作「厥」的現象，此從之。

（二）今本「厥宗噬膚」之「噬」，上博本作「（噬）」，阜陽本、帛書本作「筮」。

玉姍案：今本「厥宗噬膚」之「噬」，帛書本、阜陽本作「筮」。「噬」以

〔註81〕王力：《王力古漢語字典》（北京：中華書局，2000年11月），頁89。
〔註82〕陳惠玲：《《上海博物館藏戰國楚竹書（三）‧周易》研究》（臺灣師範大學國文教學所碩論，2005年8月），頁461～462。
〔註83〕張立文（張憲江）：《周易帛書今注今譯》（台北：臺灣學生書局，1991年），頁632。
〔註84〕季師旭昇主編：《上海博物館藏戰國楚竹書（三）讀本》（台北：萬卷樓，2005年10月），頁88。

「筮」爲聲符，故可相通。

上博本作「」，楚簡中類似字形甚多，陳惠玲整理楚簡所出現的類似字形，

《包 2.137 反》：以行古上恒

《包 2.139 反》：命上之戠獄爲陰人舒㤲黑

《包 2.96》：宭人軋臣訟宭之南昜里人陞緩

《包 2.98》：公朔宵昊

《包 2.151》：左番成臥田於邵竆邑城田一索畔疆

《曾樂律鐘 582.9》：劃律之

《曾樂律鐘 582.9》：？鐘之商

《隨縣石磬》：

《隨縣石磬》：

《郭店・老子・1.22》：大曰，曰遠。

《郭店・語叢四・19》：善事其上者，若齒之事舌，而終弗。

《上博三・周易 33》：陞宗（噬）肤。

這類形的字體，從《郭店・16.19》、《上博三・周易 33》二個明顯的例子看來，可能和「噬」義是有相關的。從〈語叢四〉有韻之文的線索分析，此字當爲月部字。裘錫圭、李家浩以爲此字應從「昌」、「臽」聲，讀與「衍」（喻四元部）同，此字的構形問題基本解決了。《郭店・老子甲》此字今本作「逝」（禪紐月部），《上博三・周易》此字今本作「噬」（禪紐月部），上古同爲舌音，元、月韻對轉。「衍」、「逝」、「噬」音近可通假。〔註 85〕

筆者接受陳氏意見，以爲此字應從「昌」、「臽」聲，讀與「衍」（喻四元部）同，今本「噬」上古音爲禪紐月部，元、月陽入對轉，上古同爲舌音，陳師新雄以爲「照穿神審禪古讀同端透定」，〔註 86〕喻四亦古規定，故可通。

【爻辭釋讀】

〈象〉曰：

「厥宗噬膚」，往有慶也。（頁 91）

〔註 85〕陳惠玲：《《上海博物館藏戰國楚竹書（三）・周易》研究》（臺灣師範大學國文教學所碩論，2005 年 8 月），頁 461～463。

〔註 86〕陳師新雄：《古音學發微》（台北：文史哲出版社，1996 年 10 月），頁 1166。

王弼《注》：

> 非位，悔也，有應故悔亡。「厥宗」，謂二也。「噬膚」者，齧柔也。三雖比二，二之所噬，非妨己應者也。以斯而往，何咎之有？往必合也。（頁91）

孔穎達《正義》：

> 「悔亡」者，失位，悔也，「有應故悔亡」也。「厥宗噬膚，往，何咎」者，「宗」，主也，謂二也。「噬膚」，謂噬三也。三雖隔二，二之所噬，故曰「厥宗噬膚」也。三是陰爻，故以「膚」爲譬，言柔脆也。二既噬三即五，可以往而「无咎」矣，故曰「往无咎」。（頁91）

朱熹《易本義》：

> 以陰居陽，悔也。居中得應，故能亡之。厥宗，指九二。噬膚，言易合。六五有柔中之德，故其象占如是。（頁154）

南懷瑾、徐芹庭《周易今註今譯》：

> 六五在暌之時，以柔處尊位，應於九二故沒有後悔之災，其遇陽剛九二，如噬（喫也）膚肉之容易，前往是沒有災咎的。（頁250）

玉姍案：六五失位，但有應於二，故能無悔。九二陽爻爲「宗」，六三陰爻柔軟如膚，王弼以爲九二噬六三，六五可前往與九二相應，故无咎。其餘學者各有發揮，亦言之成理，但本文暫從王孔之說。

今本「六五：悔亡，厥宗噬膚，往，何咎。」意思是：六五失位，但與九二相應而能無悔。九二噬食六三，但九二親附六五，因此六五無咎。

上博本作「六五：悬亡，隨宗齧肤，致可咎。」帛書本作「六五：悬亡，登宗筮膚，往何咎。」其意均與今本同。

1. 上博《周易》：上九：椷瓜，見豕儥坴，載 鬼一車，先張之弧，後 說之弧，匪寇昏佝，逬，遇雨則吉。

2. 阜陽《周易》：上九：暌孤，見 豕負塗，載鬼一車，先張之弧，後兌之壼，非寇昏冓，往，遇雨則吉。

3. 帛書《周易》：尚九：乖苽，見豨負塗，載鬼一車，先張之柧，後說之壺，非寇闕厚，往，愚雨即吉。

4. 今本《周易》：上九：暌孤，見豕負塗，載鬼一車，先張之弧，後說之弧，匪寇婚媾，往，遇雨則吉。

【文字考釋】

上博本、阜陽本上九爻辭殘，皆據今本補。

（一）阜陽本、帛書本、今本作「負」，上博本作「（偝）」。

玉姍案：阜陽本、帛書本、今本作「負」，上博本作「（偝）」。濮茅左以爲「偝，从人守貝，不聲，疑『負』字。」〔註87〕陳惠玲以爲「偝」從人守貝，增聲符「不」，爲「負」字異體，〔註88〕可從之。

（二）今本「匪寇婚媾」之「婚媾」，上博本作「昏佝」，阜陽本作「昬冓」，帛書本作「闂厚」。

玉姍案：今本「婚媾」，上博本作「昏佝」，阜陽本作「昬冓」，帛書本作「闂厚」。《說文》：「昏，日冥也。從日、氏省。氏者，下也。一曰民聲。」（頁308）「昏」字甲骨文作（商.佚292）、（商.粹715）之形。季師以爲：

> 甲骨文昏字，郭沫若以爲從日氏省會意（《粹考》98頁上），李孝定以爲從日從氏（《集釋》2191頁上）。案：二者之說其實可以並存，氏字與氏字有極其密切的關係，氏（*tier，丁禮切）上古音在端紐脂部開口三等，氏（*djieγ，承紙切）上古音在禪紐支部開口三等，聲韻俱近。「昏」字當爲從日氏於地會意，因而有日冥之意。秦文字以後上部所從的「氏」形逐漸訛爲「民」形，當有聲化的作用，「昏」（*xmwən）上古音在曉紐文部合口一等，「民」（*mjiən）上古音在明紐文部合口三等，聲韻俱近。〔註89〕

據此，「昏」字當爲從日氏於地會意，因而有日冥之意，古代婚禮多於日暮時分舉行，故稱爲「昏禮」。秦文字以後「氏（氏）」形逐漸訛爲「民」形而寫爲（秦睡.日乙.1051），故韓自強以爲阜陽本「『昬』是『昏』的本字，唐人避太宗諱改爲『昏』，後加女旁作『婚』」〔註90〕之說法，於字形演變現象而言是錯誤的。

帛書本作「闂」，張立文以爲「『闂』，從門夢。『夢』與『莫』、『暮』相

〔註87〕馬承源主編：《上海博物館藏戰國楚竹書（三）》（上海：上海古籍出版社，2003年12月），頁181。

〔註88〕陳惠玲：《《上海博物館藏戰國楚竹書（三）‧周易》研究》（臺灣師範大學國文教學所碩論，2005年8月），頁465。

〔註89〕季師旭昇：《說文新證‧上》（台北：藝文印書館，2002年10月），頁536。

〔註90〕韓自強：《阜陽漢簡《周易》研究》（上海：上海古籍出版社，2004年7月），頁136。

通。」〔註91〕「莫（暮）」與「昏」皆指傍晚時分，筆者以爲「闋」字可視爲「闇」之異體字，與「昏」可相通假。

《說文》：「媾，重婚也。」段注：「重婚者，重疊交互爲婚姻也。」（頁622）上博本「佝」、阜陽本「冓」、今本「媾」上古音皆爲見紐侯部，帛書本「厚」上古音爲匣紐侯部，見、匣二紐皆爲牙音，可通，如帛書《老子》乙本卷前古佚書《經法・道法》：「虛無有，秋稿成之，必有刑（形）名。」「稿」（見紐宵部）讀爲「毫」（匣紐宵部）。故「佝」、「冓」、「厚」可通假爲「媾」。

【爻辭釋讀】

〈象〉曰：

「遇雨」之吉，群疑亡也。（頁92）

李道平《周易集解纂疏》：

〈象〉曰「艮其背」，故「爲背」。豕背有泥，故曰「見豕負塗」矣。坤死魄，故「爲鬼」。坎輿爲車，四變在坎上，故「載鬼一車」。豕鬼皆謂五。五未變，上失正，故所見如此也。（頁361）

王弼《注》：

處睽之極，睽道未通，故曰「睽孤」。己居炎極，三處澤盛，睽之極也。以文明之極，而觀至穢之物，「睽」之甚也。豕而負塗，穢莫過焉。至「睽」將合，至殊將通，恢詭譎怪，道將爲一。未至於治，先見殊怪，故「見豕負塗」，甚可穢也。見鬼盈車，吁可怪也。「先張之弧」，將攻害也。「後說之弧」，睽怪通也。四剋其應，故爲寇也。「睽」志將通，「匪寇婚媾」，往不失時，睽疑亡也。貴於遇雨，和陰陽也。陰陽既和，群疑亡也。（頁92）

孔穎達《正義》：

離爲文明，澤是卑穢，以文明之極而觀至穢之物，事同豕而負塗泥，穢莫斯甚矣，故曰「見豕負塗」。「載鬼一車，先張之弧，後說之弧」者，鬼魅盈車，怪異之甚也。至「睽」將合，至殊將通，火未至於治，先見殊怪，故又見「載鬼一車」。載鬼不言「見」者，爲豕上有「見」字也。見怪若斯，懼來害己，故「先張之弧」，將攻害也。物極則反，「睽」極則通，故「後說之弧」，不復攻也。「匪寇婚媾」者，

「四剝其應」，故謂四為寇。「睽」志既通，匪能為寇，乃得與三為婚媾矣，故曰「匪寇婚媾」也。「往遇雨則吉」者，雨者，陰陽交和之道也。眾異併消，无復疑阻，往得和合，則吉從之，故曰「往遇雨則吉」。（頁92）

朱熹《易本義》：

「睽孤」，謂六三為二陽所制，而己以剛處明極、睽極之地，又自猜狠而乖離也。「見豕負塗」，見其污也。「載鬼一車」，以无為有也。「張弧」，欲射之也。「說弧」，疑稍釋也。「匪寇婚媾」，知其非寇而實親也。「往，遇雨則吉」，疑盡釋而睽合也。上九之與六三，先睽後合，故其象占如此。（頁137）

南懷瑾、徐芹庭《周易今註今譯》：

上九當睽之時應於六三，但六三為九二、九四所困，上九孤立而無援，故有睽孤的現象。見六三「輿曳牛掣」，乃疑其為豕，在泥塗之中，見「其人天且劓」（六三）又以為是載鬼一車，正欲先張弓射箭，又疑其不是鬼，乃脫去弓箭而不射，如非九二九四的寇盜，則早已與六三相應合，而為婚媾了。前往如果遇雨的話，就會吉利。（頁250）

玉姍案：上九處睽卦之極，雖應於六三，但六三為九二、九四所困，故有孤立之象。王弼、孔穎達以為上九居離火之極，六三則處澤水之極，離為文明，澤是卑穢，以文明之極而觀至穢之物，如同豕而負塗泥，穢莫甚矣。「睽」將通之前先見殊怪，有如鬼魅盈車，怪異之甚也；見怪若斯，懼來害己，故「先張之弧」，將攻害也；物極則反，「睽」極則通，故「後說之弧」，不復攻也。九四妨害六三與上九相應，故謂九四為「寇」。但「睽」志既通，上九乃得與六三為婚媾，故曰「匪寇婚媾」。雨為陰陽交和的象徵，當眾異併消，无復疑阻，往得和合，則吉從之，故「往遇雨則吉」。此從之。

今本「上九：睽孤，見豕負塗，載鬼一車，先張之弧，後說之弧，匪寇婚媾，往，遇雨則吉。」意思是：上九處睽之極，而有孤立之象，有如豬豕陷於泥塗污穢不堪；又如見到一車鬼怪，因畏其害己故先張弓射之，其後睽隔化解，乃脫除弓箭而不射。此時心意已通，九四盜寇不足以妨礙上九與六三相應，於是上九與六三結為婚媾。可以前往，遇雨得吉。

上博本作「上九：楑佤，見豕偵坴，載鬼一車，先張之弧，後說之弧，匪寇昏佝，逄，遇雨則吉。」阜陽本作「上九：睽孤，見豕負塗，載鬼一車，

先張之弧，後 兌之壺，非 寇 昏冓， 往，遇雨則吉。 」帛書本作「尙九：乖苽，
見豨負塗，載鬼一車，先張之柧，後說之壺，非寇闚厚，往，愚雨即吉。」
其意均與今本同。

第三十九節　蹇　卦

一、卦名釋義

　　《說文》：「蹇，跛也。」（頁 133）「蹇」之本義爲腳跛，引伸有停滯、不
順利、災難之義。〈象〉曰：「蹇，難也，險在前也。見險而能止，知矣哉！」
（頁 92）故蹇卦之「蹇」有「危難」之義。

　　〈序卦〉曰：「乖必有難，故受之以蹇。蹇者，難也。」（頁 188）凡事乖
睽則易生蹇難，故蹇卦居睽卦之後。

　　蹇卦，今本卦畫作「䷦」，上坎水，下艮山，是山上有水之蹇險之象。〈象〉
曰：「山上有水，蹇。君子以反身脩德。」（頁 92）意指蹇卦象山上有坎險，
君子見外有蹇難，即當修德於內，反躬自省，以度蹇難。

二、卦爻辭考釋

（一）卦辭考釋

1. 上博《周易》：訐：秌西南，不秌東北，秌見大人。
2. 阜陽《周易》： 蹇：利西南 ， 不 利東北， 利見大人 ，貞吉。卜……。
3. 帛書《周易》：蹇：利西南，不利東北，利見大人，貞吉。
4. 今本《周易》：蹇：利西南，不利東北，利見大人，貞吉。

【文字考釋】

　　阜陽本卦辭殘，根據其九三爻辭將卦名補爲「蹇」，其餘卦辭據今本補。

（一）今本「蹇」，上博本作「訐」，阜陽本、帛書本作「蹇」。

　　玉姍案：今本「蹇」，上博本作「訐」，阜陽本、帛書本作「蹇」。《說文》：
「蹇，跛也。從足，寒省聲。」《說文》：「蹇，走貌。從走，蹇省聲。」「蹇」
從「蹇」得聲，可以通假。「訐」上古音爲見紐月部，「蹇」上古音爲見紐元
部，聲紐相同，元、月陽入對轉，故可通假。

（二）阜陽本、帛書本、今本均有「貞吉」二字，但上博本無。

玉姍案：阜陽本、帛書本、今本均有「貞吉」二字，但上博本無。可能
有二：

1. 先秦版本無「貞吉」二字，漢代之後加「貞吉」二字使意思較清楚，
並流傳至今。

2. 所有版本都應有「貞吉」二字，但上博本傳抄之誤而脫去「貞吉」二字。

以目前所見證據無法判斷上述二者推論何者為是，但上博本缺「貞吉」
二字文義仍可通。

【卦辭考釋】

〈彖〉曰：

> 蹇，難也，險在前也。見險而能止，知矣哉！蹇「利西南」，往得中
> 也。「不利東北」，其道窮也。「利見大人」，往有功也。當位「貞吉」，
> 以正邦也。蹇之時用大矣哉！（頁92）

〈象〉曰：

> 山上有水，蹇。君子以反身脩德。（頁92）

王弼《注》：

> 西南，地也。東北，山也。以難之平則難解，以難之山則道窮。往
> 則濟也。爻皆當位，各履其正，居難履正，正邦之道也。正道未否，
> 難由正濟，故「貞吉」也。遇難失正，吉何可得乎？（頁92）

孔穎達《正義》：

> 「蹇」，難也。有險在前，畏而不進，故稱為「蹇」。西南順位，平
> 易之方。東北險位，阻礙之所。世道多難，率物以適平易，則蹇難
> 可解。若入于險阻，則彌加擁塞。去就之宜，理須如此，故曰「蹇，
> 利西南，不利東北」也。能濟眾難，惟有大德之人，故曰「利見大
> 人」。居難之時，若不守正而行其邪道，雖見大人，亦不得吉，故曰
> 「貞吉」也。（頁92）

朱熹《易本義》：

> 蹇，難也。足不能進，行之難也。為卦艮下坎上，見險而止，故為
> 蹇。西南平易，東北險阻，又艮方也。方在蹇中，不宜走險。又卦
> 自小過而來，陽進則往居五而得中，退則入於艮而不進，故其占曰

利西南不利東北。當蹇之時，必見大人，然後可以濟難，又必守正，
然後得吉。而卦之九五，剛健中正，有大人之象。自二以上，五爻
皆得正位，則又貞之義也，故其占又曰利見大人貞吉。蓋見險者貴
於能止，而又不可終於止，處險者利於進而不可失其正也。（頁 155）

南懷瑾、徐芹庭《周易今註今譯》：

蹇卦是利於西南，不利於東北的，它有利見大人，以解蹇難的象徵，
能守正則吉。（頁 251）

玉姍案：西南爲平地，故易行而有利；東北爲高山，險峻難行故不利。
王弼以下學者多由此觀點立說，此亦從之。

今本「蹇：利西南，不利東北，利見大人，貞吉。」意思是：蹇卦是利
於西南方而不利於東北方，利於見有大德之人，但也要守正才能得吉。

上博本作「訐：杒西南，不杒東北，杒見大人。」意思是：蹇卦是利於
西南方而不利於東北，利於見有大德之人。

阜陽本作「蹇：利西南，不利東北，利見大人，貞吉。卜⋯⋯。」帛書
本作「蹇：利西南，不利東北，利見大人，貞吉。」其義與今本同。

（二）爻辭考釋

1. 上博《周易》：初六：逌訐，垈譽。
2. 阜陽《周易》：初六：往蹇，來譽。
3. 帛書《周易》：初六：往蹇，來輿。
4. 今本《周易》：初六：往蹇，來譽。

【文字考釋】

阜陽本初六爻辭殘，據今本補。

（一）今本「來譽」，上博本作「垈譽」，帛書本作「來輿」。

玉姍案：今本「來譽」，上博本作「垈譽」，「垈」從「來」得聲，故「來」、
「垈」可通。今本「來譽」之「譽」，帛書本作「輿」，「譽」、「輿」古音皆爲
喻四魚部，故二字可通。

【爻辭考釋】

〈象〉曰：

「往蹇，來譽」，宜待也。（頁 92）

《周易集解》引虞翻云：

> 「譽」謂二，「二多譽」也。失位應陰，往歷坎險，故「往蹇」。變
> 而得位，以陽承二，故來而譽矣。（頁 364）

王弼《注》：

> 處難之始，居止之初，獨見前識，覩險而止，以待其時，知矣哉！
> 故往則遇蹇，來則得譽。（頁 92）

孔穎達《正義》：

> 初六處蹇之初，往則遇難，來則得譽。初居艮始，是能見險而止。
> 見險不往，則是來而得譽，故曰「往蹇，來譽」。（頁 92）

朱熹《易本義》：

> 往遇險，來得譽。（頁 156）

南懷瑾、徐芹庭《周易今註今譯》：

> 初六以陰柔居蹇難之初，故前往則受蹇難，歸來則有稱譽。（頁 252）

玉姍案：初六居蹇卦之始，在下卦艮止之初，如往上應六四則遇坎險，故曰「往蹇」。此時必須待時知止，不勉強前往，則歸來時將有稱譽。高亨、[註92] 濮茅左 [註93] 均以爲「蹇」作「謇」，有直言之義。然筆者蹇卦象山上有坎險，故筆者以爲當以「蹇」爲本字，才能扣緊蹇險之意。

今本「初六：往蹇，來譽。」意思是：初六處蹇之始，前往則遭受蹇難，必須待時知止，歸來才能受到稱譽。

上博本作「初六：逴訐，埜譽。」帛書本作「初六：往蹇，來興。」其義皆與今本同。

1. 上博《周易》：六二：王臣訏=，非今之古。
2. 阜陽《周易》：六二：王臣蹇蹇，匪躬之故。
3. 帛書《周易》：六二：王僕蹇=，非今之故。
4. 今本《周易》：六二：王臣蹇蹇，匪躬之故。

【文字考釋】

阜陽本六二爻辭殘，據今本補。

〔註92〕 高亨：《周易古經今注》（台北：文笙書局，1981 年 3 月），頁 135。
〔註93〕 馬承源主編：《上海博物館藏戰國楚竹書（三）》（上海：上海古籍出版社，2003 年 12 月），頁 183。

（一）今本「匪躬之故」，上博本作「非今之古」，帛書本「非□之故」關鍵
　　處字殘，〈馬王堆帛書《六十四卦》釋文〉補「今」字。

　　玉姍案：今本「匪躬之故」，上博本作「非今之古」，帛書本「非今之故」。
「故」從「古」得聲，二字可通。

　　今本「匪躬之故」之「躬」，上博本作「今」，帛書本關鍵處字殘，〈馬王
堆帛書《六十四卦》釋文〉補爲「今」字，張立文以爲當據今本補「躬」字。
〔註94〕筆者以爲，西元 1984 年即發表的馬王堆漢墓帛書整理小組〈馬王堆帛
書《六十四卦》釋文〉補爲「今」字，與西元 2003 年發表的上博本作「非今
之古」，兩種版本時間相差二十年以上，絕非巧合偶然之事。筆者猜想，帛書
本字雖殘，可能仍殘留下一些關鍵筆劃，或是參考馬王堆漢墓帛書〈二三子〉
引易曰：「王臣蹇蹇，非今之故。」而補上「今」字，上博本出土更證明馬王
堆整理小組補字是正確的。

【爻辭考釋】

　　〈象〉曰：
　　　　「王臣蹇蹇」，終无尤也。（頁 92）
馬王堆漢墓帛書〈二三子〉：
　　　　易曰：「王臣蹇蹇，非今之故。」孔子曰：『王臣蹇蹇』者，言亓
　　　　難也。夫唯智亓難也，故重言之，以戒今也。君子智難而備之，則
　　　　不難矣；見幾而務之，則有功矣。故備難者易，務幾者成。存亓人，
　　　　不言吉凶焉。『非今之故』者，非言獨今也，古以狀也。」〔註95〕
王弼《注》：
　　　　處難之時，履當其位，居不失中，以應于五。不以五在難中，私身
　　　　遠害，執心不回，志匡王室者也。故曰「王臣蹇蹇，匪躬之故」。履
　　　　中行義，以存其上，處蹇以此，未見其尤也。（頁 92）
孔穎達《正義》：
　　　　「王」謂五也。「臣」謂二也。九五居于王位而在難中，六二是五之
　　　　臣，往應于五，履正居中，志匡王室，能涉蹇難，而往濟蹇，故曰

〔註94〕張立文（張憲江）：《周易帛書今注今譯》（台北：臺灣學生書局，1991 年），
　　　　頁 269。
〔註95〕鄧球柏：《帛書周易校釋（增訂本）》（長沙：湖南出版社，1996 年 8 月），頁
　　　　353。

「王臣蹇蹇」也。盡忠于君，匪以私身之故而不往濟君，故曰「匪躬之故」。（頁 92）

朱熹《易本義》：

柔順中正，正應在上，而在險中，故蹇而又蹇以求濟之，非以身之故也。不言吉凶者，占者但當鞠躬盡力而已。至於成敗利鈍，則非所論也。（頁 156）

南懷瑾、徐芹庭《周易今註今譯》：

六二居中得正，應於九五之君，在蹇難之時，爲王之大臣，能夠蹇蹇勤勉以爲君上，並非爲自己打算之故。（頁 253）

玉姍案：六二當位居中，而能應九五。九五爲「王」而在蹇難中，六二爲「臣」能志匡王室，故曰「王臣蹇蹇」。六五履中行義，不能以私身之故不往濟於君，故曰「匪躬之故」。馬王堆漢墓帛書〈二三子〉引易曰：「王臣蹇蹇，非今之故。」與上博本「非今之古」同，可見上博本「非今之古」並非獨例。

今本「六二：王臣蹇蹇，匪躬之故。」意思是：六二居中得正，象徵六二人臣能助九五君王以渡蹇險，不以私身之故而忘卻臣之責任。

上博本作「六二：王臣訐＝，非今之古。」帛書本作「六二：王僕蹇＝，非今之故。」意思是：六二居中得正，象徵六二人臣能助九五君王以渡蹇險。這非今朝之獨例，而是古今皆然的事。

1. 上博《周易》：九晶：遣訐，埜反。
2. 阜陽《周易》：九三：往蹇，來反。卜病不死……。
3. 帛書《周易》：九三：往蹇，來反。
4. 今本《周易》：九三：往蹇，來反。

【文字考釋】

阜陽本、帛書本九三爻辭殘，皆據今本補。

【爻辭考釋】

〈象〉曰：

「往蹇，來反」，內喜之也。（頁 92）

《周易集解》引虞翻云：

應正歷險，故「往蹇」。反身據二，故「來反」也。（頁 365）

王弼《注》：

> 爲下卦之主，是内之所恃也。（頁 92）

孔穎達《正義》：

> 九三與坎爲鄰，進則入險，故曰「往蹇」。來則得位，故曰「來反」。
> （頁 92）

朱熹《易本義》：

> 反就二陰，得其所安。（頁 156）

南懷瑾、徐芹庭《周易今註今譯》：

> 九三當蹇難之時，居内卦艮止之上，在外卦坎險之下，故前往則必
> 遇蹇難，惟有返回在艮止才能無憂。（頁 253）

　　玉姍案：九三以陽居陽，但居初六、六二兩陰爻之上，又處於坎險之下，虞翻、王弼皆以爲九三返回艮止才能得位無憂，此亦從之。濮茅左以爲「來反」之「反」作「反省」，並引《淮南子‧氾論訓》：「（紂）不反其過。臣忠心而諫，君反省知返，懸崖勒馬。」〔註96〕提供另一種思考方向。

　　今本「九三：往蹇，來反。」意思是：九三居坎險之下，象徵前往則遇蹇難，必須回到九三位置才能得位居安。

　　上博本作「九晶：迻訐，坐反。」阜陽本作「九三：往蹇，來反。卜病不死⋯⋯。」其意與今本同。

1. 上博《周易》：六四：迻訐，坐連。
2. 阜陽《周易》：六四：往蹇，來連。
3. 帛書《周易》：六四：往蹇，來連。
4. 今本《周易》：六四：往蹇，來連。

【文字考釋】

　　阜陽本、帛書本六四爻辭殘，皆據今本補。

【爻辭考釋】

〈象〉曰：

> 「往蹇來連」，當位實也。（頁 92）

〔註96〕馬承源主編：《上海博物館藏戰國楚竹書（三）》（上海：上海古籍出版社，2003年 12 月），頁 184。

《周易集解》引虞翻云：

> 連、輦、寒，難也。在兩坎閒，進則无應，故「往寒」，退初介三，
> 故「來連」也。（頁 365）

王弼《注》：

> 得位履正，當其本實，雖遇于難，非妄所招也。（頁 92）

孔穎達《正義》：

> 馬云「連亦難也」，鄭云「遲久之意」。六四往則無應，來則乘剛，
> 往來皆難，故曰「往寒來連」也。（頁 92）

朱熹《易本義》：

> 連於九三，合力以濟。（頁 156）

南懷瑾、徐芹庭《周易今註今譯》：

> 六四以陰爻居陰位，以其陰爻，不足濟險，故往則受寒難，惟有回
> 來連于內卦的艮止，九三的陽剛，才可。（頁 254）

　　玉姍案：虞翻云：「連、輦、寒，難也。」六四已入外卦坎內，故「連」
釋爲「難」較佳。六四以柔居陰，可謂當位履正，然而六四無可相應，且介
於九五、九三兩剛爻之間，故進退往來皆難。但這是數之所招，並非六四本
身邪妄所致。陳惠玲以爲「南懷瑾、徐芹庭以爲『來連』有『回來連于內卦』
之義，可通，但與九三爻辭類同，故其說不妥。」〔註97〕可從。

　　今本「六四：往寒，來連。」意思是：六四履正而無應，往來皆難。

　　上博本作「六四：迲訐，坴連。」帛書本作「六四：往寒，來連。」其
意與今本同。

1. 上博《周易》：九五：大訐，不楚。
2. 阜陽《周易》：九五：大寒，朋來。
3. 帛書《周易》：九五：大寒，傰來。
4. 今本《周易》：九五：大寒，朋來。

【文字考釋】

　　阜陽本九五爻辭殘，據今本補。

〔註97〕陳惠玲：《《上海博物館藏戰國楚竹書（三）·周易》研究》（臺灣師範大學國
　　　文教學所碩論，2005 年 8 月），頁 482。

（一）今本「朋來」，上博本作「不桬」，帛書本作「侚來」。

　　玉姍案：今本「朋來」之「朋」，上博本作「不」，帛書本作「侚」。「不」上古音爲幫紐職部，「朋」上古音爲並紐蒸部，同爲重唇音，職蒸對轉，可通假。

　　「侚」應「佣（備）」之訛寫，請見本論文第二章第二節坤卦卦辭【文字考釋】。

　　今本「朋來」之「來」，上博本作「桬」。濮茅左以爲「桬」讀爲「來」。〔註98〕「桬」以「來」爲聲符，故「來」、「桬」可以通假。

【爻辭考釋】

　　〈象〉曰：

　　　　「大蹇，朋來」，以中節也。（頁 92）

王弼《注》：

　　　　然居不失正，履不失中，執德之長，不改其節，如此則同志者集而至矣，故曰「朋來」也。（頁 92）

孔穎達《正義》：

　　　　九五處難之時，獨在險中，難之大者也，故曰「大蹇」。然得位履正，不改其節，如此則同志者自遠而來，故曰「朋來」。「同志者集而至矣」者，此以「同志」，釋「朋來」之義。鄭注《論語》云「同門曰朋，同志曰友。」此對文也。通而言之，同志亦是朋黨也。（頁 92）

朱熹《易本義》：

　　　　大蹇者，非常之蹇也。九五居尊，而有剛健中正之德，必有朋來而助之者。占者有是德，則有是助矣。（頁 157）

南懷瑾、徐芹庭《周易今註今譯》：

　　　　九五居險難之時，以陽剛中正居君位，受此寒難，所有群臣庶民皆來救之，故有大蹇朋來的象徵。（頁 254）

　　玉姍案：九五在坎險之中，是處大難之位，但能居正履中，執德之長，不改其志節，所以有朋黨聚集而來。王弼以下多從此說，此亦從之。南、徐之「朋」作「群臣庶民」應是相對於九五尊位而言。上博本作「九五：大訏，不桬。」季師以爲「如果把『不』字看成『朋』字的假借，那意思與今本同。

〔註98〕馬承源主編：《上海博物館藏戰國楚竹書（三）》（上海：上海古籍出版社，2003 年 12 月），頁 184。

但是《上博三・周易》全篇的『不』字都當否定詞用，也有可能本爻的『不』字也是否定詞，那麼，『大蹇不來』的意思也可能是說『九五居險難之時，然居中得位，不改其節，大的災難就不會到來』。」〔註99〕若依季師之說將本爻的「不」字釋爲否定詞，意思可能是：九五居蹇難之時而居中得位、不改其節，如此大難就不會到來。

今本作「九五：大蹇，朋來。」意思是：九五居蹇難之時而居中得位，不改其節，朋黨自然聚集而來。

上博本作「九五：大訐，不樥。」「不」若釋爲否定詞，意思則爲：九五居蹇難之時而居中得位、不改其節，如此大難就不會到來。

帛書本作「九五：大蹇，俹來。」其意與今本同。

1. 上博《周易》：上六：逮訐，坴碩吉。秒見大人。
2. 阜陽《周易》：上六：往蹇，來碩吉。利見大人。
3. 帛書《周易》：尚六：往蹇，來石吉。利見大人。
4. 今本《周易》：上六：往蹇，來碩吉。利見大人。

【文字考釋】

阜陽本上六爻辭殘，據今本補。

【爻辭考釋】

〈象〉曰：

「往蹇來碩」，志在內也。「利見大人」，以從貴也。（頁92）

王弼《注》：

往則長難，來則難終，難終則眾難皆濟，志大得矣，故曰「往蹇來碩，吉」。險夷難解，大道可興，故曰「利見大人」也。（頁92）

孔穎達《正義》：

碩，大也。上六難終之地，不宜更有所往，往則長難，故曰「往蹇」也。「來則難終，難終則眾難皆濟，志大得矣」，故曰「碩吉」也。險夷難解，大道可興，宜見大人以弘道化，故曰「利見大人」也。（頁92）

朱熹《易本義》：

〔註99〕季師旭昇主編：《上海博物館藏戰國楚竹書（三）讀本》（台北：萬卷樓，2005年10月），頁94。

已在卦極，往無所之，益以蹇耳。來就九五，與之濟蹇，則有碩大
之功。大人，指九五，曉占者宜如是也。（頁157）
南懷瑾、徐芹庭《周易今註今譯》：

上六居險難之極，前往則危至極，回來則得大吉。利於見大人。（頁
255）

玉姍案：王弼以為上六為蹇難之終，前往有長久之難，歸來則蹇難可以
終結，可以為「吉」，蹇險平夷，災難化解，則利見大人，大道可興。朱熹以
為上六利見九五大人。亦可通。本文暫從王弼之說。

今本「上六：往蹇，來碩吉。利見大人。」意思是：上六居險難之極，
象前往有蹇難，歸來則眾難皆濟，因此有大吉，而利見大人。

上博本作「上六：逃訐，坕碩吉。珣見大人。」帛書本作「尙六：往蹇，
來石吉。利見大人。」其意與今本同。

第四十節　解　卦

一、卦名釋義

《說文》：「解，判也，从刀判牛角也。」（頁188）「解」，甲骨文作 （《後》
2.21.5）從臼分解牛角，金文从刀作 （中山王響壺），楚文字从刀作 （《天
卜》）。「解」本有分解義，引申有消解、解除之義，王弼《注》：「解之為義，
解難而濟厄者也。」（頁93）本卦取其引申義。

〈序卦〉：「物不可以終難，故受之以解。解者，緩也。」（頁 188）解卦
有解除險難之意。故解卦在蹇卦之後。

解卦，今本卦畫作「☷☵」，上震雷，下坎水。〈象〉曰：「雷雨作，解。君
子以赦過宥罪。」（頁93）天地舒解，則雷動雨興，萬物甦醒而得潤澤，是解
難的象徵；君子觀之而知應效法天地，赦免、寬恕有罪之人。

二、卦爻辭考釋

（一）卦辭考釋

1. 上博《周易》：纆：珣西南。亡所逃，亓坕遑，吉。又卤逃，佋吉。

2. 阜陽《周易》：解：利西南。无所往，其來復，吉。有⿱⿰往，夙吉。

3. 帛書《周易》：解：利西南。无所往，亓來復，吉。有攸往，宿吉。

4. 今本《周易》：解：利西南。无所往，其來復，吉。有攸往，夙吉。

【文字考釋】

阜陽本卦辭殘，據今本補。

（一）帛書本、今本「解」，上博本作「繲」。

玉姍案：「繲」以「解」為聲符，故二字可以通假。濮茅左以為「繲」讀為「懈」，〔註100〕筆者以為可直接讀為「解」，有解難濟險之意。

（二）帛書本、今本「夙吉」之「夙」，上博本作「**𠋫**（佁）」。

玉姍案：上博本「**𠋫**」，濮茅左以為「佁，《說文》古文『夙』，《說文·夕部》；『夙，早敬也，从丮，持事雖夕不休。』徐鍇曰：『今俗書作『夙』。」〔註101〕

但學者以為「佁」應是「宿」而非「夙」。如徐在國以為「此字應釋作宿。……形體與《說文》『夙』字古文同，但不是『夙』，而是假『宿』為『夙』。」〔註102〕陳惠玲以為：

「宿」字，甲骨文作**佋**（《後》2.3）、**𡩟**（《乙》2525），金文作**𡩟**（宿父尊），楚系文字作**𡨢**（《上博二·容成氏》簡28）。……簡文「**𠋫**」字從人從**西**，原考隸定為「佁」，可從。但以《說文》「夙」字的古文**佁**、**佁**，即認為簡文「**𠋫**」是「夙」字，非。今作「夙」字，季師旭昇〔註103〕與徐在國已指明「宿」和「夙」是不同的二字。但兩字上古音同為心紐覺部字，古籍中常作通假，《儀禮·士昏禮》：「夙夜無愆。」《白虎通·嫁娶》引夙作宿，……是為例。〔註104〕

上博本「**𠋫**」字從人從西，可隸定為「佁」，為「宿」之異體字。季師《說

〔註100〕馬承源主編：《上海博物館藏戰國楚竹書（三）》（上海：上海古籍出版社，2003年12月），頁186。

〔註101〕馬承源主編：《上海博物館藏戰國楚竹書（三）》（上海：上海古籍出版社，2003年12月），頁186。

〔註102〕徐在國：〈上博三《周易》釋文補正〉，簡帛研究網站2004年4月24日。

〔註103〕季師旭昇：《說文新證·上》（台北：藝文印書館，2002年10月），頁599。

〔註104〕陳惠玲：《《上海博物館藏戰國楚竹書（三）·周易》研究》（臺灣師範大學國文教學所碩論，2005年8月），頁489～490。

文新證・宿》：「甲骨文從人從 $\mathbf{\overline{A}}$，會人在席上休息之意。或加宀，表示在室內休息。（ $\mathbf{侞}$《甲》後 2.3）隸定當作「佰」，……秦文字「 $\mathbf{\overline{A}}$ 」形漸訛為「百」形，小篆、隸、楷從之。」〔註105〕「宿」、「夙」是不同的二個字，但上古音同為心紐覺部字，可以通假。濮說有誤，當依徐、陳之說訂正。

【卦辭釋讀】

〈彖〉曰：

解，險以動，動而免乎險，解。「解，利西南」，往得眾也，「其來復吉」，乃得中也。「有攸往，夙吉」，往有功也。天地解而雷雨作，雷雨作而百果草木皆甲坼。解之時大矣哉！（頁93）

〈象〉曰：

雷雨作，解。君子以赦過宥罪。（頁93）

王弼《注》：

西南，眾也。解難濟險，利施于眾。遇難不困于東北，故不言不利東北也。未有善于解難而迷于處安也。解之為義，解難而濟厄者也。无難可往，以解來復，則不失中。有難而往，則以速為吉者，无難則能復其中，有難則能濟其厄也。（頁93）

孔穎達《正義》：

「解」謂解難之初，「解」謂既解之後。〈彖〉稱「動而免乎險」，明解眾難之時，故先儒皆讀為「解」。〈序卦〉云「物不可以終難，故受之以解。解者，緩也。」然則「解」者，險難解，釋物情舒緩，故為「解」也。「解利西南」者，西南坤位，坤是眾也，施解于眾，則所濟者弘，故曰「解利西南」也。「无所往」者，上言「解難濟險，利施于眾」。此下明救難之時，誡其可否。若无難可往，則以來復為吉。若有難可往，則以速赴為善，故云「无所往，其來復吉，有攸往，夙吉」。設此誡者，褚氏云「世有无事求功，故誡以无難宜靜，亦有待敗乃救，故誡以有難須速也。」（頁93）

朱熹《易本義》：

解，難之散也。居險能動，則出於險之外矣，解之象也。難之既解，利於平易安靜，不欲久為煩擾，且其卦自升來，三往居四，入於坤

〔註105〕季師旭昇：《說文新證・上》（台北：藝文印書館，2002年10月），頁599。

體，二居其所，而又得中，故利於西南平易之地。若无所往，則宜來復其所而安靜。若尚有所往，則宜早往早復，不可久煩擾也。（頁157～158）

南懷瑾、徐芹庭《周易今註今譯》：

> 解，是利於西南方的，所以當往西南，如不往，而來復于東北方，也是吉利的，不過往西南方，有所往，則早得吉利而已。（頁256）

玉姍案：孔穎達以為「解」有二義：一為「解難之初」，即解眾難之時；另一為「既解之後」，即險難已解，舒懈物情，此乃一體二面。筆者以為解卦有解難濟險之意，因此「舒解」義不如「解難」義佳。學者多以為西南為坤、為平地，故能聚眾而利於施眾，此亦從之。若民眾無難而前往救濟，雖來復而不失中節；若民眾有難而盡速前往救濟，則能及早濟厄而得吉。

今本「解：利西南。无所往，其來復，吉。有攸往，夙吉。」意思是：解卦有解難濟險之意，利於濟施西南之眾。若民眾無難而前往救濟，雖來復而不失中，而能得吉。若民眾有難而盡速前往救濟，則能及早濟厄得吉。

上博本「𦀭：杓西南。亡所轈，丌坴遆，吉。又卤逨，佲吉。」阜陽本「解：利西南。无所往，其來復，吉。有畣往，夙吉。」帛書本「解：利西南。无所往，亓來復，吉。有攸往，宿吉。」其意與今本同。

（二）爻辭考釋

1. 上博《周易》：初六：亡咎。
2. 阜陽《周易》：初六：无咎。
3. 帛書《周易》：初六：无咎。
4. 今本《周易》：初六：无咎。

【文字考釋】

阜陽本初六爻辭殘，據今本補。

【爻辭釋讀】

〈象〉曰：

> 剛柔之際，義无咎也。（頁93）

王弼《注》：

> 「解」者，解也。屯難盤結，于是乎解也。處寒難始解之初，在剛

柔始散之際，將赦罪厄，以夷其險。處此之時，不煩于位而「无咎」
也。（頁 93）

孔穎達《正義》：

夫險難未夷，則賤弱者受害，然則蹇難未解之時，柔弱者不能无咎，
否結既釋之後，剛強者不復陵暴。初六，處蹇難始解之初，在剛柔
始散之際，雖以柔弱處无位之地，逢此之時，不慮有咎，故曰「初
六无咎」也。（頁 93）

朱熹《易本義》：

難既解矣。以柔在下，上有正應，何咎之有，故其占如此。（頁 158）

南懷瑾、徐芹庭《周易今註今譯》：

初六居解卦之初，在萬物舒解之時，它是无咎的。（頁 258）

玉姍案：解卦有解難出險之意，初六處於蹇難初解之時，剛柔始散之際，
能化其險難，所以无咎。

今本「初六：无咎。」意思是：初六處於蹇難始解之時，雖處在柔弱之
位，卻有无咎的象徵。

上博本「初六：亡咎。」帛書本「初六：无咎。」其意與今本同。

1. 上博《周易》：九二：畋朥晶鼬，叟黃矢，貞吉。
2. 阜陽《周易》：九二：田獲三狐，得黃矢，貞吉。
3. 帛書《周易》：九二：田獲三狐，得黃矢，貞吉。
4. 今本《周易》：九二：田獲三狐，得黃矢，貞吉。

【文字考釋】

阜陽本、帛書本九二爻辭殘，皆據今本補。

（一）帛書本、今本「狐」，上博本作「鼬」。

玉姍案：古文字中有「豕」、「豸」、「犭」等諸獸旁通用的例子，如「犴」
又作「犿」，[註106] 故「鼠」、「犭」互換偏旁亦有可能性。「鼬」、「狐」皆從瓜
聲，濮茅左以爲「疑即『狐』」字。[註107] 可從。「鼬」可能爲「狐」之異體字。

─────────────

〔註106〕（漢）許愼著，（清）段玉裁注：《圖點段注說文解字》（台北：書銘出版社，
　　　　 1992 年 9 月），頁 462。
〔註107〕馬承源主編：《上海博物館藏戰國楚竹書（三）》（上海：上海古籍出版社，2003
　　　　 年 12 月），頁 186。

【爻辭釋讀】

〈象〉曰：

九二「貞吉」，得中道也。（頁 93）

王弼《注》：

狐者，隱伏之物也。剛中而應，為五所任，處于險中，知險之情，
以斯解物，能獲隱伏也，故曰「田獲三狐」也。黃，理中之稱也。
矢，直也。田而獲三狐，得乎理中之道，不失枉直之實，能全其正
者也，故曰「田獲三狐，得黃矢，貞吉」也。（頁 93）

孔穎達《正義》：

狐是隱伏之物，三為成數，舉三言之，搜獲備盡。九二以剛居中而
應于五，為五所任，處于險中，知險之情，以斯解險，无險不濟，
能獲隱伏，如似田獵而獲窟中之狐，故曰「田獲三狐」。黃，中之稱。
矢，直也，田而獲三狐，得乎理中之道，不失枉直之實，能全其正
者也，故曰「得黃矢，貞吉」也。（頁 93）

朱熹《易本義》：

此爻取象之意未詳。或曰卦凡四陰，除六五君位，餘三陰，即三狐
之象也。大抵此爻為卜田之吉占，亦為去邪媚而得中直之象。能守
其正，則无不吉矣。（頁 156）

南懷瑾、徐芹庭《周易今註今譯》：

九二以剛處解下卦之中，在萬物舒解之時，它有獵得三個狐狸的象
徵，又因處中，故又有獲得中直之道，得君子輔佐的現象，它是正
而且吉利的。（頁 258）

陳惠玲《《上海博物館藏戰國楚竹書（三）・周易》研究》：

南、徐作「在萬物舒解之時，它有獵得三個狐狸的象徵」以及下句
「又因處中，故又有獲得中直之道，得君子扶佐的現象」此二句無
關連性。〔註108〕

玉姍案：狐之為物，狡獪而隱伏。黃是中正之色，矢箭是正直之象，「黃矢」
即中直之象。九二以剛居中而能得「貞吉」，是由於九二上應六五，能處于中而
得乎理中之道，能知險解物，就可發隱摘伏。好比獵得如三狐般的隱伏之物（三

〔註108〕陳惠玲：《《上海博物館藏戰國楚竹書（三）・周易》研究》（臺灣師範大學國
文教學所碩論，2005 年 8 月），頁 495～496。

表多數），亦能堅持正理中直之道，就像黃箭般貞正自守，故能得吉。

今本「九二：田獲三狐，得黃矢，貞吉。」意思是：九二能知險解物，象徵打獵能獲得三隻狐狸，也能得黃矢般中直之道，貞正而得吉。

上博本「九二：畋朡晶貖，昜黃矢，貞吉。」帛書本「九二：田獲三狐，得黃矢，貞吉。」其意與今本同。

1. 上博《周易》：六晶：偅寠輚，至寇至。
2. 阜陽《周易》：六三：負且乘，致寇至，貞吝。
3. 帛書《周易》：六三：負且乘，致寇至，貞閵。
4. 今本《周易》：六三：負且乘，致寇至，貞吝。

【文字考釋】

阜陽本六三爻辭殘，據今本補。

（一）今本有「貞吝」、帛書本有「貞閵」，上博本無此二字。

玉姍案：今本有「貞吝」、帛書本有「貞閵」，上博本無此二字。上博本此簡完整，沒有殘蝕佚失之虞。故可能的狀況如下：

1. 抄手筆誤漏寫，故上博本無此二字。
2. 先秦版本原無「貞吝」（或「貞閵」）二字，漢代之後版本才加入。

目前並無確切證據可證明上述推測何者爲是，但無「貞吝」（或「貞閵」）二字於文義仍可通。

【爻辭釋讀】

〈象〉曰：

負且乘，亦可醜也。自我致戎，又誰咎也？（頁93）

王弼《注》：

處非其位，履非其正，以附于四，用夫柔邪以自媚者也。乘二負四，以容其身。寇之來也，自己所致，雖幸而免，正之所賤也。（頁93）

孔穎達《正義》：

六三，失正无應，下乘于二，上附于四，即是用夫邪佞以自說媚者也。乘者，君子之器也。負者，小人之事也。施之于人，即在車騎之上，而負于物也，故寇盜知其非己所有，于是競欲奪之，故曰「負且乘，致寇至」也。負乘之人，正其所鄙，故曰「貞吝」也。（頁93）

朱熹《易本義》：

> 繫辭備矣。貞吝，言雖以正得之，亦可羞也。唯避而去之爲可免耳。

（頁 159）

南懷瑾、徐芹庭《周易今註今釋》：

> 六三以陰處陽位，居舒解的時候，它有背負著東西，又乘在車子上
> 面，像這樣不通時務的人，是會遭遇致寇的來擒劫的，雖正，也是
> 很鄙吝的。（頁 259）

玉姍案：六三以陽處陰，處非其位，失正无應，有如乘在車上卻背負貨
物，容易招來盜寇匪類，貞正者鄙視這種行爲。

今本「六三：負且乘，致寇至，貞吝。」意思是：六三失位無應，有如
乘在車上卻背負貨物，容易招致盜寇，故爲貞正者所鄙吝。

上博本作「六晶：偵寠輚，至寇至。」意思是：六三失位無應，有如乘
車卻背負貨物，容易招致盜寇。

帛書本作「六三：負且乘，致寇至，貞闊。」其意與今本同。

1. 上博《周易》：九四：繲亓拇，朋至斯孚。
2. 阜陽《周易》：九四：解而拇，朋至斯孚。
3. 帛書《周易》：九四：解亓栂，備至此復。
4. 今本《周易》：九四：解而拇，朋至斯孚。

【文字考釋】

上博本、阜陽本九四爻辭殘，皆依今本補。

（一）今本「解而拇」之「而」，上博本、帛書本皆作「亓」。

玉姍案：「亓」、「而」二字聲韻稍遠，陳惠玲以爲「亓」、「而」二字是指
稱詞同義替換。〔註 109〕筆者以爲亦有可能爲書手筆誤而致。上博本中「亓」
或寫作 元 形（周易.37），「而」寫作 不 （周易.17），元（亓）形下加兩豎筆
即爲 不 （而），筆誤可能亦當列入考量。揣其文義，「解其拇」較今本「解而
拇」文義更爲通順，且王弼《注》中亦作「解其拇」（頁 93），而上博本、帛
書本皆作「亓」，證明直至漢初版本皆爲「解亓拇」，今本「解而拇」有可能

〔註 109〕陳惠玲：《《上海博物館藏戰國楚竹書（三）・周易》研究》（臺灣師範大學國
文教學所碩論，2005 年 8 月），頁 499。

是漢代之後手抄之訛，並流傳至今。

【爻辭釋讀】

〈象〉曰：

「解而拇」，未當位也。（頁93）

王弼《注》：

失位不正，而比于三，故三得附之爲其拇也。三爲之拇，則失初之
應，故「解其拇」，然後朋至而信矣。（頁93）

孔穎達《正義》：

而，汝也。拇，足大指也。履于不正，與三相比，三從下來附之，
如指之附足，四有應在初。若三爲之拇，則失初之應，故必「解其
拇」，然後朋至而信，故曰「解而拇，朋至斯孚」。（頁93）

朱熹《易本義》：

拇，指初。初與四皆不得其位而相應，應之不以正者也。然四陽初
陰，其類不同。若能解而去之，則君子之朋至而相信也。（頁159）

南懷瑾、徐芹庭《周易今註今譯》：

九四以陽居陰，在解之時，有解其足指之難的象徵，這是象徵著，
朋友到來相助，才能孚信于舒解它的災難意思。（頁259）

玉姍案：九四以陽居陰而失位，又下比於六三（六三附九四就像大拇指
附於腳掌），而失去與初六的相應之道了。因此要解去六三的依附，朋友才會
來至而有孚信。今本「解而拇」當依上博本與帛書本改爲「解其拇」，文義較
通順。陳惠玲以爲「朱說以爲陰陽不同類爲險難，必解去而後才有朋至斯孚
的現象，《周易》陰陽不同類而正應之例甚多，如家人卦六二爻〈象〉曰：『六
二之吉，順之巽也』，〔註110〕《九家易》曰：『謂二居貞，巽順于五，則吉矣。』
〔註111〕六二爻與九五爻剛柔相得，故巽順于五，則爲吉象。故朱熹證據不夠
堅強。」〔註112〕之說可從。

今本「九四：解而拇，朋至斯孚。」意思是：九四下比於六三，六三附

〔註110〕（唐）李鼎祚撰，李一忻點校《周易集解》，（北京：九州出版社，2003年3
　　　　月），頁492。
〔註111〕（唐）李鼎祚撰，李一忻點校《周易集解》，（北京：九州出版社，2003年3
　　　　月），頁492。
〔註112〕陳惠玲：《《上海博物館藏戰國楚竹書（三）・周易》研究》（臺灣師範大學國
　　　　文教學所碩論，2005年8月），頁500。

於九四就像大拇指附於腳掌，必須解除與六三的足指之附，朋友才會來到而有孚信。

上博本作「九四：繲亓拇，<u>朋至斯孚</u>。」帛書本作「九四：解亓栂，偹至此復。」其意均與今本同

1. 上博《周易》：六<u>五：君子維有解，吉。有孚于小人。</u>
2. 阜陽《周易》：六<u>五，君子維有解，吉。有孚于小人。</u>
3. 帛書《周易》：六五：君子唯有解，吉。有復于小人。
4. 今本《周易》：六五：君子維有解，吉。有孚于小人。

【文字考釋】

上博本、阜陽本六五爻辭殘，皆據今本補。

【爻辭釋讀】

〈象〉曰：

君子有解，小人退也。（頁93）

王弼《注》：

以君子之道，解難釋險，小人雖間，猶知服之而无怨矣。故曰「有孚于小人」也。（頁93）

孔穎達《正義》：

六五，居尊履中而應于剛，是有君子之德。君子當此之時，可以解于險難。維，辭也。有解于難，所以獲吉，故曰「君子維有解吉」也。「有孚于小人」者，以君子之道解難，則小人皆信服之。（頁93）

朱熹《易本義》：

卦凡四陰，而六五當君位，與三陰同類者，必解而去之則吉也。孚，驗也。君子有解，以小人之退爲驗也。（頁160）

南懷瑾、徐芹庭《周易今註今譯》：

六五以柔居尊位，在萬物舒解時，有君子受繫的災難解除了，並且有孚信于小人的象徵。（頁260）

《《上海博物館藏戰國楚竹書（三）·周易》研究》：

朱熹「孚」作「驗也」。《周易》「孚」字多作「孚信」義可通，朱說六五陰爻當君位，必解去而吉，與「有孚信于小人」句，不好連貫。……

　　玉姍案：六五以柔爻居尊位而履行中道，下應九二，象徵以君子之道解難釋險，小人亦能信服而无怨。「維」，孔穎達以爲語辭，無義。高亨以爲是「鳥羅之系」，二說皆可通。「有孚于小人」之「孚」，朱熹「孚」作「驗也」，但筆者以爲今本《周易》「孚」多釋爲「信」，且《論語・爲政》：「子曰：道之以政，齊之以刑，民免而無恥。道之以德，齊之以禮，有恥且格。」六五當行君子之道，令小人心悅臣服而非以刑罰威嚇之，故「孚」釋爲「信」其義較佳。陳惠玲以爲「南、徐『解』作『萬物舒解』以及『災難解除』。觀六五爻辭『君子維有解』取『災難解除義即可」〔註113〕陳惠玲之說可從。

　　今本「六五：君子維有解，吉。有孚于小人。」意思是：六五居尊履中，象徵能以君子之道解難釋險而獲吉。小人也能信服於君子之道。

　　帛書本作「六五：君子唯有解，吉。有復于小人。」其意與今本同。

1. 上博《周易》：上六：公用射隼于高墉之上，獲之，无不利。
2. 阜陽《周易》：上六：公用射隼于高墉之上，獲之，无不利。
3. 帛書《周易》：尚六：公用射夐于高庸之上，獲之，无不利。
4. 今本《周易》：上六：公用射隼于高墉之上，獲之，无不利。

【文字考釋】

　　上博本、阜陽本上六爻辭殘，皆據今本補。

（一）今本「公用射隼于高墉之上」之「隼」，帛書本作「夐」。

　　玉姍案：今本「隼」，帛書本作「夐」。「隼」是佳的分化字，古音有二，分別爲端紐微部及照紐文部。〔註114〕「夐」，〈馬王堆帛書《六十四卦》釋文〉及《上海博物館藏戰國楚竹書（三）》皆隸定爲「夐」，「夐」曉紐耕部，韻部「耕」、「文」雖有相通之例，如《詩・衛風・碩人》：「巧笑倩兮，美目盼兮」，「倩」（耕部）、「盼」（文部）即屬耕文合韻現象；但聲紐分屬舌、牙音而遠，不可通假。張立文以爲「夐」當爲「夒」，「夒」是「隼」的或體字，「夒」省去「夂」，「又」改爲「十」，即成「隼」字。〔註115〕

───────────

〔註113〕陳惠玲：《《上海博物館藏戰國楚竹書（三）・周易》研究》（臺灣師範大學國文教學所碩論，2005年8月），頁502。
〔註114〕見季師旭昇：《説文新證・上》（台北：藝文印書館，2002年10月），頁296。
〔註115〕張立文（張憲江）：《周易帛書今注今譯》（台北：臺灣學生書局，1991年），頁385。

　　筆者以爲「隼」是「隹」的分化字，從隹，下加一橫筆爲分化符號，寫法如隼（西漢.馬.老甲 63），由同出自馬王堆帛書的隼看來，二字字形相差甚多，「夐」應不可能爲「隼」的或體字，張立文之說顯然有誤。帛書本「夐」馬王堆漢墓帛書整理小組〈馬王堆帛書《六十四卦》釋文〉及馬承源主編《上海博物館藏戰國楚竹書（三）》皆隸定爲「夐」，但實際上「夐」與帛書中另一被隸定爲「夐」的夐（西漢.馬.繆 035）字形的上方部件並不相似，下方部件很明顯是「又」而非「夐」所從之「夂」，「夐」是否該隸定爲「夐」，有待商榷。

　　筆者在此提出一個假設，馬王堆帛書中「鳥」字寫作鳥（西漢.馬.相 015），與「夐」上半部寫法如出一轍，故「夐」字有可能是從「又」、從「鳥」省之字，隸定爲「曼」，爲「隻」之異體字。「隹」與「鳥」初文皆爲鳥形，故從「隹」之字亦可從「鳥」，如「雞」亦寫作「鷄」，「雉」亦寫作「鴙」等常見之例。帛書本「夐」（曼）與「隻」、「舋」、「蒦」一樣都有以手捕捉鳥類之義。經文「公用射隼」亦是獵捕鳥類之義，故可判斷將帛書本「夐」隸定爲「曼」要比隸定爲「夐」更佳。

　　而今本「隼」下方的「十」也有可能爲「又」字在隸楷化後額變的結果；例如「卑」字初文爲卑（戰國.齊.璽彙 3677），象以「ヨ」持卑賤之物，然而在字形演變過程中，「又」漸漸拉直筆畫而寫爲「十」，如卑（東漢.石門頌）。故「曼」也有可能先與「隻」字義近相通，然後下方「又」拉直寫爲「十」，而成爲今本「隼」字。

【爻辭釋讀】

〈象〉曰：

　　「公用射隼」，以解悖也。（頁 93）

王弼《注》：

　　初爲四應，二爲五應，三不應上，失位負乘，處下體之上，故曰「高墉」。墉非隼之所處，高非三之所履，上六居動之上，爲解之極，將解荒悖而除穢亂者也。故用射之，極而後動，成而後舉，故必「獲之，而无不利」也。（頁 93）

孔穎達《正義》：

　　隼者，貪殘之鳥，鸇鷂之屬。墉，牆也。六三失位負乘，不應于上，即是罪衅之人，故以譬于隼。此借飛鳥爲喻，而居下體之上，其猶隼處高墉。隼之爲鳥，宜在山林，集于人家「高墉」，必爲人所繳射，

以譬六三處于高位，必當被人所誅討。上六居動之上，爲解之極，將解之荒悖而除穢亂，故用射之也。「極而後動，成而後舉，故必獲之而无不利」，故曰「公用射隼于高墉之上，獲之无不利」也。公者臣之極。上六以陰居上，故謂之「公」也。（頁 93）

南懷瑾、徐芹庭《周易今註今譯》：

上六居解卦之上，它有王公射除隼鳥於高牆之上的象徵，射而捉獲凶鳥，是沒有不利的。（頁 260）

玉姍案：上六以陰爻居外卦之上，地位如公卿，可稱爲「公」。王弼、孔穎達以爲「于高墉之上」是鳥棲於高墉之上，公卿由下射之。其餘學者則未著墨於此。但筆者以爲，「公用射隼于高墉之上」之主語爲「公」，「于高墉之上」者應爲「公」而非「隼」。且六三雖居下體之上，上六之位更高於六三，故「公用射隼于高墉之上」當指六三失位遭上六誅討，公卿立於高墉之上，以箭射六三之隼，於文法較爲合理。

今本「上六：公用射隼于高墉之上，獲之，无不利。」意思是：上六處解之極，象公卿立於高墉之上，以箭射處六三隼鳥，能有獲而無不利。

帛書本作「尙六：公用射夐于高庸之上，獲之，无不利。」上六處解之極，象公卿立於高墉之上，以箭射獵禽鳥，能有獲而無不利。

第四十一節　損　卦

一、卦名釋義

《說文》：「損，減也。從手員聲。」（頁 610）「損」即減損。孔穎達《正義》：「損者，減損之名」（頁 94）損卦即取「減損」義。

〈序卦〉曰：「解者，緩也。緩必有所失，故受之以損。」（頁 188）《周易集解》引崔覲曰：「宥罪緩死，失之於僥倖，有損于政刑，故言緩必有所失，故受之以損者也。」（頁 373）若法令失之僥倖而宥罪緩死，則有損于政刑威尊，故損卦在解卦之後。

損卦今本卦畫作「䷨」，下兌澤，上艮山。〈象〉曰：「山下有澤，損君子以懲忿窒欲。」（頁 94）孔穎達《正義》曰：「澤在山下，澤卑山高，似澤之自損以崇山之象也。」《周易集解》引鄭玄曰：「艮爲山，兌爲澤。互體坤，

坤爲地。山在地上，澤在地下，澤以自損增山之高也。猶諸侯損其國之富以貢獻于天子，故謂之損矣。」（頁 373）玉姍案：損卦下兌澤，上艮山，水澤之低更突顯山之崇高。君子觀此卦而領悟諸侯當損其國之富以貢獻于天子，以成就天子崇高地位。

二、卦爻辭考釋

（一）卦辭考釋

1. 上博《周易》：【缺簡】
2. 阜陽《周易》：損：有孚，元吉，无咎可貞，利有攸往，曷之用？二簋可用享。
3. 帛書《周易》：損：有復，元吉，无咎可貞，利有攸往，蠚之用？二巧可用芳。
4. 今本《周易》：損：有孚，元吉，无咎可貞，利有攸往，曷之用？二簋可用享。

【文字考釋】

阜陽本卦辭殘，據今本補。

（一）今本「曷之用」之「曷」，帛書本作「蠚」。

于豪亮《帛書周易》：

> 按：蠚是轄字的簡體。說文云：「轄，車軸耑鍵也。兩穿相背。从舛、嗇省聲。嗇，古文鹵字。」轄字中所从的嗇或鹵省寫爲呂，再省去下部所从的中，就成爲蠚字。這是車轄的轄字。轄、蠚是本字，轄是異體字。在損卦中蠚讀曷，在大有卦中蠚讀害。蠚與曷、害同爲匣母，又同爲祭部字，故得通假。〔註116〕

玉姍案：今本「曷之用」之「曷」，帛書本作「蠚」。于豪亮以爲「蠚」是「轄」字的簡體。「轄」、「蠚」是本字，「轄」是異體字。「蠚」與「曷」、「害」同爲匣母祭部字，故得通假。于說可從。

【卦辭釋讀】

〈象〉曰：

〔註116〕于豪亮：〈帛書《周易》〉，《文物》1984 年第 3 期，頁 19。

損，損下益上，其道上行，損而有孚，元吉，无咎，可貞，利有攸往。「曷之用」？二簋可用享。二簋應有時，損剛益柔有時。損益盈虛，與時偕行。（頁95）

《周易集解》引鄭玄云：

艮爲山，兌爲澤。互體坤，坤爲地。山在地上，澤在地下，澤以自損增山之高也。猶諸侯損其國之富以貢獻于天子，故謂之損矣。

又《周易集解》引崔覲曰：

曷，何也。言其道上行，將何所用，可用二簋而享也。以喻損下益上，惟有孚心，何必竭於不足而補有餘者也。（頁373～374）

王弼《注》：

曷，辭也。曷之用？言何以豐爲也。二簋，質薄之器也。行損以信，雖二簋而可用享。（頁94）

孔穎達《正義》：

「損」者，減損之名。此卦明損下益上，故謂之「損」。「損」之爲義，損下益上，損剛益柔。損下益上，非補不足者也。損剛益柔，非長君子之道者也。若不以誠信，則涉諂諛而有過咎。故必「有孚」，然後大吉。无咎可正，而「利有攸往」矣，故曰「損有孚，元吉无咎，可貞，利有攸往」也。先儒皆以「无咎」、「可貞」各自爲義，言既吉而无咎，則可以爲正。明行損之礼，貴夫誠信，不在於豐，既行損以信，何用豐爲？二簋至約，可用享祭矣，故曰「曷之用？二簋可用享」也。（頁94）

朱熹《易本義》：

損，減省也。……損兌澤之深，益艮山之高。損下益上，損內益外，剝民奉君之象，所以爲損也。損所當損，而有孚信，則其占當有此下四者之應矣。簋，言當損時，則至薄無害。（頁160）

南懷瑾、徐芹庭《周易今註今譯》：

在損之時，須有孚信，才能得大吉，沒有災咎，並且可以守著正道，始可以利於有所前往，在減損的時候，何以用之呢？在損之時，因財物減損，故只要裝兩個簋的飯，就可以享祀鬼神了。（頁261）

　　玉姍案：損之卦象下兌澤，上艮山，象徵澤自損以增山之高，引申爲臣民自損以成就君王之威望。因是損臣利君，若不以誠信，則易涉諂諛而有過

咎；必有孚信，然後才能得吉而利有攸往。雖損下益上，但因有誠信之心，故貴不在於豐，縱使只有二簋儉約的祭物，亦可用以享祭神明。

今本作「損：有孚，元吉，无咎可貞，利有攸往。曷之用？二簋可用享。」意思是：損卦象徵損下利上，引申為臣民自損以成就君王之威望。須有誠信才能大吉，无咎而貞正並利於所往。既有誠信之心，需要用豐盛祭品祭祀嗎？縱然只有二簋祭物，亦可享祭神明。

帛書本作「損：有復，元吉，无咎可貞，利有攸往，离之用？二巧可用芳。」意思與今本同。

（二）爻辭考釋

1. 上博《周易》：【缺簡】
2. 阜陽《周易》：初九：已事遄往，无咎，酌損之。
3. 帛書《周易》：初九：已事端往，无咎，酌損之。
4. 今本《周易》：初九：已事遄往，无咎，酌損之。

【文字考釋】

阜陽本初九爻辭殘，據今本補。

【爻辭釋讀】

〈象〉曰：

已事遄往，尚合志也。（頁95）

《周易集解》引虞翻云：

祀，祭祀。坤為事，謂二也。遄，速。酌，取也。二失正，初利二速往，合志於五，得正无咎，已得之應，故「遄往，无咎，酌損之」。〈象〉曰「上合志也」。祀，舊作已也。（頁377）

王弼《注》：

損之為道，「損下益上」，損剛益柔，以應其時者也。居於下極，損剛奉柔，則不可以逸。處損之始，則不可以盈，事已則往，不敢宴安，乃獲「无咎」也。剛以奉柔，雖免乎咎，猶未親也。故既獲无咎，復自「酌損」，乃得合志也。遄，速也。（頁95）

孔穎達《正義》：

已，竟也。遄，速也。損之為道，「損下益上」，如人臣欲自損己奉

上。然各有所掌，若廢事而往，咎莫大焉。若事已不往，則爲傲慢，竟事速往，乃得无咎。故曰「已事遄往，无咎也。」剛勝則柔危，以剛奉柔，初未見親也，故須酌而減損之，乃得「合志」，故曰「酌損之」。（頁95）

朱熹《易本義》：

初九當損下益上之時，上應六四之陰，輟所爲之事，而速往以益之，无咎之道也，故其象占如是。然居下而益上，亦當斟酌其淺深也。（頁161）

南懷瑾、徐芹庭《周易今註今譯》：

祭祀的事情，必須誠敬始能獲福，故速往，則无咎，初九在減損之時，所以須要酌量減省它。（頁263）

　　玉姍案：「已事」，虞翻、南懷瑾以爲「祭祀之事」，王、孔以爲「已竟之事」，筆者以爲損卦申明臣民自損以成就君王威望之道，「祭祀之事」乃君王之事，不當應於初九爻，故從王、孔之說。初九爲損之始，象徵初九損己而成全六四。損初九之剛以奉六四之柔，則不可以放肆縱逸，不敢偷安，乃獲无咎。而以剛奉柔，初未見親，故須斟酌而減損之，乃得合志。

　　今本作「初九：已事遄往，无咎，酌損之。」意思是：初九欲損己剛而成全六四之柔，本分之事已完成而速往，不敢偷安，乃獲无咎。以剛奉柔，必須斟酌減損而行。

　　帛書本作「初九：已事端往，无咎，酌損之。」意思與今本同。

1. 上博《周易》：【缺簡】
2. 阜陽《周易》：九二：利貞，征凶，弗損，益之。
3. 帛書《周易》：九二：利貞，正凶，弗損，益之。
4. 今本《周易》：九二：利貞，征凶，弗損，益之。

【文字考釋】

　　阜陽本九二爻辭殘，據今本補。

【爻辭釋讀】

　　〈象〉曰：

　　九二利貞，中以爲志也。（頁95）

孔穎達《正義》：

> 柔不可以全益，剛不可以全削，下不可以无正。初九已損剛以益柔，
> 爲順六四爲初六；九二復損已以益六五爲六二。則成剝卦矣。故九
> 二利以居而守正，進之於柔則凶，故曰「利貞，征凶」也。既征凶，
> 故九二不損已而務益，故曰「不損，益之」也。（頁 95）

朱熹《易本義》：

> 九二剛中，志在自守，不肯妄進，故占者利貞，而征則凶也。弗損
> 益之，言不變其所受，乃所以益上也。（頁 162）

南懷瑾、徐芹庭《周易今註今譯》：

> 九二以陽剛居損之時，處下卦之中，所以有利於守著正道，如果前
> 行的話，就會得凶。不可減損而增益它。（頁 263～264）

玉姍案：九二以陽居陰而失其位，此時利於守正，不宜妄進。若自損而
進之於六五之柔則有凶，故九二不宜損已，而須自我增益。

今本作「九二：利貞，征凶，弗損，益之。」意思是：九二失其位，此
時利以守正，若貿然妄進則有凶；故九二不宜損已，而須自我增益。

帛書本作「九二：利貞，正凶，弗損，益之。」意思與今本同。

1. 上博《周易》：【缺簡】
2. 阜陽《周易》：六三：三人行，則損一人，一人行，則得其友。
3. 帛書《周易》：六三：三人行，則損一人，一人行，則得其友。
4. 今本《周易》：六三：三人行，則損一人，一人行，則得其友。

【文字考釋】

阜陽本六三爻辭殘，據今本補。

【爻辭釋讀】

〈象〉曰：

> 一人行，三則疑也。（頁 95）

王弼《注》：

> 三陰並行，以承於上，則上失其友，內无其主，名之曰「益」，其實
> 乃「損」，故天地相應，乃得化醇；男女匹配，乃得化生。（頁 95）

孔穎達《正義》：

六三處損之時，居於下體，損之爲義，其道上行。「三人」，謂自六三已上三陰。上一人，謂上九也。下一人，謂六三也。夫陰陽相應，萬物化醇，男女匹配，故能生育，六三應於上九，上有二陰，六四、六五也。損道上行，有相從之義。若與二陰并己俱行，雖欲益上九一人，更使上九懷疑，疑則失其適匹之義也。名之曰「益」，即不是減損，其實損之也。故曰「三人行，則損一人」，若六三一人獨行，則上九納己无疑，則得其友矣。故曰「一人行，則得其友」也。（頁95）

朱熹《易本義》：

下卦本乾，而損上爻以益坤，三人行而損一人也。一陽上而一陰下，一人行而得其友也，兩相與則專，三則雜而亂。卦有此象，故戒占者當致一也。（頁162）

南懷瑾、徐芹庭《周易今註今譯》：

六三以柔居陽位，在減損之時，其上有二陰、三陰同在一起，所以有三人行的象徵。天地之道，都兩兩相對，所以三人前往，就會減省一人（此一人另得其偶，另求發展。）一人行，則能獲致其友。（頁264）

　　玉姍案：六三以柔爻居陰位，應於上九，但其上有六四、六五，三陰爻並列，有三人行的象徵。天地之道，兩兩匹配；兩相與則專，三則雜而亂。一人行而得上九爲其友。學者多由此立說，此亦從之。

　　今本作「六三：三人行，則損一人，一人行，則得其友。」意思是：六三與六四、六五三陰爻並列，有三人行的象徵。然天地之道，兩兩匹配；三人行時必須裁減一人另外求友。六三一人行而得上九爲其友。

　　帛書本作「六三：三人行，則損一人，一人行，則得其友。」意與今本同。

1. 上博《周易》：【缺簡】

2. 阜陽《周易》：六四：損其疾，使遄有喜，无咎。

3. 帛書《周易》：六四：損其疾，事端有喜，无咎。

4. 今本《周易》：六四：損其疾，使遄有喜，无咎。

【文字考釋】

　　阜陽本六四爻辭殘，據今本補。

【爻辭釋讀】

〈象〉曰：

　　損其疾，亦可喜也。（頁 95）

王弼《注》：

　　履得其位，以柔納剛，能損其疾也。疾何可久？故速乃有喜，損疾以
　　離其咎，有喜乃免，故使速乃有喜，有喜乃无咎也。（頁 95）

孔穎達《正義》：

　　疾者，相思之疾也。初九自損已遄往，已以正道速納，陰陽相會，
　　同志斯來，無復企予之疾，故曰「損其疾」，疾何可久？速乃有喜，
　　有喜乃无咎，故曰「使遄有喜，无咎」。相感而久不相會，則有勤望
　　之憂，故「速乃有喜」。初九自損以益四，四不速納，則有失益之咎
　　也。（頁 95）

朱熹《易本義》：

　　以初九之陽剛益己，而損其陰柔之疾，爲速則善。戒占者如是，則
　　无咎也。（頁 162）

南懷瑾、徐芹庭《周易今註今譯》：

　　六四有減少它的疾病的象徵，使疾病很快減少，則有喜沒有災咎。（頁
　　264）

　　玉姍案：六四以陰居柔，履得其位。又受陽剛初九之益己，象徵陰柔之
疾迅速痊癒，這是值得喜悅的。學者多由此立說，此亦從之。

　　今本作「六四：損其疾，使遄有喜，无咎。」意思是：六四履得其位而
又受陽剛初九之益己，象徵疾病迅速痊癒，這是值得喜悅而無災咎的。

　　帛書本作「六四：損其疾，事端有喜，无咎。」意思與今本同。

1. 上博《周易》：【缺簡】

2. 阜陽《周易》：六五：或益之，十朋之龜，弗克違，元吉。

3. 帛書《周易》：六五：或益之，十倗之龜，弗克回，元吉。

4. 今本《周易》：六五：或益之，十朋之龜，弗克違，元吉。

【文字考釋】

　　阜陽本六五爻辭殘，據今本補。

【爻辭釋讀】

〈象〉曰：

六五元吉，自上祐也。（頁 95）

《周易集解》引侯果云：

朋，類也。六五處尊，損已奉上。人謀允葉，龜墨不違。故能延上九之祐，而來十朋之益。所以大吉也。

又《周易集解》引崔覲曰：

或之者，疑之也。故用元龜。價值二十大貝，龜之最神貴者。以決之，不能違其益之義。故獲元吉。雙貝曰朋也。（頁 379）

王弼《注》：

以柔居尊而爲損道，江海處下，百谷歸之，履尊以損，則或益之矣。（頁 95）

孔穎達《正義》：

六五居尊以柔而在乎損，而能自抑損者也。居尊而能自抑損，則天下莫不歸而益之，故曰「或益之」也。或者，言有也。言其不自益之，有人來益之也。朋者，黨也。龜者，決疑之物也。陰不先唱，柔不自任，「尊以自居，損以守之」，則人用其力，事竭其功，「智者慮能，明者慮策」，而不能違也。朋至不違，則羣才之用盡矣，故曰「十朋之龜，弗克違」也。羣才畢用，自尊委人，天人並助，故曰「元吉」。（頁 95）

朱熹《易本義》：

柔順居中，以居尊位，當損之時，受天下之益者也。兩龜爲朋，十朋之龜，大寶也。或以此益之而不能辭，其吉可知。占者有是德，則獲其應也。（頁 162～163）

南懷瑾、徐芹庭《周易今註今譯》：

六五以柔居尊位，在損下益上時，實獲其利，故或有人以十朋之龜贈送他，他沒有辦法違背推辭，這是大吉的。象辭上說：是從上而獲得護佑的。（頁 265）

玉姍案：「十朋之龜」，王、孔以爲「朋，黨也。龜者決疑之物也。十朋之龜，足以盡天人之助也」；朱熹以爲「大寶」也。筆者以爲六五以柔居尊位，象徵居尊而能自抑損，則天下莫不歸而益之。人用其力，事竭其功，智者慮能，明者慮策，羣才畢用，天人並助，故曰「元吉」。王、孔之說較能說明天

人相和之益，故從王、孔之說。

今本作「六五：或益之，十朋之龜，弗克違，元吉。」意思是：六五以柔居尊，象徵居尊而自抑，則天下歸而益之。羣才畢集，無法拒絕天人之助，故得大吉。

帛書本作「六五：或益之，十倗之龜，弗克回，元吉。」意思與今本同。

1. 上博《周易》：【缺簡】

2. 阜陽《周易》：上九：弗損，益之，无咎，貞吉，利有攸往，得臣无家。

3. 帛書《周易》：尚九：弗損，益之，无咎，貞吉，利有攸往，得僕无家。

4. 今本《周易》：上九：弗損，益之，无咎，貞吉，利有攸往，得臣无家。

【文字考釋】

阜陽本、帛書本上九爻辭殘，據今本補。

【爻辭釋讀】

〈象〉曰：

弗損，益之。大得志也。（頁 95）

《周易集解》引王肅云：

處損之極，損極則益，故曰「弗損益之」，非无咎也，爲下所益，故「无咎」。據五應三，三陰上附，外內相應，上下交接，正之吉也。故「利有攸往」矣。剛陽居上，羣下共臣，故曰「得臣」矣。得臣則萬方一軌，故「无家」也。（頁 379）

孔穎達《正義》：

損之爲義，「損下益上」，上九處損之極，上无所奉，損終反益，故曰「弗損，益之」也。既「剛德不損，乃反益之」，則不憂於咎，「用正而吉」，故曰「无咎，貞吉」也。不利於柔，不使三陰俱進，不疑其志，「剛德遂長」，故曰「利有攸往」也。又能自守剛陽，不爲柔之所制，豈惟「无咎、貞吉」而已，所往亦无不利，故曰「利有攸往」，義兩存也。居上乘柔，處損之極，尊夫剛德「爲物所歸」，故曰「得臣」。得臣則以天下爲一，故曰「无家」。「无家」者，光宅天

下，无適一家也。（頁 96）

朱熹《易本義》：

> 上九當損下益上之時，居卦之上，受益之極，而欲自損以益人也。
> 然居下而益上，有所謂「惠而不費」者，不待損己，然後可以益人
> 也。能如是則无咎，然亦必以正則吉，而利有所往。惠而不費，其
> 惠廣矣。故又曰「得臣无家」。（頁 163）

南懷瑾、徐芹庭《周易今註今譯》：

> 上九居損之極。物極則反，故有不減損，反增益的象徵。它是无咎，
> 正而且吉的。此時可以利有所往，並且可以得到臣子的忠心擁護，
> 臣子們都能因忠而忘家。（頁 266）

　　玉姍案：上九居損卦之極，上无所奉，損已至終而將得益，故能无咎而
利於其所往。而上九以剛爻居柔位，處損之極，象徵臣民之心皆歸之，得臣
則以天下爲一。「无家」者，王、孔以爲光宅天下，无適一家也。南懷瑾以爲
臣子皆能忠而忘家。二說皆可通，此暫從王、孔之說。

　　今本「上九：弗損，益之，无咎，貞吉，利有攸往，得臣无家。」意思
是：上九居損卦之極，不再有減損而將得益，故能无咎，只要執守貞正就能
得吉，利於其所往。臣民之心皆歸之，天下如一家之團結不可分。

　　帛書本作「尙九：弗損，益之，无 $\boxed{咎}$ ，貞吉，利有攸往，得僕无家。」
意思與今本同。

第四十二節　益　卦

一、卦名釋義

　　《說文》：「益，饒也。從水皿。水皿益之意也。」（頁 214）季師《說文
新證・益》：「疑當釋爲皿中有物（或有血），其量豐饒，故可以分也。」〔註117〕
「益」之本義爲皿中液體太多而分溢，故「益」有豐饒、充足之義，又衍生
出增益、助益、益處等引申義。孔穎達《正義》：「益者，增足之名。」（頁 96）
益卦取「增足、增益」義。

　　〈序卦〉曰：「損而不已必益，故受之以益。」（頁 188）某處的減損必造

〔註117〕季師旭昇：《說文新證・上》（台北：藝文印書館，2002 年 10 月），頁 412。

成另外一處的增益，故益卦在損卦之後。

　　益卦今本卦畫作「☳☴」，下震雷，上巽風。〈象〉曰：「風雷，益。君子以見善則遷，有過則改。」（頁 96）孔穎達《正義》曰：「〈子夏傳〉云：『雷以動之，風以散之，萬物皆盈』，孟僖亦與此同，其意言必須雷動於前，風散於後，然後萬物皆益，如二月啓蟄之後，風以長物，八月收聲之後，風以殘物，風之為益，其在雷後，故曰『風雷，益』也。」（頁 96）玉姍案：益卦下震雷，上巽風，象徵雷動於前，風散於後，二者互相增益。君子觀此卦而領悟如果可以增益自身就要立即遷善；若足以損害自身就必須盡快改過。

二、卦爻辭考釋

（一）卦辭考釋

1. 上博《周易》：【缺簡】

2. 阜陽《周易》：【缺簡】

3. 帛書《周易》：益：利用攸往，利涉大川。

4. 今本《周易》：益：利有攸往，利涉大川。

【文字考釋】

（一）今本「利有攸往」，帛書本作「利用攸往」。

　　玉姍案：今本「利有攸往」，帛書本作「利用攸往」。今本《周易》卦爻辭出現「利有攸往」者共十四次，與帛書本對應如下：

	今　　本	帛　書　本
賁‧卦辭	小利有攸往	□□有攸往
剝‧卦辭	不利有攸往	不利有攸往
復‧卦辭	利有攸往	利有攸往
无妄‧卦辭	不利有攸往	不利有攸往
无妄‧六二	則利有攸往	□利□□往
大畜‧九三	利有攸往	利有攸往
大過‧卦辭	利有攸往	利有攸往
恆‧卦辭	利有攸往	利有攸往
損‧卦辭	利有攸往	□有攸往

損・上九	利有攸往	□有攸往
益・卦辭	利有攸往	利用攸往
夬・卦辭	利有攸往	利有攸往
萃・卦辭	利有攸往	利有攸往
巽・卦辭	利有攸往	利有攸往

　　由圖表中可以清楚比較出，只有益卦辭中帛書本作「利用攸往」，其餘皆
與今本同爲「利有攸往」，因此可推測帛書本作「利用攸往」極有可能爲筆誤，
當依今本改訂作「利有攸往」。

【卦辭釋讀】

　　〈彖〉曰：

　　益，損上益下，民說无疆，自上下下，其道大光，利有攸往，中正
　　有慶。利涉大川，木道乃行。益動而巽，日進无疆，天施地生，其
　　益无方。凡益之道，與時偕行。（頁96）

《周易集解》引鄭玄云：

　　陰陽之義，陽稱爲君，陰稱爲臣。今震一陽二陰，臣多於君矣。而
　　四體巽，之不應初，是天子損其所有以下諸侯也。人君之道，以益
　　下爲德，故謂之益也。（頁415）

孔穎達《正義》：

　　「益」者，增足之名。損上益下，故謂之益。下已有矣，而上更益之，
　　明聖人利物之无已也。損卦則損下益上，益卦則損上益下。得名皆就
　　下而不據上者。向秀云：「明王之道，志在惠下，故取下謂之損，與
　　下謂之益。」既上行惠下之道，利益萬物，動而无違，何往不利？故
　　曰「利有攸往」。以益涉難，理絕險阻，故曰「利涉大川」。（頁96）

朱熹《易本義》：

　　益，增益也。……卦之九五、六二，皆得中正。下震上巽，皆木之
　　象，故其占利有所往，而利涉大川也。（頁163）

南懷瑾、徐芹庭《周易今註今譯》：

　　益卦，在增益的時候，利有所往，並且利於渡過大川。（頁266）

　　玉姍案：益卦今本卦畫作「䷩」，下震雷，上巽風。雷動風行，二者相成
互益，比擬於人事，有如人君之道，當以益下爲德。人君出教令，臣奉行之，

故能利有攸往。以益涉難，理絕險阻，故曰「利涉大川」。

今本作「益：利有攸往，利涉大川。」意思是：益卦象徵雷動風行，相成互益。如國君出教令，臣下奉行之，故能利有攸往，利於渡過絕險大川。

帛書本作「益：利用攸往，利涉大川。」意思與今本同。

（二）爻辭考釋

1. 上博《周易》：【缺簡】

2. 阜陽《周易》：【缺簡】

3. 帛書《周易》：初九：利用為大作，元吉，无咎。

4. 今本《周易》：初九：利用為大作，元吉，无咎。

【爻辭釋讀】

〈象〉曰：

元吉无咎，下不厚事也。（頁96）

《周易集解》引虞翻云：

大作謂耕播耒耨之利，蓋取諸此也。（頁384）

王弼《注》：

夫居下非「厚事」之地，在卑非任重之處，大作非小功所濟，故「元吉」，乃得「无咎」也。（頁96～97）

孔穎達《正義》：

「大作」謂興作大事也，初九處益之初，居動之始，有興作大事之端，又應剛能幹，應巽不違，有堪建大功之德，故曰「利用，為大作」也。然有其才而无其位。得其時而无其處。雖有殊功，人不與也。時人不與，則咎過生焉，故必「元吉」乃得「无咎」。（頁97）

朱熹《易本義》：

初雖居下，然當益下之時，受上之益者也。不可徒然無所報效，故「利用，為大作」，必「元吉」，然後得「无咎」。下本不當任厚事，故不如是，不足以塞咎也。（頁163）

南懷瑾、徐芹庭《周易今註今譯》：

初九以陽剛居增益之始，它可以有利用於耕種，以增益並且利於渡過大川。（頁266）

　　玉姍案：初九以剛處剛，處益卦之初，有興作大事之端，但位居於下，有其才而无其位，故易生咎過，故必元吉乃得无咎。「大作」，虞、南、徐以爲是耕作之事；王、孔以爲是興作大事，其義包含較廣，故此從王、孔之說。

　　今本作「初九：利用爲大作，元吉，无咎。」意思是：初九處益卦之初，有興作大事之端，但位居於下，有其才而无其位，故易生咎過，初始就須得吉乃得无咎。

　　帛書本作「初九：利用爲大作，元吉，无咎。」意思與今本同。

1. 上博《周易》：【缺簡】

2. 阜陽《周易》：【缺簡】

3. 帛書《周易》：九〈六〉二：或益之十倗之龜，弗亨回，永貞吉。王用芳于帝吉。

4. 今本《周易》：六二：或益之十朋之龜，弗克違，永貞吉。王用享于帝吉。

【文字考釋】

　　帛書本「六二」之「六」誤作「九」，據今本修訂。

（一）今本「弗克違」，帛書本作「弗亨回」。

　　張立文《周易帛書今注今譯》：

　　　　「亨」爲「克」之誤。「克」，能也。……「回」假借爲「違」。……「回」、「違」韻同，音近相通。書堯典：「靜言庸違。」論衡恢國作「靜言庸回」……是爲「回」、「違」古通之證。〔註118〕

　　玉姍案：今本「弗克違」，帛書本作「弗亨回」。張立文以爲「亨」爲「克」之誤。馬王堆帛書「克」作 𠅳（易007）、𠅣（易054）、𠅳（易007）；「亨」作 𠅌（方171）、𠅗（問097），就字形而言確實有訛誤可能。「回」、「違」上古音皆匣紐微部，音韻皆同，可以通假。

【爻辭釋讀】

　　〈象〉曰：

　　　　或益之，自外來也。（頁97）

<hr>

〔註118〕張立文（張憲江）：《周易帛書今注今譯》（台北：臺灣學生書局，1991年），頁743。

王弼《注》：

> 以柔居中，而得其位。處內履中，居益以中。益自外來，不召自至，不先不違，則朋龜獻策，同於損卦六五之位，位不當尊，故吉在永貞也。帝者，生物之主，興益之宗，出震而齊巽者也。六二居益之中，體柔當位，而應於巽，享帝之美，在此時也。（頁 97）

孔穎達《正義》：

> 六二體柔居中，當位應巽，是居益而能用謙沖者也。居益用謙，則物「自外來」，朋龜獻策，弗能違也。同於損卦六五之位，故曰「或益之十朋之龜，弗克違」也。然位不當尊，故永貞乃吉，故曰「永貞吉」。帝，天也。王用此時，以享祭於帝，明靈降福，故曰「王用享於帝吉」也。（頁 97）

朱熹《易本義》：

> 六二當益下之時，虛中處下，故其象占與損六五同。然爻位皆陰，故以永貞為戒，以其居下而受上之益，故又為卜郊之吉占。或者，眾無定主之辭。（頁 164～165）

南懷瑾、徐芹庭《周易今註今譯》：

> 六二以柔處中得位，在增益的時候，它有有人贈送他十朋的龜貝，不能推辭的象徵，這是很好的，須永遠守正，則吉。王在此增益之時，也可以用來祭祀上帝，這是吉利的。（頁 269）

玉姍案：六二體柔居中，處內履中，象徵居益而能謙遜。益自外來，不召自至，有如智者獻上朋龜之策而無法推辭。雖然六二非當尊位，但如能永遠堅守貞正，就能得吉。王在此增益之時，利於享祭天帝，將得明靈之降福，故能得吉。「十朋之龜」，此從損卦六五釋作「朋，黨也。龜者決疑之物也。十朋之龜，足以盡天人之助也」。

今本作「六二：或益之十朋之龜，弗克違，永貞吉。王用享于帝吉。」意思是：六二體柔居中，象徵居益而能謙遜，益自外來，有如智者獻上朋龜明策而無法推辭。如能永遠貞正，就能得吉。在此增益之時，王應享祭天帝，這是吉的。

帛書本作「九〈六〉二：或益之，十僃之龜，弗亨回，永貞吉。王用芳于帝吉。」意思與今本同。

1. 上博《周易》：【缺簡】
2. 阜陽《周易》：【缺簡】
3. 帛書《周易》：六三：益之，用工事，无咎，有復中行，告公用圭。
4. 今本《周易》：六三：益之，用凶事，无咎，有孚中行，告公用圭。

【文字考釋】

（一）今本「用凶事」，帛書本作「用工事」。

　　玉姍案：今本「用凶事」，帛書本作「用工事」。上博本、阜陽本六三爻辭殘，故無法比對。「工」上古音見紐東部，「凶」上古音曉紐東部。二字韻同、聲紐皆爲牙音，故可通假。可以分析出的幾種狀況爲：

1. 「工」爲本字，「凶」爲假借字
2. 「凶」爲本字，「工」爲假借字
3. 有兩種版本。今本作「用凶事」，帛書本作「用工事」，意思不同。

　　筆者以爲，「用凶事」是救助凶事，「用工事」，指製作器物等小事；因爻辭中有「告公用圭」，故即若誠志在救助凶事，而公必任之以救衰扶危之事，這是比較合理的說法。因爲供不可能因爲某人擅於製作器具之工事，就公必任之以可執圭之大任。故此當以「凶」爲本字，「工」爲假借字之說法較佳。

【爻辭釋讀】

〈象〉曰：
　　益用凶事，固有之也。（頁97）

王弼《注》：
　　公者，臣之極也，凡事足以施天下，則稱王。次天下之大者，則稱
　　公。六三之才，不足以告王，足以告公，而得用圭也。（頁97）

孔穎達《正義》：
　　六三以陰居陽，不能謙退，是求益者也，故曰「益之」。益不外來，
　　已自爲之，物所不與。若以謙道責之，則理合誅戮，若以救凶原之，
　　則情在可恕。然此六三以陰居陽，處下卦之上，壯之甚也。用此以救
　　衰危，則物之所恃，所以「用凶事」而得免咎，故曰「益之，用凶事
　　无咎」。若能求益，不爲私己，志在救難，爲壯不至亢極，能適於時，
　　是有信實而得中行，故曰「有孚，中行」也。用此有孚中行之德，執
　　圭以告於公，公必任之以救衰危之事。故曰「告公用圭」。告王者宜

以文德燮理，使天下人寧，不當恆以救凶器，用志褊狹也。（頁97）

朱熹《易本義》：

六三陰柔，不中不正，不當得益者也。然當益下之時，居下之上，故有益之以凶事者，蓋警戒震動，乃所以益之也。占者如此，然後可以無咎。又戒以「有孚中行」，而「告公用圭」也。用圭，所以通信。益用凶事，故其因心衡慮而固有之也。（頁165）

南懷瑾、徐芹庭《周易今註今譯》：

六三以柔處陽位，在益之時，它有增益它以凶害之事的象徵。但在益時，是無咎的。因爲有孚信於中以行，所以無咎。這是可以執用桓圭，以告於公。（頁270）

玉姍案：「凶事」，泛指喪事、戰事或災禍之事。「圭」，古代諸侯在大典時所持的玉器。《說文》：「圭，瑞玉也，上圜下方。公執桓圭九寸，侯執信圭，伯執躬圭，皆七寸。子執穀璧，男執浦璧，皆五寸。從重土，楚爵有執圭。」（頁700）《史記·魯周公世家》：「周公北面立，戴璧秉圭，告于太王、王季、文王。」六三以陰處陽，其位不中不正，在益卦中象徵不當得益者。但若不爲私己，誠志在救助凶事，就能無咎。以此孚信中行之德，執圭以告於公，公必任之以救衰扶危之事。

「凶事」，帛書本作「工事」，或指製作器物等小事；應是指六三雖因不得位而不當得益，但若是盡力於工事等小役亦能無咎。

今本作「六三：益之，用凶事，无咎，有孚中行，告公用圭。」意思是：六三以柔處陽，不當得益。但若誠志在救助凶事，就能無咎。以此孚信中行之德，執圭告於公，公必任之以救衰扶危之事。

帛書本作「六三：益之，用工事，无咎，有復中行，告公用閏。」其意與今本同。

1. 上博《周易》：【缺簡】

2. 阜陽《周易》：【缺簡】

3. 帛書《周易》：六四：中行，告公從，利用爲家遷國。

4. 今本《周易》：六四：中行，告公從，利用爲依遷國。

【文字考釋】

（一）今本「利用爲依遷國」，帛書本作「利用爲家遷國」。

張立文《周易帛書今注今譯》：

> 「利用爲家遷國」，通行本作「利用爲依遷國」，集解本作「利用爲依遷邦」。高亨《周易古經今注》和李靜池《周易通義》皆訓依爲殷，爲殷國之殷，然帛書周易「依」作「家」，恐家訓殷則失當。〔註119〕

玉姍案：「依」上古音影紐微部，「家」上古音見紐魚部，聲紐分屬喉、牙音，韻部亦遠，二字不符通假條例。「依」與「家」字形結構不同，亦不太可能爲字形傳抄之訛，此保留兩種版本，以待來者。

【爻辭釋讀】

〈象〉曰：

> 告公從，以益志也。（頁 97）

《周易集解》引崔覲云：

> 益其勤王之志也。居益之時，履當其位。與五近比而四上公，得藩屏之寄，爲依從之國。若周平王之東遷，晉、鄭是從也。五爲天子，益其忠志以救之。故言「中行告公從，利用爲依遷國」矣。（頁 389）

孔穎達《正義》：

> 六四居益之時，處巽之始，體柔當位，在上應下，卑不窮下，高不處亢，位雖不中，用中行者也，故曰「中行」也。以此中行之德，有事以告於公，公必從之，故曰「告公從」也。用此道以依人而遷國者，人无不納，故曰「利用爲依遷國」也。遷國，國之大事，明以中行，雖有大事，而无不利，如「周之東遷，晉鄭焉依」之義也。（頁 97）

朱熹《易本義》：

> 三四皆不得中，故皆以中行爲戒。此言以益下爲心，而合於中行，則告功而見從矣。《傳》曰：「周之東遷，晉鄭焉依」。蓋古者遷國以益下，必有所依，然後能立。此爻又爲遷國之吉占也。（頁 165）

南懷瑾、徐芹庭《周易今註今譯》：

> 六四以柔居柔位，居益之時，可以用中道的行動，告訴王公，獲得他的尊從。可以利用有依山面水之地，遷移國都，以增益國家的安全。（頁 271）

〔註119〕張立文（張憲江）：《周易帛書今注今譯》（台北：臺灣學生書局，1991 年），頁 746。

　　玉姍案：六四以柔居陰，處外卦之始，體柔當位，有「中行」之德。以此中行之德，有事以告於公，公必從之。「利用爲依遷國」，王弼、孔穎達以爲是利用中行之道，以依人而遷國者；南懷瑾以爲利用有依山面水之地，遷移國都。遷國爲國之大事，影響深遠，但若能順依人民之需求，明以中行，雖如遷都大事，亦能无有不利。王弼、孔穎達之說法較能緊扣「中行之道」，故從王、孔之說。

　　帛書本作「利用爲家遷國」，「家」指大夫之采邑。《周禮·方士》：「掌都家。」鄭注：「大夫之采地。」「利用爲家遷國」指利用中行之道，以策封大夫采邑或遷國都。上述二事皆爲國之大事，但若能明以中行，亦能无有不利。

　　今本「六四：中行，告公從，利用爲依遷國。」意思是：六四體柔當位，有中行之德。以此中行之德，有事以告於公，公必從之。雖如遷都大事，若能順依人民需求，明以中行，亦能无有不利。

　　帛書本作「六四：中行，告公從，利用爲家遷國。」意思是：四體柔當位，有中行之德。以此中行之德，有事以告於公，公必從之。雖如策封大夫采邑或遷國都之大事，但若能明以中行，亦能无有不利。

1. 上博《周易》：【缺簡】

2. 阜陽《周易》：【缺簡】

3. 帛書《周易》：九五：有復惠心，勿問元吉，有復，惠我德。

4. 今本《周易》：九五：有孚惠心，勿問元吉，有孚，惠我德。

【爻辭釋讀】

　　〈象〉曰：

　　　有孚惠心，勿問之矣。惠我德，大得志也。（頁97）

王弼《注》：

　　　信以惠心，盡物之願，固不待問而「元吉，有孚，惠我德」也，以誠惠物，物亦應之，故曰「有孚，惠我德」也。（頁97）

孔穎達《正義》：

　　　九五得位處尊，爲益之主，兼張德義，以益物者也。爲益之大，莫大於信。爲惠之大，莫大於心。因民所利而利之焉。惠而不費，惠心者也。有惠有信，盡物之願，必獲元吉，不待疑問，故曰「有孚惠心，勿問元吉」。我既以信，惠被於物，物亦以信，惠歸於我，故

曰「有孚，惠我德」也。（頁97）

朱熹《易本義》：

上有信以惠於下，則下亦有信以惠於上矣。不問而元吉可知。（頁165）

南懷瑾、徐芹庭《周易今註今譯》：

九五以陽剛中正處尊位，在益之時，有孚信於下，並且以惠澤存心，這是不必問，就知道是大吉的。因有孚信於民，即能惠施我的恩德於無窮。（頁271）

玉姍案：九五以陽剛中正處尊位，得位處尊，為益之主，並能伸張德義，以益萬物。君子行孚信、施惠澤於下，因民所利而利之；有惠有信，盡物之願，不待疑問必獲元吉。我既以信，惠被於物，物亦以信，惠歸於我。學者多由此立說，此亦從之。

今本作「九五：有孚惠心，勿問元吉，有孚，惠我德。」意思是：九五得位處尊，為益之主，有孚信而能施惠澤之心，故不待問必獲元吉。以誠嘉惠萬物，萬物亦應之以信，故德惠皆歸之於我。

帛書本作「九五：有復惠心，勿問元吉，有復，惠我德。」意思與今本同。

1. 上博《周易》：【缺簡】

2. 阜陽《周易》：【缺簡】

3. 帛書《周易》：尚九：莫益之，或擊之，立心勿恆，凶。

4. 今本《周易》：上九：莫益之，或擊之，立心勿恆，凶。

【爻辭釋讀】

〈象〉曰：

「莫益之」，偏辭也。「或擊之」，自外來也。（頁97）

孔穎達《正義》：

上九處益之極，益之過甚者也。求益无厭，怨者非一，故曰「莫益之，或擊之」也。勿猶无也。求益无已，是立心无恆者也。无恆之人，必凶咎之所集，故曰「立心勿恆，凶」。（頁97）

朱熹《易本義》：

以陽居益之極，求益不已，莫益而或擊之。立心勿恆，戒之也。莫益之者，猶從其求益之偏辭而言也。若究而言之，則又有擊之者矣。

（頁166）

南懷瑾、徐芹庭《周易今註今譯》：

> 上九以陽剛處陰位，在益卦之極，故有沒有人助益他，或有人攻擊
> 他的象徵。在此時如果立心無恆，就會遭遇到凶事。（頁 272）

玉姍案：上九處益卦之極，象徵求益過甚而无厭，招致他人怨恨攻訐，不僅不能得益，反而遭來攻擊。若立心而无恆，必召凶咎。學者多由此立說，此亦從之。

今本作「上九：莫益之，或擊之，立心勿恆，凶。」意思是：上九處益卦之極，象徵求益過甚而无厭，招致他人攻擊。若立心无恆，必遭災凶。

帛書本作「尚九：莫益之，或擊之，立心勿恆，凶。」意思與今本同。

第四十三節　夬　卦

一、卦名釋義

《說文》：「夬，分決也。」（頁 116）「夬」，甲骨文作 𠁣（《前》4.1.2），金文作 𠁣（段簋），楚文字作 𠁣（《上博三·周易》38），「夬」字本為射箭時套在手指上的扳指。《說文》：「夬，分決也。」為引申義。〔註120〕孔穎達《正義》：「夬，決也。此陰消陽息之卦也。陽長至五，五陽共決一陰，故名為『夬』也。」（頁 103）夬卦之「夬」有決去、決斷之意。

〈序卦〉：「益而不已必決，故受之以夬。夬者，決也。」（頁 188）增益而不停則會盈溢潰決，故夬卦在益卦之後。

夬卦，今本卦畫作「䷪」，上兌澤，下乾天。〈象〉曰：「澤上於天，夬。君子以施祿及下，居德則忌。」（頁 103）澤之水氣升天化為雨，滋潤萬物，君子觀此而效法此現象，施祿於下民而不貪私利，施德於下民而不邀功。

二、卦爻辭考釋

（一）卦辭考釋

1. 上博《周易》：夬：揚于王庭，孚號有厲。告自邑。不利即戎。利有攸往。

〔註120〕參季師旭昇：《說文新證·上》（台北：藝文印書館，2002 年 10 月），頁 190。

2. 阜陽《周易》：夬：揚于王庭，孚號有厲。告自邑，不利即戎。利有攸往。

3. 帛書《周易》：夬：陽于王廷，復號有厲。告自邑，不利節戎。利有攸往。

4. 今本《周易》：夬：揚于王庭，孚號有厲。告自邑，不利即戎。利有攸往。

【文字考釋】

上博本卦辭殘，據今本補。

（一）今本「揚于王庭」之「揚」，帛書本作「陽」。

玉姍案：「揚」、「陽」均從「易」得聲，故可通假。

（二）今本「不利即戎」之「即」，帛書本作「節」。

玉姍案：「節」從「即」得聲，故可通假。

【卦辭釋讀】

〈彖〉曰：

夬，決也，剛決柔也。健而說，決而和。「揚于王庭」，柔乘五剛也。「孚號有厲」，其危乃光也。「告自邑，不利即戎」，所尚乃窮也。「利有攸往」，剛長乃終也。（頁 103）

〈象〉曰：

澤上於天，夬。君子以施祿及下，居德則忌。（頁 103）

王弼《注》：

夬與剝反者也。剝以柔變剛，至于剛幾盡。夬以剛決柔，如剝之消剛。剛隕則君子道消，柔消則小人道隕。君子道消，則剛正之德不可得直道而用，刑罰之威不可得坦然而行。「揚于王庭」，其道公也。（頁 103）

孔穎達《正義》：

夬，決也。此陰消陽息之卦也。陽長至五，五陽共決一陰，故名爲「夬」也。明行決斷之法，夬以剛決柔，施之于人，則是君子決小人也。王庭是百官所在之處，以君子決小人，故可以顯然發揚決斷之事于王者之庭，示公正而无私隱也，故曰「揚于王庭」也。號，號令也。行決

之法，先須號令。夬以剛決柔，則是用明信之法而宣其號令，如此即
柔邪者危，故曰「孚號有厲」也。以剛制斷，行令于邑可也。若用剛
即戎，尚力取勝，爲物所疾，以此用師，必有不利，故曰「告自邑，
不利即戎」。雖「不利即戎」，然剛德不長，則柔邪不消。故陽爻宜有
所往，夬道乃成，故曰「利有攸往」也。（頁 103）

朱熹《易本義》：

夬，決也。陽決陰也。三月之卦也，以五陽去一陰，決之而已。然
決之也，必正名其罪，而盡誠以呼號其眾，相與合力。然亦尚有危
厲，不可安肆，又當先治其私，而不可專當威武，則利有所往也。
皆戒之之辭。（頁 166）

南懷瑾、徐芹庭《周易今註今譯》：

夬卦有得意揚越于王庭的象徵。因爲五陽共決去一陰，而一陰高居
上位，所以雖孚信于決，但難以決去，所以叫號而有危厲，這時須
告訴同邑之人，不利于以兵戎剛暴取勝，須利有所往，共同協力決
去小人，就可以有成了。（頁 273）

玉姍案：夬卦卦象爲五陽決一陰，象徵君子發揚決斷之事于王者之庭，
示公正而无私。行決之前，當以明信之法宣其號令，使柔邪者自危。但以剛
制斷只適合行於封邑，若崇尚以剛強武力行師建軍則有不利。而剛德長則柔
邪消，故陽爻宜有所往，夬道乃成，故曰「利有攸往」也。王弼以下學者多
從此立說，此亦從之。陳惠玲以爲「朱熹以爲『此爲五陽決一陰之象，但要
盡誠以呼號其眾，相與合力。然亦尚有危厲，不可安肆。』陽決陰，如君子
決小人，應爲易事，不須呼眾合力，且五陽決一陰『尚有危厲』，此說可疑。」
〔註121〕陳惠玲之說可從。

今本「夬：揚于王庭，孚號有厲。告自邑，不利即戎。利有攸往。」意
思是：夬卦象徵君子能發揚決斷之事于王者之庭。行決之前先宣明號令，使
柔邪者自感危厲。但以剛制斷只適合行於封邑，若以剛強行師則有不利。剛
德長則柔邪消，有利所往以成就夬道。

帛書本作「夬：陽于王廷，復號有厲。告自邑，不利節戎。利有攸往。」
其意與今本同。

〔註121〕陳惠玲：《《上海博物館藏戰國楚竹書（三）·周易》研究》（臺灣師範大學國
文教學所碩論，2005 年 8 月），頁 509。

（二）爻辭考釋

1. 上博《周易》：初九：壯于前趾，往不勝，為咎。
2. 阜陽《周易》：初九：壯于前趾，往不勝，為咎。
3. 帛書《周易》：初九：牀于前止，往不勝，為咎。
4. 今本《周易》：初九：壯于前趾，往不勝，為咎。

【文字考釋】

上博本初九爻辭殘，據今本補。

【爻辭釋讀】

〈象〉曰：

　不勝而往，咎也。（頁103）

王弼《注》：

　居健之初，為決之始，宜審其策，以行其事。壯其前趾，往而不勝，
　宜其咎也。（頁103）

孔穎達《正義》：

　初九居夬之初，當須審其籌策，然後乃往。而體健處下，徒欲果決
　壯健，前進其趾，以此而往，必不克勝，非決之謀，所以「為咎」。
　（頁103）

朱熹《易本義》：

　前，猶進也。當決之時，居下任壯，不勝宜矣。故其象占如此。（頁
　166）

南懷瑾、徐芹庭《周易今註今譯》：

　初九以陽剛居陽位，在決去小人之時，有「壯于前面趾頭」的象徵，
　壯于前趾，則是憑血氣之勇而往，如前往決去小人，不勝其位，則
　有咎。（頁275）

玉姍案：初九處夬卦之初，象徵決策之始，若以人體為喻，則為足趾部
位。決策之初需要審慎籌策，若過於剛強逞血氣之勇，不但一事無成，甚至
有災咎。

今本「初九：壯于前趾，往不勝，為咎。」意思是：處夬卦之初，象徵
決策之始，有如人體之足趾部位。此時若憑藉剛壯的血氣之勇，前往必不勝

且有災咎。

　　帛書本作「初九：牀于前止，往不勝，爲咎。」其意與今本同。

1. 上博《周易》：[九二]：啻啻，莫譽又戎，勿卹。

2. 阜陽《周易》：[九二：惕號，莫夜有戎，勿恤。]

3. 帛書《周易》：九二：傷號，募夜有戎，勿血。

4. 今本《周易》：九二：惕號，莫夜有戎，勿恤。

【文字考釋】

　　上博本九二爻辭殘，據今本補。

（一）今本「惕號」之「惕」，上博本作「」，帛書本作「傷」。

　　玉姍案：濮茅左隸定爲「啻」，讀爲「惕」。〔註122〕陳惠玲以爲：
　　「帝」，甲骨文作（《粹》1128）、金文作（邾其卣）、楚文字作
　　（《帛甲》6.33）、（《郭·緇》7）、（《郭·六》4），簡文「」
　　字，即「帝」下加「口」形，隸定爲「啻」字，可從。「啻」上古音
　　端紐錫部，今本作「惕」上古音透紐錫部，二字同爲舌音錫部，可
　　通假，其例有《睡虎地秦簡·爲吏之道》：「犀角象齒，皮革橐突。」
　　整理者釋「橐（透紐）突」即「蠹（端紐）突」，指皮革被蟲齒穿。
　　濮茅左之說可從。〔註123〕

今本「惕號」之「惕」，上博本作「（啻）」，帛書本作「傷」。「傷」、「惕」
同聲系，可相通假。上博本「」字，即「帝」下加「口」形，隸定爲「啻」
字「啻」上古音端紐錫部，「惕」上古音透紐錫部，韻部相同，聲紐同爲舌音，
可通假，如《上博一·孔子詩論》簡三：「多言而慮（怨）退者也。」影本「退」
（透紐物部）作「對」（端紐物部）。

（二）今本「惕號」之「號」，上博本作「啻」。

　　玉姍案：楚簡中「啻」字多讀爲「乎」，但《上博二·容成氏》簡20「蘭
（禹）狀（然）句（後）始爲之啻（號）旂（旗）」讀爲「號」。此爲其讀爲
「號」之例，故上博本「」可讀爲「號」。

〔註122〕馬承源主編：《上海博物館藏戰國楚竹書（三）》（上海：上海古籍出版社，2003
　　　　年12月），頁188。
〔註123〕陳惠玲：《《上海博物館藏戰國楚竹書（三）·周易》研究》（臺灣師範大學國
　　　　文教學所碩論，2005年8月），頁511。

（三）今本「莫夜有戎」之「夜」，上博本作「𦧦」。

玉姍案：「𦧦」上古音爲喻四魚部，「夜」上古音爲喻四鐸部。魚、鐸二部對轉可通，如《墨子・辭過》：「厚作斂乎百姓。」「作（精紐鐸部）斂」即「租（精紐魚部）斂」，故「𦧦」、「夜」音近可通假。

（四）今本「勿恤」之「恤」，上博本作「𣶒」，帛書本作「血」。

玉姍案：今本「勿恤」之「恤」，上博本作「𣶒」，帛書本作「血」。「恤」與「𣶒」皆從「血」得聲，故可相通假。

【爻辭釋讀】

〈象〉曰：

「有戎勿恤」，得中道也。（頁 103）

王弼《注》：

居健履中，以斯決事，能審己度而不疑者也。故雖有惕懼號呼，莫夜有戎，不憂不惑，故「勿恤」也。（頁 103）

孔穎達《正義》：

九二體健居中，能決其事，而无疑惑者也。雖復有人惕懼號呼，語之云莫夜必有戎卒來害己，能審己度，不惑不憂，故「勿恤」也。（頁 103）

朱熹《易本義》：

九二當決之時，剛而居柔，又得中道，故能憂惕號呼以自戒備，而莫夜有戎，亦可无患也。（頁 167）

南懷瑾、徐芹庭《周易今註今譯》：

九二以陽剛處陰位，當決陰之時，有惕懼而叫號，暮夜都有兵戎的象徵，但在決去陰柔之時，這是不要憂恤的。（頁 276）

玉姍案：九二以剛爻居柔位，居健履中，能決斷其事而无疑惑。就算有人惕懼號呼著暮夜中有戎卒要來害己，也能詳細審度，不惑不憂。各家之說以王、孔最詳盡，此從之。陳惠玲以爲：「朱說九二既然陽剛得中道，又何須憂惕號呼以自戒備」？其說疑。南、徐以爲九二爻當決陰之時，有惕懼而叫號。九二爻剛居柔位，又得中道，恐不須惕懼而叫號」。〔註124〕陳說可從。

〔註124〕陳惠玲：《《上海博物館藏戰國楚竹書（三）・周易》研究》（臺灣師範大學國

今本「九二：惕號，莫夜有戎，勿恤。」意思是：九二爻居健履中有決斷之明，即使有人惕懼號呼著暮夜有兵戎將來害己，也能明辨是非而不憂恤。

上博本作「九二：啻啻，莫譽又戎，勿卹。」帛書本作「九二：傷號，夢夜有戎，勿血。」其意與今本同。

1. 上博《周易》：九晶：藏于冕，又凶。君子夬＝，蜀行，遇雨女霂，又礪，亡咎。

2. 阜陽《周易》：九三：壯于頄，有凶。君子夬夬，獨行，遇雨若濡，有慍，无咎。

3. 帛書《周易》：九三：牀于頯，有凶。君子缺缺，獨行，愚雨如濡。有溫，无咎。

4. 今本《周易》：九三：壯于頄，有凶。君子夬夬，獨行，遇雨若濡，有慍，无咎。

【文字考釋】

（一）今本「壯于頄」之「壯」，上博本作「𦵡（藏）」，帛書本作「牀」。

玉姍案：今本「壯于頄」之「壯」，上博本作「𦵡（藏）」，帛書本作「牀」。「牀」、「壯」皆以爿爲聲符，可以通假。

𦵡，依字形隸定爲「藏」，濮茅左以爲「藏」即「藏」字，〔註125〕可從。陳惠玲以爲：

系文字有類似字形，臧（《長沙銅量》）、臧（《包》2.160）、臧（《包》2.225），何琳儀以爲從口，戕聲。疑臧之異文。〔註126〕〔註127〕

「藏（藏）」上古音從紐陽部，「壯」上古音莊紐陽部，同爲陽部，聲紐可通，如銀雀山竹簡《守法守令》：「屋室壯垣」，影本注讀「壯（莊紐陽部）垣」爲「牆（從紐陽部）垣」。

（二）今本「壯于頄」之「頄」，上博本作「冕」，帛書本作「頯」。

文教學所碩論，2005 年 8 月），頁 513。

〔註125〕馬承源主編：《上海博物館藏戰國楚竹書（三）》（上海：上海古籍出版社，2003 年 12 月），頁 188。

〔註126〕何琳儀《戰國古文字典》上冊，（北京：中華書局，1998 年 9 月），頁 703。

〔註127〕陳惠玲：《《上海博物館藏戰國楚竹書（三）・周易》研究》（臺灣師範大學國文教學所碩論，2005 年 8 月），頁 494。

　　玉姍案：今本「壯于頄」之「頄」，上博本作「𡠗」，帛書本作「頯」。阮元《校勘記》：「石經、岳本、閩、監、毛本同。釋文：頄，鄭作頯。」「頄」、「頯」義同，古相通。上博本「𡠗」，從百、九聲，與今本「頄」從頁、九聲同。「頄」、「𡠗」當爲異體字。

（三）帛書本、今本「遇雨若濡」之「濡」，上博本作「雺」。

　　濮茅左以爲：

　　　　「雺」，《爾雅》：「天氣下地不應曰雺；地氣發天不應曰霧；霧讀之晦。」鄭樵注：「雺，即蒙也。」〔註128〕

陳惠玲《《上海博物館藏戰國楚竹書（三）・周易》研究》：

　　　　惠玲案：帛書本、今本皆作「濡」，上古音日紐侯部，有浸濕之義。
　　　　楚簡本作「雺」上古音爲微紐侯部，有「霧」、「天氣昏暗」之義。
　　　　二字韻部同，但聲紐不近。〔註129〕

　　玉姍案：「濡」，上古音日紐侯部，有「浸濕」之義；上博本作「雺」上古音爲微紐侯部，有「起霧」之義。二字韻部同，聲紐不近。但起霧時濕氣必重，與「濡」之「浸濕」之義仍有相關。

（四）今本「有慍」之「慍」，上博本作「礍」，帛書本作「溫」。

　　玉姍案：「溫」、「慍」同聲系，可通假。「礍」上古音來紐月部，「慍」上古音影紐文部，二字聲韻皆不近，不合通假條例。「礍」字有「危厲」之義，「慍」爲怒義；兩種版本文義略有不同。

【爻辭釋讀】

　　〈象〉曰：

　　　　「君子夬夬」，終无咎也。（頁103）

王弼《注》：

　　　　頄，面權也，謂上六也。最處體上，故曰「權」也。剝之六三，以
　　　　應陽爲善。夫剛長則君子道興，陰盛則小人道長。然則處陰長而助
　　　　陽則善，處剛長而助柔則凶矣。夬爲剛長，而三獨應上六，助于小

〔註128〕馬承源主編：《上海博物館藏戰國楚竹書（三）》（上海：上海古籍出版社，2003年12月），頁188。
〔註129〕陳惠玲：《《上海博物館藏戰國楚竹書（三）・周易》研究》（臺灣師範大學國文教學所碩論，2005年8月），頁515。

人，是以凶也。君子處之必能棄夫情累，決之不疑，故曰「夬夬」也。若不與眾陽為群，而獨行殊志，應于小人，則受其困焉。「遇雨若濡」，有恨而无所咎也。（頁103）

孔穎達《正義》：

言九三處夬之時，獨應上六，助于小人，是以凶也。若剝之六三，處陰長之時而應上，是助陽為善。今九三處剛長之時，獨助陰為凶也。「君子夬夬」者，君子之人，若于此時，能棄其情累，不受于應，在于決斷而无滯，是「夬夬」也。「獨行，遇雨若濡，有慍无咎」者，若不能決斷，殊于眾陽，應于小人，則受濡濕其衣，自為怨恨，无咎責于人，故曰「有慍无咎」也。（頁103）

朱熹《易本義》：

頄，顴也。九三當決之時，以剛而過乎中，是欲決小人，而剛壯見于面目也，如是則有凶道矣。然在眾陽之中，獨與上六為應，若能果決其決，不係私愛，則雖合於上六，如獨行遇雨。至於若濡而為君子所慍，然終必能決去小人而无所咎也。溫嶠之於王敦，其事類此。（頁168）

南懷瑾、徐芹庭《周易今註今譯》：

九三以陽剛處陽位，在夬之時，故有壯于面目的象徵，這是有凶的，但君子處此，欲決去小人的心裡，決而又決，又獨與上六的陰爻相應，故又有「獨行遇雨」的象徵。如沾濡了雨，雖不免有憤怒的顏色，但是這是无咎的。（頁267）

　　玉姍案：「頄」，面權也，即今所言之「顴骨」。王弼以為「頄」最處體上，即指本卦之上六，此從之。九三剛長而獨應上六，但上六有陰柔小人在上之象，若獨應小人則有凶。君子要能決之不疑。若不與眾陽為群，獨行應于小人，則如遇雨濡濕其衣，自有怨恨而無所咎。

　　今本「九三：壯于頄，有凶。君子夬夬，獨行，遇雨若濡，有慍，无咎。」意思是：九三剛壯，獨應於象徵人體之顴骨的上六，但若獨助小人則有凶。此時君子應當決之不疑，若獨應於小人，則如獨行遇雨而濡濕衣裳，雖有怨恨而不能咎責於人。

　　上博本作「九晶：藏于亮，又凶。君子夬＝，蜀行，遇雨女霎，又礑，亡咎。」意思是：九三爻陽剛獨應於上六，有獨助小人之象，故有凶。此時君

子要決之不疑，若獨應於小人，則如獨行遇雨，天氣霧濛濛，有危險，但不能咎責於人。

　　帛書本作「九三：牀于頯，有凶。君子缺缺，獨行，愚雨如濡。有溫，无咎。」其意與今本同。

　　1. 上博《周易》：九四：䚯亡肤，亓行綾疋。喪羊愍亡，䚈言不冬。

　　2. 阜陽《周易》：九四：臀无膚，其行次且。牽羊悔亡，聞言不信。

　　3. 帛書《周易》：九四：脤无膚，其行郪胥。牽羊愍亡，聞言不信。

　　4. 今本《周易》：九四：臀无膚，其行次且。牽羊悔亡，聞言不信。

【文字考釋】

（一）今本「臀无膚」之「臀」，上博本作「[圖]（䚯）」，帛書本作「脤」。

　　玉姍案：上博本[圖]，濮茅左隸爲「䚯」〔註130〕周波認爲「[圖]可釋爲『唇』，讀爲『臀』……[圖]從言辰聲，與從口辰聲同。」〔註131〕陳惠玲以爲：「『䚯』未必即是『唇』字，但二字聲韻俱同，可以通假。」〔註132〕陳惠玲之說可從。「[圖]」可隸定爲「䚯」，與帛書本「脤」字皆從「辰」得聲，「辰」上古音爲端紐文部，今本「臀」上古音爲定紐文部，韻同，聲紐同爲舌頭音，可通，如《睡虎地秦墓竹簡・封診式・癘》：「鼻腔壞，刺其鼻不疐。」「疐」（端紐質部）讀爲「噴嚏」之「嚏」（定紐質部）。故「䚯」、「脤」、「臀」可通假。

（二）今本「其行次且」之「次且」，上博本作「郪胥」，帛書本作「綾疋」。

　　玉姍案：「綾」、「郪」皆由「妻」得聲，「妻」與「次」同爲清紐脂部，可通假。「胥」上古音心紐魚部，「且」上古音清紐魚部，「疋」上古音清紐魚部，聲近韻同，可通。

（三）帛書本、今本「聞言不信」之「信」，上博本作「冬」。

　　玉姍案：「冬」上古音端紐冬部，「信」上古音心紐眞部，二字聲韻俱不近。濮茅左以爲『冬』，可讀爲『聰』。〈象〉曰：『聞言不信，聰不明也。』」

〔註130〕馬承源主編：《上海博物館藏戰國楚竹書（三）》（上海：上海古籍出版社，2003年12月），頁188。
〔註131〕周波：〈竹書《周易》考釋三則〉，簡帛研究網站2004年6月6日。
〔註132〕陳惠玲：《《上海博物館藏戰國楚竹書（三）・周易》研究》（臺灣師範大學國文教學所碩論，2005年8月），頁519。

〔註133〕陳惠玲以爲簡文「冬」讀爲「終」,「聞言不終」即「聞此言,不盡信。」

〔註134〕審其文義,此從陳惠玲之說。

【爻辭釋讀】

〈象〉曰:

「其行次且」,位不當也。「聞言不信」,聰不明也。(頁103)

王弼《注》:

羊者,抵狠難移之物,謂五也,五爲夬主,非下所侵。若牽于五,則可得「悔亡」而已。剛亢不能納言,自任所處,聞言不信,以斯而行,凶可知矣。(頁103)

孔穎達《正義》:

九四據下三陽,位又不正,下剛而進,必見侵傷,侵傷則居不得安,若「臀无膚」矣。「次且」,行不前進也。臀之无膚,居既失安,行亦不進,故曰「臀无膚,其行次且」也。羊者,抵狠難移之物,謂五也。居尊當位爲夬之主,下不敢侵。若牽于五,則可得悔亡,故曰「牽羊悔亡」。然四亦是剛陽,各亢所處,雖復聞牽羊之言,不肯信服事于五,故曰「聞言不信」也。(頁103)

朱熹《易本義》:

以陽居陰,不中不正,居則不安,行則不進。若不與眾陽競進,而安出其後,則可以亡其悔。然當決之時,志在上進,必不能也。占者聞言而信,則轉凶而吉矣。牽羊者,當其前則不進,縱之使前而隨其後,則可以行矣。(頁168)

南懷瑾、徐芹庭《周易今註今譯》:

九四以陽剛居陰位,當夬之時,有「臀部沒有皮膚,所以走路顛滯,不能前進」的象徵,如連絡眾陽像牽著羊,一樣的前進,則沒有後悔,但九四居多疑之地,所以聞此言,也不相信。(頁277)

玉姍案:「次且」即「趑趄」,行不前進也。今本「牽羊」,孔穎達以爲牽羊者當其前則不進,縱之使前而隨其後,則可以行矣。但上博本作「喪羊」,

---

〔註133〕馬承源主編:《上海博物館藏戰國楚竹書(三)》(上海:上海古籍出版社,2003年12月),頁189。

〔註134〕陳惠玲:《《上海博物館藏戰國楚竹書(三).周易》研究》(臺灣師範大學國文教學所碩論,2005年8月),頁520。

即喪失其羊；故「牽羊」有可能是「羊被牽走」，二者義近。「聞言不信」，王弼、孔穎達以爲是九四剛陽，不肯信服于九五；此從之。陳惠玲以爲「各家釋『牽羊』，多半就爻位來談，但是簡本出，『牽羊』作『喪羊』，因此『牽羊』的意思應該釋爲『羊被牽走』。如依王弼以爲羊爲九五爻，則『喪羊』、『牽羊』可能是指拋棄對九五的侵犯。」〔註135〕陳惠玲之說可從。

九四以剛爻居柔位，失位無應，下又有三陽爻，如同臀部受傷而无膚，故居不得安、難以前行。如果能安於本位而不躁進，如同凶狠的九五之羊已被牽走，不需強行牴觸而能無悔。但九四剛亢不能接納言論，因此聞言而不信。

今本作「九四：臀无膚，其行次且。牽羊悔亡，聞言不信。」意思是：九四失位無應，如同臀部受傷而无膚，難以前行。如果能安止不進，如同凶狠的九五之羊已被牽走，不需強行牴觸而能無悔。但九四剛亢不能接納建言，因此聞言而不信。

上博本作「九四：諐亡肤，丌行緮定。喪羊慭亡，䛊言不多。」意思是說：九四失位無應，如同臀之无膚，侵傷則居不得安、難以前行。如果能安止不進，如同失去羊群般地拋棄對九五的侵犯，就可以無悔，但九四剛亢不能接納建言，因此最終仍不採信。

帛書本作「九四：脈无膚，其行郪胥。牽羊慭亡，聞言不信。」意與今本同。

1. 上博《周易》：九五：莧芺夬＝，中行亡咎。
2. 阜陽《周易》：九五：莧陸夬夬，中行无咎。
3. 帛書《周易》：九五：莧勲缺缺，中行无咎。
4. 今本《周易》：九五：莧陸夬夬，中行无咎。

【文字考釋】

（一）今本「莧陸夬夬」之「陸」，上博本作「芺（芺）」，帛書本作「勲」。

玉姍案：今本「莧陸夬夬」之「陸」，上博本作「芺（芺）」，帛書本作「勲」。簡文「芺」。陳惠玲以爲：「『陸』金文作𨽵（父乙卣）、𨽱（義伯簋）、𨽺（邾公鈺鐘），楚系文字作𨽵（《包》2.62）。『陸』，從𨸏芺聲，亦有作雙芺，或加

〔註135〕陳惠玲：《《上海博物館藏戰國楚竹書（三）・周易》研究》（臺灣師範大學國文教學所碩論，2005 年 8 月），頁 521～522。

土旁，楚文字的寫法從邾公釛鐘，成『六』或『雙六』之形。簡文『𦬖』字即是「陸」之聲旁。」〔註136〕可從。「陸」，古音來紐覺部。「芡」從六得聲，古音來紐覺部。「勒」從勒得聲，古音來紐職部。三字皆從來紐，聲紐相同、職、覺旁轉，「陸」、「芡」、「勒」可通假。

【爻辭釋讀】

〈象〉曰：

「中行无咎」，中未光也。（頁103）

《周易集解》引虞翻云：

莧，說也，「莧」讀「夫子莧爾而笑」之「莧」。陸，和睦也。（頁399）

王弼注：

莧陸，草之柔脆者也。決之至易，故曰「夬夬」也。夬之爲義，以剛決柔，以君子除小人者也。而五處尊位，最比小人，躬自決者也。以至尊而敵至賤，雖其克勝，未足多也。處中而行，足以免咎而已，未足光也。（頁103）

孔穎達《正義》：

夬之爲義，以剛決柔，以君子除小人者也。五處尊位，爲夬之主，親決上六，決之至易也，如決莧草然，故曰「莧陸夬夬」也。但以至尊而敵於至賤，雖其克勝，不足貴也。特以中行之故，才得无咎，故曰「中行无咎」。「莧陸，草之柔脆」者，《子夏傳》云「莧陸，木根，草莖，剛下柔上也。」馬融、鄭玄、王肅皆云「莧陸，一名商陸」，皆以莧陸爲一。黃遇云「莧，人莧也。陸，商陸也。」以莧陸爲二。案《注》直云「草之柔脆」者，亦以爲一，同于子夏等也。（頁103）

朱熹《易本義》：

莧陸，今馬齒莧。感陰氣之多者，九五當決之時，爲決之主，而切近上六之陰，如莧陸然。若決而決之，而又不爲過暴，合於中行，則无咎矣。（頁168）

南懷瑾、徐芹庭《周易今註今譯》：

〔註136〕陳惠玲：《《上海博物館藏戰國楚竹書（三）‧周易》研究》（臺灣師範大學國文教學所碩論，2005年8月），頁522～523。

九五居陽剛尊位，有決除莧陸，決而又決的象徵，行中道，定沒有
災咎的。（頁278）

玉姍案：「莧陸」二字，古來眾說紛紜，其一：解爲植物之名。其二：解
爲悅睦。其三將「莧」視爲「莧」字之誤，「莧」爲獸名，「莧陸」爲莧羊跳
躍。

高亨、〔註137〕張立文〔註138〕以爲「莧」視爲「莧」之誤，但先秦時代的
上博本寫作「　」，部首爲明顯「艸」形，是以高、張說法因出土文獻而遭推
翻。

另外二說究竟何者較佳？筆者以爲夬卦有明決、決斷、決去之意，九五
以至尊之位親決上六小人，只要能依於中道而行，就能無咎。就此看來，「莧
陸」應釋爲草名較佳。「莧陸」是柔弱的草，正可譬喻上六小人之低賤；若是
爲悅睦，則與九五爻辭較無直接關聯，故此從王、孔之說，將「莧陸」釋爲
「草之柔脆者也」。

今本「九五：莧陸夬夬，中行无咎。」意思是：九五居陽剛尊位，象徵
能決除如柔賤莧陸的上六小人，以至尊決至賤，決而又決，皆依中道而行，
故能沒有災咎。

上博本作「九五：莧芒夬＝，中行亡咎。」帛書本作「九五：莧勲缺缺，
中行无咎。」其意與今本同。

1. 上博《周易》：上六：忘嗇，中又凶。
2. 阜陽《周易》：上六：无號，終有凶。
3. 帛書《周易》：尚六：无號，冬有兇。
4. 今本《周易》：上六：无號，終有凶。

【文字考釋】

（一）帛書本、今本「无號」之「无」，上博本皆作「忘」。

玉姍案：帛書本、今本「无號」之「无」，上博本皆作「忘」。「亡」、「忘」
上古音爲明紐陽部，「无」上古音爲明紐魚部，二字聲同，韻部魚、陽對轉，
故「亡」、「忘」、「无」可互通。

〔註137〕高亨：《周易古經今注》（台北：文笙書局，1981年3月），頁148。
〔註138〕張立文（張憲江）：《周易帛書今注今譯》（台北：臺灣學生書局，1991年），
　　　　頁508。

（二）今本「終有凶」之「終」，上博本作「中」，帛書本作「冬」。

玉姍案：今本「終有凶」之「終」，上博本作「中」，帛書本作「冬」。「終」從「冬」得聲，故「終」、「冬」可通。

「中」古音端紐冬部，「終」古音知紐冬部，二字皆為牙音，韻部相同，故可通假。但上博本作「中」亦可直接釋為「中途」、「中道」，不一定要假借為「終」。

【爻辭釋讀】

〈象〉曰：

「无號」之「凶」，終不可長也。（頁103）

王弼《注》：

處夬之極，小人在上，君子道長，眾所共棄，故非號咷所能延也。（頁103）

孔穎達《正義》：

上六，居夬之極，以小人而居群陽之上，眾共棄也。君子道長，小人必凶。非號咷所免，故禁其號咷，曰「无號，終有凶」也。（頁103）

朱熹《易本義》：

陰柔小人，居窮極之時，黨類已盡，无所號呼，終必有凶也。占者有君子之德，則其敵當之，不然反是。（頁169）

南懷瑾、徐芹庭《周易今註今譯》：

上六以陰處陰位應于九三，居夬之極，是眾人所欲決除者，上六若不叫號九三來助，則終於會有凶的。（頁279）

玉姍案：上六處夬卦之極，王弼以為象徵小人在上，為眾陽所棄，故非號咷所能免。王弼以下學者多由此立說，此亦從之。

今本「上六：无號，終有凶。」意思是：上六處夬之極，象陰柔小人在上，被眾陽所決除，此非號咷就能免於災禍，終必有災凶。

上博本作「上六：忘啻，中又凶。」意思是：上六處夬之極，象陰柔小人在上，被眾陽所決除，此非號咷就能免於災禍，不必等到最後，中途就有災凶。

帛書本作「尚六：无號，多有兇。」其意與今本同。

第四十四節　姤　卦

一、卦名釋義

　　《說文》無「姤」字，《經典釋文》：「姤，薛云古文作『遘』，鄭（玄）同。」《說文》：「遘，遇也。」（頁 72）〈彖〉曰：「姤，遇也。柔遇剛也。」（頁 104）姤卦之「姤」通「遘」，有「遇」之意。

　　〈序卦〉：「決必有遇，故受之以姤。姤者，遇也。」（頁 188）夬卦陰處於上，決之必有遇，故姤卦在夬卦之後。

　　「姤」今本卦畫作「☰☴」，上乾天，下巽風。柔遇剛，萬物美好而欣欣向榮。故〈象〉曰：「天下有風，姤。后以施命誥四方。」（頁 104）天借風而能遇萬物，君子效法風行草偃的精神，施行政令，明告天下四方。

二、卦爻辭考釋

（一）卦辭考釋

1. 上博《周易》：敏：女藏，勿用取女。

2. 阜陽《周易》：【缺簡】

3. 帛書《周易》：狗：女壯，勿用取女。

4. 今本《周易》：姤：女壯，勿用取女。

【文字考釋】

　　帛書本卦名殘，依帛書上九爻辭「狗（姤）其角」補。

（一）今本「姤」，上博本作「敏」，帛書本作「狗」。

　　玉姍案：今本「姤」，上博本作「敏」，帛書本作「狗」。「敏」、「姤」、「狗」上古音皆為見紐侯部，故可通假。

【卦辭釋讀】

　　〈彖〉曰：

　　　　姤，遇也。柔遇剛也。「勿用取女」，不可與長也。天地相遇，品物
　　　　咸章也。剛遇中正，天下大行也。姤之時義大矣哉！（頁 104）

　　〈象〉曰：

　　　　天下有風，姤。后以施命誥四方。（頁 104）

孔穎達《正義》：

「姤，遇也。」此卦一柔而遇五剛，故名爲「姤」。施之于人，則是
一女而遇五男，淫壯至甚，故戒之曰「此女壯甚，勿用取此女」也。
（頁 104）

朱熹《易本義》：

姤，遇也。決盡則爲純乾四月之卦。至姤然後一陰可見，而爲五月
之卦。以其本非所望，而卒。然值之，如不期而遇者，故爲遇。遇
已非正，又一陰而遇五陽，則女德不貞而壯之甚也。取以自配，必
害乎陽。（頁 169）

南懷瑾、徐芹庭《周易今註今譯》：

姤卦，有一女而遇五男的象徵。女子強悍如此，所以不可娶女也。（頁
279）

玉姍案：「姤」今本卦畫作「☰」，只有初六爲陰爻，其餘皆陽爻。學者
多以爲象徵一女遇五男，女德不貞而有傷於名聲，故不可娶此淫蕩之女。此
亦從之。

今本「姤：女壯，勿用取女。」意思是：姤卦有一女遇五男的象徵，此
女淫壯至甚，故不可娶此女。

上博本作「敏：女藏，勿用取女。」帛書本作「狗：女壯，勿用取女。」
其意與今本同。

（二）爻辭考釋

1. 上博《周易》：初六：繫于金柅，貞吉。又卤逬，見凶，羸豕孚是蜀。

2. 阜陽《周易》：【缺簡】

3. 帛書《周易》：初六：擊于金梯，貞吉。有攸往，見兇。羸豨復適屬。

4. 今本《周易》：初六：繫于金柅，貞吉。有攸往，見凶。羸豕孚蹢躅。

【文字考釋】

（一）今本「繫于金柅」之「柅」，上博本作「（柅）」，帛書本作「梯」。

玉姍案：今本「繫于金柅」之「柅」，上博本作「（柅）」，帛書本作「梯」。
「」字應隸爲從木髬聲，爲「柅」之異體，請見本論文第二章第五節需卦
九三爻【文字考釋】。「梯」古音透紐脂部，「柅」古音泥紐脂部，聲近韻同，

可以通假。如《上博二‧容成氏》簡三三：「亓生賜兼（養），亓死賜葬，法苛匿（泥紐質部），是以爲名。」《左傳昭公‧十三年》：「苛慝（透紐質部）不作」。

（二）帛書本、今本「羸豕孚蹢躅」之「羸」，上博本作「嬴」。

　　玉姍案：帛書本、今本作「羸」，上博本作「嬴」。「羸」、「嬴」二字皆從嬴得聲，可通假。

（三）今本「羸豕孚蹢躅」之「蹢躅」，上博本作「是蜀」，帛書本作「適屬」。

　　玉姍案：今本「蹢躅」，上博本作「是蜀」，帛書本作「適屬」。「蹢」上古音端紐錫部，「是」上古音禪紐支部，「適」上古音端紐錫部。「照穿神審禪古讀同端透定」〔註139〕禪紐、端紐古同爲舌頭音，錫、支對轉，可通假。「蹢」與「適」聲符相同，亦可通假。

　　「躅」上古音定紐屋部，「蜀」上古音禪紐屋部，「屬」上古音禪紐屋部，「躅」以「蜀」爲聲符，故「躅」、「蜀」可通假。「躅」與「屬」聲近韻同，亦可通假。

【爻辭釋讀】

　　〈象〉曰：
　　　　「繫于金柅」，柔道牽也。（頁104）

王弼《注》：
　　　　初六處遇之始，以一柔而承五剛，體夫躁質，得遇而通，散而无主，自縱者也。柔之爲物，不可以不牽。臣妾之道，不可以不貞，故必繫于正應，乃得「貞吉」也。若不牽于一，而有攸往行，則唯凶是見矣。羸豕，謂牝豕也。群豕之中，豭強而牝弱，故謂之「羸豕」也。孚，猶務躁也。夫陰質而躁恣者，羸豕特甚焉，言以不貞之陰，失其所牽，其爲淫醜，若羸豕之孚務蹢躅也。（頁104）

孔穎達《正義》：
　　　　金者，堅剛之物。柅者，制動之主，謂九四也。初六陰質，若繫于正，應以從于四，則貞而吉矣，故曰「繫于金柅，貞吉」也。若不牽于一，而有所行往，則惟凶是見矣，故曰「有攸往，見凶」。初六

─────────────

〔註139〕陳師新雄：《古音學發微》（台北：文史哲出版社，1996年10月），頁1166。

處遇之初，以一柔而承五剛，是不繫金柅，有所往者也。不繫而往，
則如羸豕之務躁而蹢躅然也，故曰「羸豕孚蹢躅」。羸豕謂牝豕也。
群豕之中，豭強而牝弱也，故謂牝豕爲羸豕。陰質而淫躁，牝豕特
甚焉，故取以爲喻。（頁 104）

朱熹《易本義》：

柅，所以止車，以金爲之，其剛可知。一陰始生，靜正則吉，往進
則凶，故以二義戒小人，使不害於君子，則有吉而无凶。然其勢不
可止也。故以羸豕蹢躅曉君子，使深爲之備云。（頁 171）

南懷瑾、徐芹庭《周易今註今譯》：

初六居姤卦之初，它有連繫于金製的收絲器具的象徵，意思就是說：
連于九二，如此就能正而且吉，如有所往以應于九四的話，就會有
凶。就如母豬孚於牡豬，那樣的跳蹲纏綿，這是可醜的行爲，必見
醜於人，所以是凶的。（頁 281）

玉姍案：金者，堅剛之物。「柅」爲止車的器具，象徵制動之主，此謂
九四。群豕之中，豭強而牝弱也，故謂牝豕爲羸豕。初六處姤卦之始，以一
柔承五剛而爲遘遇之始，又上繫於陽剛九四。初六爲陰柔之物，不可不受牽
制，故繫于九四正應，乃得貞吉。若不受牽繫而前行，則見凶。若失其所牽
繫，如柔羸的牝豕性躁而蹢躅不前。陳惠玲以爲「南懷瑾、徐芹庭作『母豬
孚於牡豬，那樣的跳蹲纏綿』，以常理判斷，應是『牡豬跳蹲纏綿』才是。」
〔註140〕陳惠玲之說可從。

今本「初六：繫于金柅，貞吉。有攸往，見凶。羸豕孚蹢躅。」意思是：
初六處姤遇之始，以一柔承五剛，須受牽制。若能繫於堅剛制動的九四金柅，
乃得貞吉。若不受牽繫而自前行，則見凶；有如母豬失去牽繫，性躁而蹢躅
不前。

上博本作「初六：繫于金柅，貞吉。又卣逃，見凶，羸豕孚是蜀。」帛書
本作「初六：擊于金梯，貞吉。有攸往，見兇。羸豨復適屬。」其意與今本同。

1. 上博《周易》：九二：橐又魚，亡咎，不稱方。

2. 阜陽《周易》：【缺簡】

〔註140〕陳惠玲：《《上海博物館藏戰國楚竹書（三）・周易》研究》（臺灣師範大學國
　　　文教學所碩論，2005 年 8 月），頁 533～534。

3. 帛書《周易》：九二：枹有魚，无咎，不利賓。

4. 今本《周易》：九二：包有魚，无咎，不利賓。

【文字考釋】

（一）今本「包有魚」之「包」，帛書本作「枹」，上博本作「（橐）」。

玉姍案：上博本作「」，濮茅左隸定爲「橐」，訓「囊」。〔註 141〕陳惠玲以爲「橐，甲骨文作（《前》1.45.3）、（《明》1554），金文作（毛公厝鼎）、（散盤），楚系文字亦見於信陽簡作（《信》2.03）、（《信》1.027），「橐」，從束缶聲，所釋無誤。」〔註 142〕皆可從。「橐」字，從橐缶聲，上古音爲非紐幽部，今本「包」上古音爲幫紐幽部，帛書本「枹」從包得聲。古無輕唇音，故「橐」、「包」同爲唇音幽部，因此「橐」、「包」、「枹」可通假。

（二）帛書本、今本「不利賓」之「賓」，上博本作「宁」。

玉姍案：季師《說文新證‧賓》：

甲骨文從宀人（（《甲》1222）），學者皆以爲即賓之初文。或聲化從万（丏之初文）聲。金文或從「元」（（邾公釛鐘）），四訂《金文編》引高景成曰：「古卩人兀元四字俱通，象室下來人，賓客之義。《說文》從丏聲，非。」其說可從，但謂《說文》「從丏聲」爲非，則不必。〔註 143〕

季師之說可從。「宁」（（《甲》1222））爲賓之初文，象室下來人，會賓客之意。

【爻辭釋讀】

〈象〉曰：

「包有魚」，義不及賓也。（頁 104）

《周易集解》引虞翻云：

巽爲白茅，在中稱「包」，《詩》云「白茅包之」。「魚」謂初陰。（頁 404）

〔註 141〕馬承源主編：《上海博物館藏戰國楚竹書（三）》（上海：上海古籍出版社，2003年 12 月），頁 191。

〔註 142〕陳惠玲：《《上海博物館藏戰國楚竹書（三）‧周易》研究》（臺灣師範大學國文教學所碩論，2005 年 8 月），頁 535～536。

〔註 143〕季師旭昇：《說文新證‧上》（台北：藝文印書館，2002 年 10 月），頁 600～601。

孔穎達《正義》：

> 初六以陰而處下，故稱魚也。以不正之陰，處遇之始，不能逆於所近，故捨九四之正應，樂充九二之庖廚，故曰「九二，庖有魚」。初自樂來，爲己之廚，非爲犯奪，故得「无咎」也。夫擅人之物，以爲己惠，義所不爲，故「不利賓」也。（頁104）

朱熹《易本義》：

> 魚，陰物。二與初遇，爲包有魚之象。然制之在己，故猶可以无咎。若不制而使遇於眾，則其爲害廣矣。故其象占如此。（頁171）

南懷瑾、徐芹庭《周易今註今譯》：

> 九二居陰遇陽之時，與初六相比鄰，所以有「包有魚」的象徵，它是無咎的，不夠，不利於外來的賓客。……按：九二處內卦之中故曰「包」，與初六相承，故包有魚。外卦乾爲賓，九四本應初六，然九二據初六，故不利於上處外卦之九四。（頁282）

玉姍案：今本「包有魚」之「包」，自古以來學者分兩派解釋，虞翻、南懷瑾以爲「包」即包裹之「包」。王弼、孔穎達以爲「包」通「庖」，庖廚之意，「包有魚」即「庖有魚」，廚中有魚之義。筆者以爲上博本作「𣏌（橐）又魚」，「橐」象囊橐之形，亦可引申出「包裹」之義，今本九五爻辭「以杞包瓜」，上博本作「呂芑橐苽」，亦是釋作動詞「包裹」義。此外，本卦九二爻辭「包有魚」、九四爻辭「包无魚」、九五爻辭「以杞包瓜」，皆見「包」字，上博本相對應處均爲「橐」字，可見上博本中三處皆作「包裹」之義。筆者以爲直接將今本三處皆釋爲「包裹（名詞）－包裹（名詞）－包裹（動詞）」爲佳。故今本「包有魚」之「包」，亦從虞翻、南懷瑾之說，釋爲包裹之「包」。帛書本「枹有魚」之「枹」通假爲「包」。

初六以陰而處下，故稱「魚」。九二處內卦之中故曰「包」。九二與初六相承，故「包有魚」。外卦乾爲賓，初六自來歸九二，非九二主動犯奪，故得「无咎」。九四本應初六，然九二據初六，不利於上處外卦之九四，故曰「不利賓」。

今本「九二：包有魚，无咎，不利賓。」意思是：九二處內卦之中，而與初六相承，如包裹中有魚。這是初六自來歸而並非九二主動奪取，所以無咎。但九二已據初六，故不利於九四賓客。

上博本作「九二：橐又魚，亡咎，不稱方。」帛書本作「九二：枹有魚，

无咎，不利賓。」其意與今本同。

1. 上博《周易》：九晶：詖无肤，丌行綨疋，礪，亡大咎。
2. 阜陽《周易》：【缺簡】
3. 帛書《周易》：九三：臀无膚，其行次且，厲，无大咎。
4. 今本《周易》：九三：臀无膚，其行次且，厲，无大咎。

【文字考釋】

帛書本九三爻辭殘，據今本補。

（一）今本「次且」，上博本作「綨疋」。文字可通假，詳見本論文第三章第
　　　四十三節夬卦九四爻【文字考釋】。

【爻辭釋讀】

〈象〉曰：
　　「其行次且」，行未牽也。（頁104）

王弼《注》：
　　處下體之極，而二據于初，不爲己乘，居不獲安，行无其應，不能牽
　　據，以固所處，故曰「臀無膚，其行次且」也。然履得其位，非爲妄
　　處，不遇其時，故使危厲，災非己招，是以「无大咎」也。（頁104）

孔穎達《正義》：
　　陽之所據者，陰也。九三處下體之上，爲內卦之主，以乘于二，无
　　陰可據，居不獲安，上又无應，不能牽據以固所處，同于夬卦九四
　　之失據，故曰「臀无膚，其行次且」也。（頁104）

朱熹《易本義》：
　　九三過剛不中，下不遇於初，上无應於上。居則不安，行則不進，
　　故其象占如此。然既无所遇，則无陰邪之傷，故雖危厲而无大咎也。
　　（頁171）

南懷瑾、徐芹庭《周易今註今譯》：
　　九三居柔遇剛之時，位九二之上，已不能與初六相遇，所以有「後
　　臀沒有皮膚，以致行走時不能前進」的現象。這雖是危厲的，但是
　　沒有大的災咎。（頁282）

玉姍案：九三處在下卦最上，九二又與初六相應，因此九三爻無陰爻可

應，象徵不能牽據初六來鞏固所處，居不得安，有如臀部無膚，行走艱難，故曰「臀無膚，其行趑趄」。但九三得位，只是不得其時，雖有暫時的危厲，但無大咎。

今本「九三：臀无膚，其行次且，厲，无大咎。」意思是：九三處下體之極而無應，有臀部沒有肌膚、行走艱難的現象，這是危厲的，但沒有大災咎。

上博本作「九晶：䐠无肤，丌行綟疋，礍，亡大咎。」帛書本作「九三：臀无膚，其行次且，厲，无大咎。」其意與今本同。

1. 上博《周易》：九四：欕亡魚，巳凶。

2. 阜陽《周易》：【缺簡】

3. 帛書《周易》：九四：枹无魚，正兇。

4. 今本《周易》：九四：包无魚，起凶。

【文字考釋】

（一）今本「起凶」之「起」，上博本作「巳」，帛書本作「正」。

玉姍案：今本「起凶」之「起」，上博本作「巳」，帛書本作「正」。「起」，《說文》：「从走，巳聲。」聲符和上博本「巳」同，故可通假。

帛書本作「正」上古音知紐耕部，「巳」為邪紐之部，二字皆為舌音，但韻部較遠，無法通假。張立文以為「正疑為『征』。『征』謂征伐，『正凶』為征伐即有凶。」〔註144〕筆者以為「正」可讀為「征」，有前往之意，但不一定要釋為「征伐」。「征」，前往，與今本「起」謂君王想要有所作為之意相近。

【爻辭釋讀】

〈象〉曰：

「无魚」之凶，遠民也。（頁104）

《周易集解》引崔覲云：

雖初應而失其位，二有其魚而賓不及。若起于競，涉遠必難，終不遂心，故曰「无魚之凶，遠民也」，謂初六矣。（頁406）

王弼《注》：

二有其魚，故失之也。无民而動，失應而作，是以「凶」也。（頁

〔註144〕張立文（張憲江）：《周易帛書今注今譯》（台北：臺灣學生書局，1991年），頁135。

104）

孔穎達《正義》：

　　二擅其應，故曰「庖无魚」也。庖之无魚，則是无民之義也。「起凶」

　　者，起，動也。「无民而動，失應而作，是以凶也」。（頁 104）

朱熹《易本義》：

　　初六正應，已遇於二而不及於己。故其象占如此。民之去己，猶己

　　遠之。（頁 171）

南懷瑾、徐芹庭《周易今註今譯》：

　　九四在柔遇剛，陰遇陽的時候，本與初六相應，但初六與九二比鄰，

　　已遇九二了，所以有「包無魚」的象徵。如果起而與九二力爭，則

　　有凶。（頁 283）

　　玉姍案：初六相附於九二而不與九四相應，造成九四包裹中无魚的現象。以人事而言，象徵君主失去民心依附卻想有所作爲，結果必然是凶。

　　今本「九四：包无魚，起凶。」意思皆是：初六爲九二所據，九四如同包裹中无魚，象徵君王無民心相應，此時若想有所作爲，則有凶。

　　上博本作「九四：櫜亡魚，已凶。」其意與今本同。

　　帛書本作「九四：枹无魚，正兇。」意思皆是：初六爲九二所據，九四如同包裹中无魚，象徵君王無民心相應，若貿然前往，結果必然是凶。

1. 上博《周易》：九五：呂芑櫜苽，㰃章，又惪自天。

2. 阜陽《周易》：【缺簡】

3. 帛書《周易》：五〈九〉五：以忌枹苽，含章，或塤自天。

4. 今本《周易》：九五：以杞包瓜，含章，有隕自天。

【文字考釋】

　　帛書本「九五」訛寫作「五五」，據今本更正。

（一）今本「以杞包瓜」之「杞」，上博本作「芑」，帛書本作「忌」。

　　玉姍案：「杞」、「芑」、「忌」皆從「己」聲，可相通假。

（二）帛書本、今本「含章」之「含」，上博本作「㰃（㰃）」。

　　玉姍案：上博本「㰃」，濮茅左隸定爲「㰃」，疑亦「琀」字，讀爲「含」。

—679—

〔註145〕季師以爲「此字右從欠、左旁之金形已與西周『金』形不同，上部聲化爲『今』，下部則作『玉』形。」〔註146〕可從。「歙」。與今本「含」皆從「今」得聲，可以通假。

（三）今本「有隕自天」之「隕」，上博本作「惡」，帛書本作「塤」。

玉姍案：帛書本作「塤」，今本作「隕」，二字皆由「員」得聲，可通假。

上博本「惡」上古音影紐幽部，與「隕」字聲韻、字義均不近，當爲所傳版本不同。季師以爲：

> 從爻象來看，九五爻居中得正，但是與初六無比也無應，所以虞翻說要讓初爻和四爻易位。「以杞包瓜」象以高大的杞梓樹遮蔽著在下的陰物——瓜，雖有含章之美而未能發。「有隕自天」的「隕」（爲／諄），疑當讀爲「隱」（影／諄），《楚辭·怨思》「志隱隱而鬱怫」，注：「隱隱，憂也。」或讀爲「殷」（影／諄），《爾雅·釋訓》：「殷殷，憂也。」《文選·顏延年夏夜詩》：「慕類抱情殷。」注釋爲「憂」。隕、隱、殷三字同韻，聲同屬喉音，當可通假。「有隱（殷）自天」，意思是：「心中存著來自上天的憂患。」與簡本作「又惡自天」同意。〔註147〕

季師以爲「有隕自天」的「隕」（爲／諄），疑當讀爲「隱」（影／諄），注釋爲「憂」。「有隱（殷）自天」，意思是：「心中存著來自上天的憂患。」於聲韻及文義皆可通。可從。

【爻辭釋讀】

〈象〉曰：

九五「含章」，中正也。「有隕自天」，志不舍命也。（頁104）

《周易集解》引虞翻云：

> 杞，杞柳，木名也。巽爲「杞」爲「苞」，乾圓稱「瓜」，故「以杞苞瓜」矣。「含章」謂五也。五欲使初四易位，以陰含陽，已得乘之，

〔註145〕馬承源主編：《上海博物館藏戰國楚竹書（三）》（上海：上海古籍出版社，2003年12月），頁192。

〔註146〕季師旭昇主編：《上海博物館藏戰國楚竹書（三）讀本》（台北：萬卷樓，2005年10月），頁107。

〔註147〕季師旭昇主編：《上海博物館藏戰國楚竹書（三）讀本》（台北：萬卷樓，2005年10月），頁107～108。

故曰「含章」。（頁 406～407）

王弼《注》：

　　九五履得尊位，而不遇其應，得地而不食，含章而未發，不遇其應，
　　命未流行。然處得其所，體剛居中，志不舍命，不可傾隕。（頁 104）

孔穎達《正義》：

　　杞之爲物，生于肥地；匏瓜爲物，繫而不食，九五處得尊位而不遇，
　　其應是得地而不食，故曰「以杞匏瓜」也。不遇其應，命未流行，
　　无物發起其美，故曰「含章」。然體剛居中，雖復當位，命未流行，
　　而不能改其操，无能傾隕之者，故曰「有隕自天」。蓋言惟天能隕之
　　耳。（頁 104）

朱熹《易本義》：

　　瓜，陰物之在下者。甘美而善潰。杞，高大堅實之木也。五以陽剛
　　中正，主卦於上，而下防始生必潰之陰，其象如此。然陰陽迭勝，
　　時運之常。若能含晦章美，靜以制之，則可以回造化矣。有隕自天，
　　本无而倏有之象。（頁 172）

南懷瑾、徐芹庭《周易今註今譯》：

　　九二當姤遇之時，無應于下，但居九五的尊位，陽剛得正，又居外
　　卦之中，合於中道之美，所以有「用杞包著可食的瓜」的象徵，意
　　思就是說，含著它的章美，不表現于外。但九五是君位，所以又有
　　發號施令，如從上天而降下的象徵。（頁 284）

　　玉姍案：「以杞包瓜」說法多歧，王、孔釋爲「以杞匏瓜」，虞翻以爲「以
杞柳包瓜」，高亨以爲「拔芑於田中以包瓜」，〔註148〕南懷瑾以爲「用杞包著
可食的瓜」，季師以爲「以杞樹遮蔽著瓜」。

　　筆者以爲九五居中得正，其位高也。故以物象之，高大的杞樹應比柔弱
的杞柳、枸杞更能比擬九五位高之象。季師以爲從爻象來看，象以高大的九
五杞梓樹遮蔽著在下的初六之瓜，彼此無比無應，雖有含章之美而未能發。
「包」爲包蔽、遮蔽之義。〔註149〕此從之。

　　今本「九五：以杞包瓜，含章，有隕自天。」意思是：九五高處尊位，

〔註148〕高亨：《周易古經今注》（台北：文笙書局，1981 年 3 月），頁 151。
〔註149〕季師旭昇主編：《上海博物館藏戰國楚竹書（三）讀本》（台北：萬卷樓，2005
　　　　年 10 月），頁 107～108。

就如高大杞樹遮蔽著地上的初六之瓜，其章美含而未發，但懷著自天而降的使命。

帛書本作「五〈九〉五：以忌枹苽，含章，或塤自天。」其意與今本同。

上博本作「九五：邑芑囊苽，欽章，又慂自天。」意思是：九五處尊位而不遇其應，就如同高大杞樹遮蔽著地上的瓜，其章美含而未發，但心中常存著來自上天的憂患。

1. 上博《周易》：上九：敂丌角，吝，亡咎。

2. 阜陽《周易》：【缺簡】

3. 帛書《周易》：尚九：狗亓角，閵，无咎。

4. 今本《周易》：上九：姤其角，吝，无咎。

【爻辭釋讀】

〈象〉曰：

「姤其角」，上窮吝也。（頁104）

王弼《注》：

進而无遇，獨恨而已，不與物爭，其道不害，故无凶咎也。（頁104）

孔穎達《正義》：

角者，最處體上。上九進之於極，无所復遇，遇角而已，故曰「姤其角」也。角非所安，與无遇等，故獨恨而鄙吝也。然不與物爭，其道不害，故无凶咎，故曰「无咎」也。（頁104）

朱熹《易本義》：

角，剛乎上者也。上九以剛居上而无位，不得其遇，故其象占與九三類。（頁172）

南懷瑾、徐芹庭《周易今註今譯》：

上九當姤遇時，處最極的位置，遠離初六，不能遇柔。所以有「遇其角」前無所遇，只碰到自己的牆角的象徵，這急於求遇的心情，是鄙吝的。但，前無所遇，未感其害，所以是無咎的。（頁284）

玉姍案：王弼以爲上九處姤卦之極，無所遇，只遇角而已。因進而無遇，不與物爭，其道不害，所以沒有凶咎。虞翻以爲上九在乾首上，故稱「角」，若上九爲角，則無法解釋「姤其角」之主詞爲何，故此從王、孔之說。

今本「上九：姤其角，吝，无咎。」意思是：上九處姤卦之極，象無所

遇，僅遇其角而已，雖有吝，但不與物爭，所以沒有凶咎。

上博本作「上九：敏丌角，吝，亡咎。」帛書本作「尚九：狗亓角，闔，
无咎。」其意與今本同。

第四十五節　萃　卦

一、卦名釋義

《說文》：「萃，艸皃。」（頁 40）「萃」本義爲草盛貌，引申有聚集之義，
如《詩經‧陳風‧墓門》：「墓門有梅，有鴞萃止。」毛傳：「萃，集也。」〈象〉
曰：「萃，聚也。」（頁 105）故本卦「萃」作「聚」義，爲引伸義。

〈序卦〉：「物相遇而後聚，故受之以萃。萃者，聚也。」（頁 188）姤卦
有「遇」義，萬物相遇會合而萃聚，因此隨之爲萃卦。「萃」有聚集的意思，
只要觀察萃聚的道理，就能瞭解天地萬物的情態了。

萃卦今本卦畫作「☱☷」，上兌澤，下坤地。〈象〉曰：「澤上於地，萃。君
子以除戎器，戒不虞。」（頁 106）地上有澤，萬物得其滋潤而榮旺萃聚，君
子觀此象，瞭解澤水雖能滋潤，亦有缺限不測之時，因此知修冶兵器，以備
不測的災害。

二、卦爻辭考釋

（一）卦辭考釋

1. 上博《周易》：啐：王叧于宙，利見大人，鄉，秒貞。用大牲，秒
   又卣逶。

2. 阜陽《周易》：萃：亨。王假有廟，利見大人，亨，利貞。用大牲，
   吉。利有攸往。……吉。

3. 帛書《周易》：卒：王叚于廟，利見大人，亨，利貞。用大牲，吉。
   利有攸往。

4. 今本《周易》：萃：亨。王假有廟，利見大人，亨，利貞。用大牲，
   吉。利有攸往。

【文字考釋】

　　阜陽本卦辭殘，據今本補。

（一）今本「萃」，上博本作「嗺」，帛書本作「卒」。

　　玉姍案：今本「萃」，上博本作「嗺」，帛書本作「卒」。「萃」、「嗺」皆從卒得聲，可以通假。

（二）今本「假」，上博本作「𥰪」（𥰪），帛書本作「叚」。

　　玉姍案：「假」從「叚」得聲，二字可通假，今本「假」字，帛書本多作「叚」。

　　上博本作「𥰪」（𥰪），從口、各聲。濮茅左以為「『𥰪』從口，各聲，讀為『格』，有「至」、「達」之意。〔註150〕可從。「各」上古音見紐鐸部，和今本「假」上古音見紐魚部，同為見紐，魚、鐸對轉可通假。

（三）上博本、帛書本「王假有廟」前無「亨」字。上博本「用大牲」後無「吉」。

　　玉姍案：上博本、帛書本「王假有廟」前均無「亨」字，馬、鄭、陸、虞等並無「亨」字。而「利見大人」後三版本皆有「亨」字，可見今本「亨，王假有廟」之「亨」可能為衍文。

　　上博本「用大牲」後無「吉」字，有二種可能：一為抄手筆誤訛漏，二為較早版本本無「吉」字。但缺「吉」字於文義亦可通，故並列其說，以待來者。

（四）今本「王假有廟」之「有」，上博本、帛書本均作「于」。

　　玉姍案：今本「王假有廟」之「有」，上博本、帛書本均作「于」。較早版本均作「于」字，張立文以為「『有』猶『于』也。『王假有廟』，言王至於宗廟。渙卦辭：『王假有廟』。……九五：『王假有家』。諸『有』為『於』義。」〔註151〕可從。「王叚于廟」即「王至于廟」，較今本「王假有廟」文義更通順。

【卦辭釋讀】

　　〈彖〉曰：

〔註150〕馬承源主編：《上海博物館藏戰國楚竹書（三）》（上海：上海古籍出版社，2003年12月），頁193。
〔註151〕張立文（張憲江）：《周易帛書今注今譯》（台北：臺灣學生書局，1991年），頁515。

萃，聚也。順以說，剛中而應，故「聚」也。「王假有廟」，致孝享也。「利見大人，亨」，聚以正也。用大牲，吉，利有攸往，順天命也。觀其所聚，而天地萬物之情可見矣。（頁105）

〈象〉曰：

澤上於地，萃。君子以除戎器，戒不虞。（頁105）

王弼《注》：

聚乃通也。假，至也，王以聚至有廟也。聚得大人，乃得通而利正也。全乎聚道，「用大牲乃吉」也。聚道不全，而用大牲，神不福也。（頁105）

孔穎達《正義》：

「萃」，卦名也，又萃聚也，聚集之義也。能招民聚物，使物歸而聚己，故名為「萃」也。亨者，通也。擁隔不通，无由得聚，聚之為事，其道必通，故云「萃亨」。假，至也。天下崩離，則民怨神怒，雖復享祀，與无廟同。王至大聚之時，孝德乃昭，始可謂之「有廟」矣，故曰「王假有廟」。聚而無主，不散則亂。惟有大德之人，能弘正道，乃得常通而利正，故曰「利見大人，亨，利貞」也。大人為王，聚道乃全，以此而用大牲，神明降福。故曰「用大牲，吉也」。人聚神祐，何往不利？故曰「利有攸往」也。（頁105）

朱熹《易本義》：

萃，聚也。坤順兌說。九五剛中而二應之，又為澤上於地。萬物萃聚之象，故為萃。亨字衍文。王假有廟，言王者可以至于宗廟之中。王者卜祭之吉占也。祭義曰，公假于太廟是也。廟所以聚祖考之精神，又人必能聚己之精神，則可以至于廟而承祖考也。物既聚，則必見大人而後可以得亨。然又必利於正。所聚不正，則亦不能亨也。大牲必聚而後有，聚則可以有所往，皆占吉而有戒之辭。（頁172～173）

南懷瑾、徐芹庭《周易今註今譯》：

在萃聚的時候，是亨通的。王可以至宗廟祭祀，以求獲福。利於參見大人，這是亨通的，不過要利於守正，用大的犧牲如牛羊之類來祭祀，來宴聚賓客，這是吉利的。並且可以利有所往。（頁285）

玉姍案：「萃」有聚集之意，象徵君主能匯聚百姓之心。「王假有廟」之

「假」，孔穎達以為：「假，至也。」于省吾《易經新證》：「『假』即『格』，訓『至』。了無疑義」，〔註152〕上博本作「王畧于窜」，或可證實于省吾之推論。「王假有廟」即「王格（至）有廟」，指君王獲得政權，享有立太廟祭祀先祖的權利。「王畧于窜」、「王叚于廟」則直接說明君王到太廟祭祀祖先。這時利於見大德之人，這是亨通而利於正道的。必須用大的犧牲如牛羊之類來祭祀，這是吉利的。並且利於前往。

今本作「萃：亨。王假有廟，利見大人，亨，利貞。用大牲，吉。利有攸往。」意思是：萃卦象徵能以道聚集民心，這是亨通的。王也因此而擁有天下，享有立太廟祭祀先祖的權利，這時利於見大德之人，這是亨通而利於正道的。要用大的犧牲如牛羊之類來祭祀，這是吉利的。並且利於前往。

上博本作「啐：王畧于窜，利見大人，鄉，礽貞。用大牲，礽又卤進。」意思是：萃卦象徵能以道聚集民心，王也因此而擁有天下，能至太廟祭祀，這時利於見大德之人，才能弘揚正道，這是亨通而利於正道的。此時宜用大的犧牲如牛羊之類來祭祀，並且利於前往。

帛書本作「卒：王叚于廟，利見大人，亨，利貞。用大生，吉。利有攸往。」意思是：萃卦象徵能以道聚集民心，王也因此而擁有天下，能至太廟祭祀，這時利於見大德之人，這是亨通而利於正道的。要用大的犧牲如牛羊之類來祭祀，這是吉利的。並且利於前往。

（二）爻辭考釋

1. 上博《周易》：初六：又孚不冬，乃憂固啐。若啚，一斜于芺，勿卹，連亡咎。

2. 阜陽《周易》：初六：有 孚不終，乃亂乃萃。若號，一握為笑，勿恤，往无咎。

3. 帛書《周易》：初六：有復不終，乃乳乃卒，若亓號。一屋于芺，勿血，往无咎。

4. 今本《周易》：初六：有孚不終，乃亂乃萃。若號，一握為笑，勿恤，往无咎。

【文字考釋】

〔註152〕于省吾《易經新證》，（台北：藝文印書館，1975 年 9 月），頁 139～140。

阜陽本初六爻辭部分殘，據今本補。

（一）今本「乃亂乃萃」之「亂」，上博本作「𢎥」，帛書本作「乳」。

玉姍案：今本「乃亂乃萃」之「亂」，上博本作「𢎥」，帛書本作「乳」。「乳」古音日紐侯部，「亂」上古音皆爲來紐元部，聲韻皆遠，故張立文以爲「乳篆文作𠃵，亂字篆文作𤔔，形近。」〔註153〕乳」與「亂」篆字形近，有可能因「亂」字筆劃省簡而訛如「乳」字，張說可從。今本「亂」字，帛書本多作「乳」；如今本《周易》既濟卦辭：「初吉，終亂。」帛書本作「初吉，冬乳。」

上博本作「𢎥」，與毛公層鼎作𢆉、魏三體石經作𢆉字形同，從𢆉，矞聲，即「亂」之異文。〔註154〕季師旭昇以爲「可能以𢆉表示眾口喧亂的意思」〔註155〕可從。

（二）今本「若號」，帛書本作「若亓號」，多一「亓」字。

玉姍案：今本「若號」，上博本作「若唬」，唯有帛書本作「若亓號」，多一「亓」字，有可能爲衍文，但文義仍可通。

（三）今本「一握爲笑」，上博本作「一𢾑（斛）于芙」，帛書本作「一屋于芙」。

玉姍案：「握」由「屋」得聲，二字可以通假。
上博本「𢾑」，濮茅左隸定爲「斛」。陳惠玲以爲：

> 「斗」字，甲骨文作𨸏（《合集》362），象斗勺之形，楚文字作𣏟（二十八宿漆書），於斗勺內加短橫，和「升」同形。「角」，甲骨文作𧣫（《菁》1.1），象獸角之形，金文作𧢲（鄂侯鼎），楚系文字作𧢲（《望》2.2）、𧢲（《包》2.18）、𧢲（《輯證》184.3）。故簡文「𢾑」字從斗，從角，隸作「斛」無誤。〔註156〕

可從。握」上古音影紐屋部，「斛」上古音匣紐屋部，聲近韻同亦可通假。

「一握爲笑」之「爲」，上博本與帛書本皆作「于」。「于」、「爲」古相假

〔註153〕張立文（張憲江）：《周易帛書今注今譯》（台北：臺灣學生書局，1991年），頁288。
〔註154〕何琳儀：《戰國古文字典》，（北京：中華書局，1998年9月），頁1036。
〔註155〕季師旭昇：《說文新證‧上》（台北：藝文印書館，2002年10月），頁319。
〔註156〕陳惠玲：《《上海博物館藏戰國楚竹書（三）‧周易》研究》（臺灣師範大學國文教學所碩論，2005年8月），頁554～555。

互訓。「于」可假借爲「爲」。如《詩‧定之方中》:「定之方中,作于楚宮。
揆之以日,作于楚室。」《正義》曰:「作爲楚丘之宮,作爲楚丘之室」。

今本「一握爲笑」之「笑」,上博本作「芺」,帛書本作「芙」。上博本
「笑」皆作「芺」,帛書本「笑」皆作「芙」。陳惠玲以爲:

> 「芺」字,甲金文未見,楚簡文字「笑」皆作「芺」。《說文》:「笑,
> 喜也。从竹从犬。」段注:「犬聲。唐玄度《九經字樣》先笑後笑,
> 引楊承慶《字統異說》云:『从竹从夭』竹爲樂器,君子然後笑。……
> 蓋楊氏求犬之故不得,是用改夭形」。可知段氏認爲「笑」字是先
> 犬後夭。今楚簡文字可證之。曾憲通以爲「笑」字本從犬,後訛夭
> 爲聲符:「頗疑笑字本從犬,從艸得聲。何以從犬雖不易質言,後
> 人不明艸爲聲符復因古文字偏旁從艸義近每互作,卒至易艸爲竹作
> 義符,訛犬爲夭作聲符。〔註157〕」〔註158〕

陳惠玲之說可從。曾憲通以爲「芺」、「笑」本爲一字,「艸」、「竹」可相通,
之後從艸之形遂失。簡文「芺」字爲「笑」,可從。帛書本以「芙」爲「笑」,
可能爲「艸」、「竹」部首可相通,或形近而訛。

【爻辭釋讀】

〈象〉曰:

> 「乃亂乃萃」,其志亂也。(頁 105)

王弼《注》:

> 不能守道,以結至好,迷務競爭,故乃亂乃萃也。一握者,小之貌
> 也。爲笑者,懦劣之貌也。(頁 105)

孔穎達《正義》:

> 初六有應在四,而三承之。萃聚之時,貴于近合,見三承四,疑四
> 與三,始以正應相信,末以他意相阻,故曰「有孚不終」也。既心
> 懷嫌疑,則情意迷亂,奔馳而行,萃不以禮,故曰「乃亂乃萃」。
> 一握者,小之貌也,自比一握之間,言至小也。爲笑者,非嚴毅之
> 容,言懦劣也。己爲正配,三以近寵。若自號比爲一握之小,執其

〔註157〕曾憲通:〈楚帛書文字新訂〉,《中國古文字研究》第一輯(吉林:吉林大學,
　　　　1999 年 6 月),頁 94。

〔註158〕陳惠玲:《《上海博物館藏戰國楚竹書(三)‧周易》研究》(臺灣師範大學國
　　　　文教學所碩論,2005 年 8 月),頁 554～555。

謙退之容，不與物爭，則不憂于三，往必得合而「无咎」矣。（頁
105）

朱熹《易本義》：

初六上應九四，而隔於二陰。當萃之時，不能自守，是有孚而不終，
志亂而妄聚也。若呼號正應，則眾以爲笑，但勿恤而往從正應，則
无咎矣。戒占者當如是也。（頁169）

南懷瑾、徐芹庭《周易今註今譯》：

初六在萃聚之時，應於九四，但九四比於六三，所以有孚不終，心
裡迷惑至極，因爲很紛亂，又很想前往，以與九四相萃聚，如果呼
援，則必能達到萃聚的目的，而與握手言歡，這是不要憂恤的，前
往是沒有災咎的。（頁287）

玉姍案：學者於「若號，一握爲笑」見解各異，王、孔以爲讀爲「若號，
一握爲笑」，釋爲「若自號比爲一握之小，執其謙退之容」。朱熹以爲是「若
呼號正應，則眾以爲笑」。高亨以爲「因得病而哭號，一室之人皆笑之」。〔註
159〕

筆者以爲萃卦觀察萃聚之理，以瞭解天地萬物之情。初六上應九四，卻
受到六三阻隔，無法完成萃聚。因此對九四有孚信而不能至終。高亨之說不
能相應「萃聚」之義，南懷瑾以爲「如果呼援，則必能達到萃聚的目的，而
與握手言歡」，但本爻中初六尚未能達到萃聚目的，故此均不採用。朱熹之
說雖可通，但「一握爲笑」爲何解釋爲「眾以爲笑」，「一握」似乎沒有得到
合理的解釋，故仍有不夠完整之虞。眾說中唯王弼、孔穎達說較爲合理完整，
故此從王、孔之說。

初六上應九四，卻受到六三阻隔，無法完成萃聚。因此對九四有孚信而
不能至終。當六二、六三有如群聚者作亂號叫時，初六仍必須保持謙退的笑
容（緊握的拳頭有退縮、謙退之意），不強爭，則不憂於阻隔，而能前往無
災咎。

今本「初六：有孚不終，乃亂乃萃。若號，一握爲笑，勿恤，往无咎。」
意思是：初六上應九四，卻受到六三阻隔，於是對九四的信任不能至終。有
如聚集者作亂號叫，此時仍須保持謙退的笑容，不強爭，方能無憂恤，前往

─────────

〔註159〕高亨《周易古經今注》，（台北：文笙書局，1981年3月），頁152～153。

而無災咎。

上博本作「初六：又孚不冬，乃嬖囟嗥。若啻，一斛于芙，勿卹，逪亡咎。」帛書本作「初六：有復不終，乃乳乃卒，若亓號。一屋于芙，勿血，往无咎。」其意均與今本同。

1. 上博《周易》：六二：引吉，无咎。孚乃利用禴。
2. 阜陽《周易》：六二：引吉，无咎。孚乃利用禴。
3. 帛書《周易》：六二：引吉，无咎。復乃利用濯。
4. 今本《周易》：六二：引吉，无咎。孚乃利用禴。

【文字考釋】

上博本、阜陽本六二爻辭殘，皆據今本補。

（一）今本「孚乃利用禴」之「禴」，帛書本作「濯」。

玉姍案：今本《周易》中之「禴」字，帛書本皆作「濯」。「禴」上古音喻四藥部，「濯」上古音定紐藥部，喻四古歸定之變聲，如「代」（定紐月部）從「弋」（喻四質部）得聲，又「通」（定紐東部）從「甬」（喻四東部）得聲。二字韻同聲近，可以通假。

【爻辭釋讀】

〈象〉曰：

「引吉无咎」，中未變也。（頁 105）

王弼《注》：

居萃之時，體柔當位，處坤之中，己獨處正，與眾相殊，異操而聚，民之多僻，獨正者危。未能變體以遠于害，故必見引，然後乃吉而无咎也。（頁 105）

孔穎達《正義》：

萃之為體，貴相從就，聚道乃成。今六二以陰居陰，復在坤體，志于靜退，則是守中未變，不欲相從者也。乖眾違時，則致危害，故須牽引乃得「吉」而「无咎」也，故曰「引吉无咎」。禴，殷春祭之名也，四時之祭最薄者也。雖乖于眾，志須牽引。然居中得正，忠信而行，故可以省薄祭于鬼神也，故曰「孚乃利用禴」。（頁 105）

朱熹《易本義》：

二應五而雜於二陰之閒，必牽引以萃，乃吉而无咎。又二中正柔順，虛中以上應。九五剛健中正，誠實而下交，故卜祭者有其孚誠，則雖薄物，亦可以祭矣。（頁174）

南懷瑾、徐芹庭《周易今註今譯》：

六二當萃聚的時候，柔順居中，所以有「導入吉利而沒有災咎」的象徵。有孚信時，即可利用夏日祭祀，以求獲福。〔註160〕

季師以爲：

聞一多《周易義證類纂》謂「引」爲「弘」之訛。案：甲骨文「引吉」多見，「引」字作「ㄅ」（參《甲骨文編》1543、2287號），舊釋爲「弘」，于豪亮據《雲夢睡虎地秦簡》「引強」之「引」作「弓」、《馬王堆帛書・易經》「引吉」之「引」字作「ㄑ」，因而主張甲骨文此形亦當釋「引」，《爾雅・釋詁》：「引，長也。」引吉，謂長吉（參〈說引字〉）。〔註161〕

玉姍案：「引」字，聞一多、高亨以爲「引當作弘，形近而訛」。〔註162〕但春秋戰國時代之後「引」與「弘」寫法明顯不同，「引」寫作弓（春秋.秦公簋）、弓（西漢.馬.養218），「弘」寫作弘（楚.曾7）、弘（西漢.老甲.後346），是以不太可能有訛寫情形，故仍作「引吉」解釋。

六二位處中正，但處于初六、六三之間，已獨處正、與眾相殊，可能會遭到危害，須受九五牽引，乃能得吉而沒有災咎。「禴」，殷春祭名。處中正之位，以忠信致之，故可以四時祭祀之最省薄的禴祭來祭鬼神。

今本作「六二：引吉，无咎。孚乃利用禴。」意思是：六二處在二陰爻之中，須受九五牽引才能得吉而无咎。因有孚信，即使用省薄的禴祀來祭祀鬼神也無妨。

帛書本作「六二：引吉，无咎。復乃利用濯。」其意與今本同。

1. 上博《周易》：六三：萃如嗟如，无攸利，往无咎，小吝。
2. 阜陽《周易》：六三：萃如嗟如，无攸利，往无咎，小吝。

〔註160〕南懷瑾、徐芹庭：《周易今註今譯》（台北：臺灣商務印書館，2004年5月），頁288。

〔註161〕季師旭昇主編：《上海博物館藏戰國楚竹書（三）讀本》（台北：萬卷樓，2005年10月），頁113。

〔註162〕高亨：《周易古經今注》（台北：文笙書局，1981年3月），頁154。

3. 帛書《周易》：六三：卒若朘若，无攸利，往无咎，少閵。

4. 今本《周易》：六三：萃如嗟如，无攸利，往无咎，小吝。

【文字考釋】

上博本、阜陽本六三爻辭殘，皆據今本補。

（一）今本「萃如嗟如」，帛書本作「卒若朘若」。

玉姍案：今本「萃如嗟如」，帛書本作「卒若朘若」。「朘」以「左」為聲符，「左」、「嗟」上古音同為清紐歌部，「朘」、「鬷」、「嗟」可以通假。「如」與「若」二字義同相通，於古籍中屢見，此不再贅敘。

【爻辭釋讀】

〈象〉曰：

　　「往无咎」，上巽也。（頁 105）

孔穎達《正義》：

　　居萃之時，履非其位，以比于四，四亦失位。不正相聚，相聚不正，患所生也。干人之應，害所起也，故曰「萃如嗟如，无攸利」也。「往无咎，小吝」者，上六亦无應而獨立，處極而憂危，思援而求朋，巽以待物者也。與其萃于不正，不若之于同志，故可往而无咎。但以上六是陰，己又是陰，以「二陰相合，猶不若一陰一陽之應，故有小吝也」。（頁 105）

朱熹《易本義》：

　　六三陰柔不中不正，上无應與，欲求萃於近而不得，故嗟如而无所利，唯往從於上，可以无咎。然不得其萃，困然後往，復得陰極无位之爻，亦可小羞矣。戒占者當近捨不正之強援，而遠結正應之窮交，則无咎也。（頁 172）

南懷瑾、徐芹庭《周易今註今譯》：

　　六三以陰柔當萃聚之時，居於陽位上，故有一方面想前往萃聚眾人，一方面又不能前往，因而嗟嘆的樣子。這是無所利的。前往的話，雖沒有大的災咎，卻有小小的吝窮之災。（頁 288）

玉姍案：六三以柔爻居剛位，履非正位，聚而不正，因此有嗟嘆，無所利的象徵。必須前往上應上六，才能無咎。但六三與上六二陰相合，猶不若

一陰一陽之相應，故有「小吝」也。

今本「六三：萃如嗟如，无攸利，往无咎，小吝。」意思是：六三履非正位，聚而不正，因此有嗟嘆，無所利的象徵，如能前往與上六相應，則沒有災咎，但二陰相合仍有小吝之憂。

帛書本作「六三：卒若旺若，无攸利，往无咎，少閵。」其意與今本同。

1. 上博《周易》：九四：大吉，无咎。
2. 阜陽《周易》：九四：大吉，无咎。
3. 帛書《周易》：九四：大吉，无咎。
4. 今本《周易》：九四：大吉，无咎。

【文字考釋】

上博本、阜陽本九四爻辭殘，皆據今本補。

【爻辭釋讀】

〈象〉曰：

「大吉无咎」，位不當也。（頁105）

《周易集解》引虞翻云：

以陽居陰，故「位不當」。動而得正，承五應初，故「大吉」而「无咎」矣。（頁413）

孔穎達《正義》：

以陽處陰，明履非其位。又下據三陰，得其所據，失其所處。處聚之時，不正而據，是其凶也。若以萃之時，立夫大功，獲其大吉，乃得无咎，故曰「大吉，无咎」。（頁105）

朱熹《易本義》：

上比九五，下比眾陰，得其萃矣。然以陽居陰不正，故戒占者必大吉，然後得无咎也。（頁174）

南懷瑾、徐芹庭《周易今註今譯》：

九四當萃聚之時，雖不當位，但與九五的尊位比鄰而居，所以有大吉无咎的象徵。（頁289）

季師旭昇以為：

本爻「大吉，无咎」，因果關係很奇怪。王弼說「必大吉，立夫大功，然後无咎也」，以「大吉」為「无咎」的條件。大吉應該比无咎好，

必大吉然後无咎，邏輯上不太合理。其他學者或遂以「大吉，无咎」
爲本爻的兩個斷詞，但和本爻的爻象又沒有關係。疑「大吉」有誤，
但馬王堆本也作「大吉，无咎」，疑其誤甚早。《周易》「大吉」共有
五處，除本卦外，另見：〈家人〉六四，富家，大吉。／〈升〉初六，
允升，大吉。／〈鼎〉上九，鼎玉鉉，大吉，無不利。／〈小過〉小
過亨，利貞，可小事，不可大事，飛鳥遺之音，不宜上，宜下，大吉。
其它卦的「大吉」和卦象、爻象都很吻合，也都處於斷詞的地位，沒
有像萃卦這麼奇怪的。金景芳、呂紹綱《周易全解》云：「九四無尊
位。無尊位而得眾心，下體群陰都來萃聚于它，其實並非好事，極易
得咎。若想無咎，必須大吉。……大是周遍的意思，做事無所不周，
無所不正，達到至善至美的程度，謂之大吉。」所釋與王弼同以「大
吉」爲「无咎」的條件，義理較爲周延。〔註163〕

　　玉姍案：爻辭「大吉，无咎」之因果關係頗怪，季師以爲若以「大吉」爲
「无咎」的條件。大吉應該比无咎好，必大吉然後无咎，邏輯上不太合理，故
疑「大吉」有誤。但帛書本亦作「大吉，无咎」，故暫從王弼之說，以爲九四以
陽居陰，履非其位而下據三陰，處聚之時，不正而據，故必須將一切做到盡善
盡美（大吉），然後才能「无咎」也。

　　今本「九四：大吉，无咎。」意思是：九四以剛爻居柔位，不正而下據三
陰，故一切必須做到盡善盡美，然後才能「无咎」也。

　　帛書本作「九四：大吉，无咎。」其意與今本同。

1. 上博《周易》：九五：萃有位，无咎。匪孚，元永貞，悔亡。
2. 阜陽《周易》：九五：萃有位，无咎。匪孚，元永貞，悔亡。
3. 帛書《周易》：九五：卒有立，无咎。非復，元永貞，悔亡。
4. 今本《周易》：九五：萃有位，无咎。匪孚，元永貞，悔亡。

【文字考釋】

　　上博本、阜陽本九五爻辭殘，皆據今本補。

【爻辭釋讀】

〔註163〕季師旭昇主編：《上海博物館藏戰國楚竹書（三）讀本》（台北：萬卷樓，2005
年10月），頁114～115。

〈象〉曰：

「萃有位」，志未光也。（頁105）

王弼《注》：

四專而據，己德不行，自守而已，故曰「无咎匪孚」。（頁105）

孔穎達《正義》：

九五處聚之時，最得盛位，故曰「萃有位」也。既得盛位，所以「无咎」。「匪孚」者，良由四專而據，己德化不行，信不孚物，自守而已，故曰「无咎，匪孚」。若能修夫大德，久行其正，則其悔可消，故曰「元永貞，悔亡」。（頁105）

朱熹《易本義》：

九五剛陽中正，當萃之時而居尊，固无咎矣。若有未信，則亦脩其元永貞之德而悔亡矣。戒占者當如是也。（頁175）

南懷瑾、徐芹庭《周易今註今譯》：

九五當萃聚的時候，陽剛中正，爲萃之主，所以說萃聚有位，這是沒有災咎的。但是不能孚信於人，因爲九四居眾陰之上，已代其職權了。須要永久的宏大的守著正道，才不致於有悔吝的災害。（頁290）

玉姍案：九五處萃聚之時，得其盛位；但因九四下據三陰爻，而使九五爻德不能行大道，只能自守而已。如果能修仁德，守中正，久之則悔可消。

今本「九五：萃有位，无咎。匪孚，元永貞，悔亡。」意思是：九五得盛位，物皆萃聚於此，陽剛中正，故無災咎。但因九四專據，九五不能孚信於人；若能長久守著正道，就可消除悔吝。

帛書本作「九五：卒有立，无咎。非復，元永貞，悔亡。」其意與今本同。

1. 上博《周易》：上六：齎咨涕洟，无咎。
2. 阜陽《周易》：上六：齎咨涕洟，无咎。
3. 帛書《周易》：尚六：粂欿涕泊，无咎。
4. 今本《周易》：上六：齎咨涕洟，无咎。

【文字考釋】

上博本、阜陽本上六爻辭殘，皆據今本補。

【爻辭釋讀】

〈象〉曰：

「齎咨涕洟」，未安上也。（頁 105）

王弼《注》：

處上獨立，近遠无助，危莫甚焉。齎咨，嗟歎之辭也。若能知危之至，懼禍之深，憂病之甚，至于涕洟，不敢自安，亦眾所不害，故得无咎也。（頁 105）

孔穎達《正義》：

居萃之時，最處上極，五非所乘，內又无應，處上獨立，无其援助，危亡之甚，居不獲安，故「齎咨」而嗟歎也。若能知有危亡，懼害之深，憂危之甚，至于涕洟滂沱，如此居不獲安，方得眾所不害，故「无咎」矣。自目出曰涕，自鼻出曰洟。（頁 105）

朱熹《易本義》：

處萃之終，陰柔无位，求萃不得，故戒占者必如是，而後可以无咎也。（頁 175）

南懷瑾、徐芹庭《周易今註今譯》：

上六居萃聚的終極，是不能萃聚的，所以有嗟嘆流淚的樣子，因只嗟嘆於己，未受到外面的災害，所以沒有災咎。（頁 290）

　　玉姍案：上六處上獨立，內又無應援，處境十分危險。如果能知道危險即至，擔憂懼惕，直至涕洟，不敢居而安處，如此則無災咎。

　　今本作「上六：齎咨涕洟，无咎。」意思是：上六獨立無援，所以憂懼涕泣，不敢偷安，因而能無災咎。

　　帛書本作「尚六：粢欷涕洎，无咎。」其意與今本同。

第四十六節　升　卦

一、卦名釋義

　　《說文》：「升，十合也。從斗象形。」（頁 726）季師《說文新證‧升》：「『升』當象以『斗』挹酒登進祭神之意，升（審／蒸），登（端／蒸），二字同聲韻皆同。而登進祭神之建築亦謂之『升』；引申為一切升進，假借為十龠之容量單位。」

〔註164〕「升」之本義爲以斗挹酒登進以祭神之意，故「升」有登義。孔穎達《正義》：「升者，登上之義。升而得大通，故曰升。」（頁107）升卦之「升」即取「登」義。

〈序卦〉曰：「萃者，聚也。聚而上者，謂之升，故受之以升。」（頁188）凡物經萃聚而上升，故升卦在萃卦之後。

升卦今本卦畫作「䷭」，下巽風，上坤地。〈象〉曰：「地中生木，升君子以順德，積小以高大。」（頁107）孔穎達《正義》曰：「『地中生木，升』者，地中生木，始於細微，以至高大，故爲升象也。『君子以順德，積小以高大』者，地中生木，始於毫末，終至合抱，君子象之，以順行其德，積其小善，以成大名，故〈繫辭〉云：『善不積，不足以成名。』是也。」（頁107）玉姍案：〈說卦〉：「巽爲木、爲風。」（頁185）升卦下巽木，上坤地，象徵地中生木，始於毫末，終至合抱。君子觀此卦而知當積其小善以成大德。

二、卦爻辭考釋

（一）卦辭考釋

1. 上博《周易》：【缺簡】
2. 阜陽《周易》：升：元亨。用見大人，勿恤，南征吉。
3. 帛書《周易》：登：元亨。用見大人，勿血，南正吉。
4. 今本《周易》：升：元亨。用見大人，勿恤，南征吉。

【文字考釋】

阜陽本卦辭殘，據今本補。

（一）今本「升」，阜陽本、帛書本作「登」。

玉姍案：今本「升」，帛書本、阜陽本作「登」。「登」甲文從址、從豆（登車石鼓、上馬石之形），會登車之義。〔註165〕「升」則爲以斗挹酒登進祭神之意；引申爲一切升進。二字皆有進升之義。又「升」上古音審紐蒸部，「登」上古音端紐蒸部，二字韻同聲近（皆爲舌音）可通假，先秦典籍中多有「登」、「升」通用之例證，如《周禮・羊人》：「登其首。」鄭玄注：「登，升也。」《禮

〔註164〕季師旭昇：《說文新證・下》（台北：藝文印書館，2004年11月），頁255。
〔註165〕詳見季師旭昇：《說文新證・上》（台北：藝文印書館，2001年10月），頁100。

記·樂記》：「男女無辨則亂升。」《史記·樂書》作「男女無辨則亂登。」

【卦辭釋讀】

〈象〉曰：

柔以時升，巽而順，剛中而應，是以大亨，「用見大人，勿恤」，有慶也。「南征」吉，志行也。（頁107）

《周易集解》引鄭玄云：

升，上也。坤地巽木，木生地中，日長而上，猶聖人在諸侯之中，明德日益高大也，故謂之「升」。升，進益之象矣。（頁415）

孔穎達《正義》：

「升」，卦名也。升者，登上之義。升而得大通，故曰「升，元亨」也。升者，登也。陽爻不當尊位，无剛嚴之正，則未免於憂，故用見大德之人，然後乃得无憂恤，故曰「用見大人，勿恤」。（頁107）

朱熹《易本義》：

升，進而上也。卦自解來，柔上居四，内巽外順，九二剛中而五應之，是以其占如此。「南征」，前進也。（頁175～176）

南懷瑾、徐芹庭《周易今註今譯》：

居上升的時候，是大通的，可以用見大人，不要憂恤，往南行是吉利的。（頁291）

玉姍案：升而得大通，可以見大德之人，然後能无憂恤。學者皆由此立說，此亦從之。

今本作「升：元亨。用見大人，勿恤，南征吉。」意思是：升而得大亨通，可以見大德之人，然後乃得无憂恤。往南行是吉利的。

帛書本作「登：元亨。用見大人，勿血，南正吉。」意思與今本同。

（二）爻辭考釋

1. 上博《周易》：【缺簡】

2. 阜陽《周易》：初六：允升，大吉。

3. 帛書《周易》：初六：允登，大吉。

4. 今本《周易》：初六：允升，大吉。

【文字考釋】

阜陽本初六爻辭殘，皆據今本補。

【爻辭釋讀】

〈象〉曰：

「允升，大吉」，上合志也。（頁 107）

《周易集解》引荀爽云：

謂一體相隨，允然俱升。初欲與巽一體，升居坤上，位尊得正，故「大吉」也。（頁 415）

王弼《注》：

允，當也。巽卦三爻，皆升者也，雖无其應，處升之初，與九二、九三合志俱升，當升之時，升必大得，是以大吉也。（頁 107）

孔穎達《正義》：

允，當也。巽卦三爻，皆應升上，而二、三有應於五、六，升之不疑，惟初无應於上，恐不得升，當二、三升時，與之俱升，必大得矣，故曰「允升，大吉」也。（頁 107）

朱熹《易本義》：

初以柔順居下，巽之主也。當升之時，巽於二陽，占者如之，則信能升而大吉矣。（頁 176）

南懷瑾、徐芹庭《周易今註今譯》：

初六居上升之初，它是可以上升而大吉的。象辭上說：允升，大吉，是說能上升而合於心志的意思。（頁 292）

玉姍案：初六以陰爻居升卦之初，柔順而符合上升之象，若與九二、九三合志俱升，必得大吉。學者皆由此立說，此亦從之。

今本作「初六：允升，大吉。」意思是：初六升卦之初，柔順而符合上升之象，若與九二、九三合志俱升，必得大吉。

帛書本作「初六：允登，大吉。」意思與今本同。

1. 上博《周易》：【缺簡】
2. 阜陽《周易》：九二：孚乃利用禴，无咎。
3. 帛書《周易》：九二：復乃利用濯，无咎。
4. 今本《周易》：九二：孚乃利用禴，无咎。

【文字考釋】

阜陽本九二爻辭殘，皆據今本補。

（一）今本「孚乃利用禴」之「禴」，帛書本作「濯」。

玉姍案：今本「禴」，帛書本作「濯」。「禴」上古音喻四藥部，帛書本作「濯」上古音定紐藥部，喻四古歸定，故從「兌」（定紐月部）得聲之字如「悅」、「銳」皆爲喻四月部。「禴」「濯」音近韻同，可通假。

【爻辭釋讀】

〈象〉曰：

九二之孚，有喜也。（頁 107）

王弼《注》：

與五爲應，往必見任。體夫剛德，進不求寵，閑邪存誠，志在大業，故乃利用納約于神明矣。（頁 107）

孔穎達《正義》：

九二與五爲應，往升於五，必見信任，故曰「孚」。二體剛德，而履乎中，進不求寵，志在大業，用心如此，乃可薦其省約于神明，而无咎也。故曰「孚乃利用禴，无咎」。（頁 107）

南懷瑾、徐芹庭《周易今註今譯》：

九二居上升之時，以陽剛居陰柔的位置，所以須有孚信，乃可以利用夏祭，以求福，這是無咎的。象辭上說：九二的孚信，是有喜慶的。（頁 292～293）

玉姍案：「禴」，殷春祭名。處中正之位，以忠信致之，故可以四時祭祀之最省薄的禴祭來祭鬼神。九二以陽居陰，上與六五爲應，象徵得到六五信任，有剛德而履於中正，乃可薦其省約于神明，而无咎也。

今本作「九二：孚乃利用禴，无咎。」意思是：九二有剛德而履於中正，有孚信而可用最省薄的禴祭來祭祀，這是沒有災咎的。

帛書本作「九二：復乃利用濯，无咎。」意思與今本同。

1. 上博《周易》：【缺簡】
2. 阜陽《周易》：九三：登虛邑。卜病……。
3. 帛書《周易》：九三：登虛邑。
4. 今本《周易》：九三：升虛邑。

【文字考釋】

阜陽本、帛書本九三爻辭殘，皆據今本補。

【爻辭釋讀】

〈象〉曰：

升虛邑，无所疑也。（頁107）

《周易集解》引荀爽云：

坤稱邑也。五虛无君，利二上居之，故曰「升虛邑，无所疑也」。

（頁418）

王弼《注》：

履得其位，以陽升陰，以斯而舉，莫之違距，故若升虛邑也。（頁107）

孔穎達《正義》：

九三履得其位，升於上六，上六體是陰柔，不距於己，若升空虛之邑
也。（頁107）

朱熹《易本義》：

陽實陰虛，而坤有國邑之象，九三以陽剛當升時，而近鄰於坤，故其
象占如此。（頁177）

南懷瑾、徐芹庭《周易今註今譯》：

九三居升之時，面臨坤卦，所以有上升于空虛的城邑的象徵。（頁293）

玉姍案：九三以陽居陽，履得其位，然應於上六，以陽升陰，於己有距，
外卦爲坤，坤有國土、國邑之象，故有如升空虛之邑也。

今本作「九三：升虛邑。」意思是：九三以陽居陽，履得其位，然升於陰
柔上六，於己有距，故有如升於空虛之邑也。

帛書本作「九三：登虛邑。」意思與今本同。

1. 上博《周易》：【缺簡】

2. 阜陽《周易》：六四：王用亨于枝山，吉无咎。

3. 帛書《周易》：六四：王用亨于岐山，吉无咎。

4. 今本《周易》：六四：王用亨于岐山，吉无咎。

【文字考釋】

阜陽本、帛書本六四爻辭殘，皆據今本補。

（一）今本「王用亨于岐山」之「岐」，帛書本作「枝」。

　　玉姍案：今本「王用亨于岐山」之「岐」，帛書本作「枝」。「岐」、「枝」皆以「支」爲聲符，可通假。

【爻辭釋讀】

　　〈象〉曰：

　　　　王用亨于岐山，順事也。（頁107）

王弼《注》：

　　　　處升之際，下升而進，可納而不可距也，距下之進，攘來自專，則殃咎至焉。若能不距而納，順物之情，以通庶志，則得吉而无咎矣。岐山之會，順事之情，无不納也。（頁107）

孔穎達《正義》：

　　　　六四處升之際，下體二爻，皆來上升，可納而不可距，事同文王岐山之會，故曰「王用亨於岐山」也。若能納而不距，順物之情，則得吉而无咎，故曰「吉，无咎」也。（頁107）

朱熹《易本義》：

　　　　義見《隨》卦。以順而升，登祭於山之象。（頁177）

南懷瑾、徐芹庭《周易今註今譯》：

　　　　六四以陰柔當位，居上升之時，近於六五之君。所以有受君王宴饗於岐山（王室）的象徵。它是吉利而沒有災咎的。（頁294）

　　玉姍案：六四以柔居陰，居上升之時，近於六五之君，象徵與君王會於岐山，這是吉利而沒有災咎的。孔穎達以爲「王」爲文王，其餘學者持保留態度，筆者以爲爻辭並未明確指出「王」爲文王，故當持保留態度爲佳。

　　今本作「六四：王用亨于岐山，吉无咎。」意思是：六四以柔順居陰位，近於六五之君，象徵與君王會於岐山，這是吉利而沒有災咎的。

　　阜陽本作「六四：王用亨于枝山，吉无咎。」帛書本作「六四：王用亨于岐山，吉无咎。」意思與今本同。

　　1. 上博《周易》：【缺簡】

　　2. 阜陽《周易》：六五：貞吉升階。

　　3. 帛書《周易》：六五：貞吉登階。

4. 今本《周易》：六五：貞吉升階。

【文字考釋】

阜陽本六五爻辭殘，據今本補。

【爻辭釋讀】

〈象〉曰：

「貞吉升階」，大得志也。（頁 107）

《周易集解》引荀爽云：

陰正居中，爲陽作階，使升居五，已下降二，與陽相應，故吉而得志。
（頁 419）

王弼《注》：

升得尊位，體柔而應，納而不距，任而不專，故得「貞吉升階」而尊
也。（頁 107）

孔穎達《正義》：

六五以柔居尊位，納於九二，不自專權，故得「貞吉升階」，保是尊
貴而踐阼矣。故曰「貞吉，升階」也。（頁 107）

朱熹《易本義》：

以陰居陽，當升而居於尊位，必能正固，則可以得吉而升階矣。階，
升之易者。（頁 177）

南懷瑾、徐芹庭《周易今註今譯》：

六五柔順居中，當上升的時候，他有守正獲吉，上升高階的象徵。（頁
294）

玉姍案：六五以陰柔居陽爻，象徵能以柔居尊，不自專權，故得貞吉而上
升高階。

今本作「六五：貞吉升階。」意思是：六五以陰柔居陽爻，象徵能以柔居
尊，不自專權，故得貞正之吉而上升高階。

帛書本作「六五：貞吉登階。」意思與今本同。

1. 上博《周易》：【缺簡】

2. 阜陽《周易》：上六：冥升，利于不息之貞。

3. 帛書《周易》：尚六：冥登，利于不息之貞。

4. 今本《周易》：上六：冥升，利于不息之貞。

【文字考釋】

阜陽本上六爻辭殘，據今本補。

【爻辭釋讀】

〈象〉曰：

冥升在上，消不富也。（頁108）

《周易集解》引荀爽云：

坤性暗昧，今升在上，故曰「冥升」也。陰用事，爲消。陽用事，爲息，陰正在上，陽道不息，陰之所利，故曰「利於不息之貞」。（頁420）

王弼《注》：

處貞之極，進而不息者也；進而不息，故雖冥猶升也。故施於不息之正則可，用於爲物之主則喪矣。終於不息，消之道也。（頁108）

孔穎達《正義》：

冥猶暗也。處升之上，進而不已，則是雖冥猶升也，故曰「冥升」。若宴升在上，陵物爲主，則喪亡斯及。若潔已脩身，施於爲政，則以不息爲美，故曰「利於不息之貞」。（頁108）

朱熹《易本義》：

以陰居升極，昏冥不已者也。占者遇此，无適而利，但可反其不已於外之心，失之於不息之正而已。（頁177）

南懷瑾、徐芹庭《周易今註今譯》：

上六居上升之極，所以有一昧上升的現象。這是利於永不休止的守著正道。（頁295）

玉姍案：上六居上升之極，處升之上，進而不已，則是雖冥猶升也；若升上而陵物，則喪亡將至。若潔已脩身，施於爲政，則美而不息。南懷瑾以爲「冥升」爲一昧上升，王、孔以爲雖冥猶升，於文義皆可通，此從王、孔之說。

今本作「尚六：冥登，利于不息之貞。」意思是：上六居上升之極，進而不已，雖冥猶升也。此時必須潔已脩身，貞正而堅持不息，方能爲美。

帛書本作「上六：冥升，利于不息之貞。」意思與今本同。